大學用書

政治理論與研究方法

易君博　著

三民書局　印行

國家圖書館出版品預行編目資料

政治理論與研究方法／易君博著.－－重印六版二
刷.－－臺北市；三民，2006
　　面；　　公分
ISBN 957-14-3895-2　（平裝）

1.政治－哲學.原理 2.政治－研究方法

570.1　　　　　　　　　　　　　　　92002677

三民網路書店　http : // www.sanmin.com.tw

© **政治理論與研究方法**

著作人	易君博
發行人	劉振強
著作財產權人	三民書局股份有限公司
	臺北市復興北路386號
發行所	三民書局股份有限公司
	地址／臺北市復興北路386號
	電話／(02)25006600
	郵撥／0009998-5
印刷所	三民書局股份有限公司
門市部	復北店／臺北市復興北路386號
	重南店／臺北市重慶南路一段61號

初版一刷　1975年10月
五版一刷　1993年12月
重印六版一刷　2003年9月
重印六版二刷　2006年5月
編　號　S 570080
基本定價　陸　元
行政院新聞局登記證局版臺業字第○二○○號

政治理論與研究方法

目　次

壹、理論建構與政治研究⋯⋯⋯⋯⋯⋯⋯⋯ 1

貳、科學概念與政治研究⋯⋯⋯⋯⋯⋯⋯ 29

參、建構類型與政治研究⋯⋯⋯⋯⋯⋯⋯ 53

肆、政治學中的決策研究法⋯⋯⋯⋯⋯⋯ 77

伍、政治社會化的分析⋯⋯⋯⋯⋯⋯⋯⋯ 111

陸、心理研究法與政治分析⋯⋯⋯⋯⋯⋯ 137

柒、社會科學中的歷史解釋⋯⋯⋯⋯⋯⋯ 163

捌、社會科學中的功能分析⋯⋯⋯⋯⋯⋯ 193

玖、政治權力的功能論：羅素的政治哲學之
　　研究⋯⋯⋯⋯⋯⋯⋯⋯⋯⋯⋯⋯⋯ 225

拾、愛匹克迪泰斯的政治思想⋯⋯⋯⋯⋯ 265

附　錄

壹、政治學：簡史、界說、範圍、展望⋯⋯ 301

貳、「二次大戰以後政治學發展的趨向」
　　討論會⋯⋯⋯⋯⋯⋯⋯⋯⋯⋯⋯⋯ 307

壹、理論建構與政治研究

前　言

　　政治研究的整個領域中，到了1950年以後，可以說沒有一個範圍不受到行為研究法的影響❶。行為研究法的強調，已經使政治研究更加的接受了經驗的及量化的研究方式，也是一個不容否認的事實。可是，政治研究是否達到了充分科學化的水準？或者政治學是否已經成為經驗科學的一種？依然是方法論上爭論的問題。這種爭論，同時涉及到科學的性質及政治研究的狀況；對這兩方面所持的觀點不同，便會得到不同的結論。本文企圖努力從事的一項目標，只是從澄清上述問題以指出政治研究通往充分科學化的主要方向。

　　一切成熟的科學都是理論的，科學化的問題即是一個理論化的問題。任何研究，只要它的歷程符合經驗理論的建構原則，便屬於科學的研究。因此，政治研究是否已經科學化的問題，或者政治研究如何科學化的問題，必須依據理論建構的原則，才可能作比較有效的回答。由於此一前提的肯定，於是本文的分析及論證乃是從 —— 理論建構在科學研究上的重要性、政治研究的狀況以及今後政治研究的主要方向 —— 三個方面分別作一說明。

---

❶　Robert A. Dahl, "The Behavioral Approach in Political Science: Epitaph for a Monument to a Successful Protest", *The American Political Science Review*, 55 (December, 1961), pp. 763–772.

一、理論建構在科學研究上的重要性

當代最傑出的科學哲學家波卜爾(Karl R. Popper)教授，在他的名著《科學發現的邏輯》中，關於科學的性質，曾如此說:「各種不同的經驗科學即是各種不同的理論系統。因此，科學知識的邏輯當可視為各種理論系統的基礎理論。」❷ 若就這兩句簡單的話，稍加探究，便不難發現其涵義的深遠。這兩句話中，一方面肯定了經驗科學與理論系統的密切關係，其密切的程度幾乎可以說是二而一的；另一方面也暗示了各種經驗科學的理論之建構，乃是根據一個共同的邏輯或基礎理論而進行的。前一方面的肯定等於是說: 在科學研究中，理論化(theorizing)的推進比實驗或事實的調查，也許佔了一個更重要的地位。後一方面的暗示也無異乎指出: 科學的理論化並非來自任意的沉思玄想，卻是根據後設理論(metatheory)或一套建造理論的原則而推進的。

理論化或根據後設理論而建造理論,乃是一種研究活動的過程。此種過程，以方法論的術語說，即是理論建構(theory construction)。理論建構與理論，雖有密切關係，但並不是完全同義。後者是前者追求的目標，前者是建造或修正後者的過程。由於二者的關係密切，為了說明理論建構的性質，不能不先說明理論的性質；為了分析理論建構在科學研究上的重要性，當然也會隨時提到理論。以下的分析次序，是先論及理論及理論建構的性質，才再說明理論建構在科學研究上的重要性。

---

❷ "The empirical sciences are systems of theories. The logic of scientific knowledge can therefore be described as a theory of theories." Karl R. Popper, *The Logic of Scientific Discovery* (Hutchinson, 1962), p. 59.

(一)理論及理論建構

關於理論的涵義，其了解之分歧，在有關方法論的基本名詞中，也許是爭論較多的一個。理論性質的深入討論，絕不是一篇短文可以勝任的。在此，只是從經驗科學的角度，對理論的性質作一簡單說明。

一位社會科學的哲學家魯德納(Ricard S. Rudner)，曾為理論提供了一個界說，他說：「凡是一套陳述或某些類似定律的通則，其相互間具有系統上的關聯性及經驗上的可證性，便是一個理論。」❸這個界說中，其界定項(definiens)指出了形成理論的兩個必要條件：第一是邏輯上的系統推演，第二是經驗上的事實印證；缺少兩個條件中的任何一個，便不是理論，至少不是經驗科學中所謂的理論。這即是說，倘若一套陳述，雖有經驗上的印證性，卻缺乏邏輯上的推演性，不得稱之為理論；反之，雖符合邏輯上的推演性，卻沒有經驗上的印證性，也不得稱之為理論。理論的建造與修正，永遠脫離不了經驗印證與邏輯推演兩個方面的交互考驗。任何一個學科，雖可能抽離幾個理論的共性，再通過經驗的證明，而成為一個解釋經驗現象更廣的理論，但不可能得到最後的理論。理論永遠有其被修正及被擴充的可能。從一個長遠的時間看，理論永遠處於工作假設的地位，瀰漫在整個科學研究的過程中。研究產生理論，理論又是推進研究的工具。

理論的組成分子是一套陳述或類似定律的通則。陳述或通則，都要依賴語言的表達。不論自然語言(natural language)或建構語言(constructed language)，莫不是一些代表概念的名詞或符號所組成。

---

❸　"A theory is a systematically related set of statements, including some law-like generalizations, that is empirically testable." Ricard S. Rudner, *Philosophy of Social Science* (Prentice-Hall, 1966), p. 10.

因此，陳述或通則的最後基礎乃是概念，都是真實世界(real world)的具體事物之抽象，或者根據此種抽象的再抽象，而產生出來的。概念化(conceptualization)或抽象是從真實世界開始建造理論的原始起點，也可說概念是真實世界與符號世界(symbolic world)或理論世界之間的溝通站。經驗科學的理論化，不僅要求陳述、通則、定律、原理及整個理論系統，必須具有經驗的印證及邏輯的演繹，而且要求每一個基本概念也必須具有經驗上的指涉。一個高度抽象的概念，雖不是直接的可觀察項，但無論如何，要能通過化約(reduction)而可變成感覺資料(sense data)的函數 ❹。只有根據經驗指涉的概念，而建立起來的陳述，才可成為經驗理論的基礎。

在經驗科學中，一個理論也常常稱做定律(laws)或原理(principles)。定律與原理的差別，是以解釋的範圍作為標準的。定律解釋的現象比較窄，原理解釋的現象比較寬。在一個獨立的學科中，一切形式的個別理論，必須加以整合，使其成為一個足以涵蓋整個學科範圍的理論。這個理論便是其所屬學科的統一理論(united theory)、一般理論(general theory)或系統理論(systematic theory)。一個統一理論，對於一個學科來說，便是最高層級的理論。它統攝其他一切較低層級的理論，而成為一個理論系統(theoretical system)。由於每一個個別的理論，乃是一套陳述的關係，而陳述又是銜接真實世界的概念之組合，因此，整個理論系統不僅包含一組個別理論，而且必然也包含一切構成這些理論的陳述及概念。一個理論系統乃是關於真實世界的一個抽象建構，並且對於真實世界具有經驗的說明性，其內部的層級結構，自上而下說，從最高層級的統一理論，通過個別理論、普遍陳述及單稱陳述，到最低層級的基本概念，乃是一邏

---

❹　Bertrand Russell, *Mysticism and Logic* (London, 1913), p. 140; see also Mary Hesse, "Laws and Theories", *The Encyclopedia of Philosophy*, Vol. 4 (Macmillan, 1967), pp. 404–405.

輯的推演系統；自下而上說，從基本概念，通過單稱陳述、普遍陳述及個別理論，直到統一理論，任何一個層級莫不具有經驗的事實印證作為基礎。在整個層級系統中，任何一個基本概念的修正或否定，必然導致統一理論的修正或否定；從任何一個層級到另一個層級，若為邏輯推演所不容，亦必然引發統一理論的解體。換言之，一個理論系統，對於任何概念，任何陳述，任何個別理論的介入(introduction)或容納，除了要具有經驗印證的可能性，還必須要符合這個系統中的邏輯推演。任何理論系統，與屬於它的研究活動之間的關係，是相互依存、並互為工具的。研究是試驗理論系統及擴充理論系統的手段；理論系統又是指引研究活動並提高研究活動的工具。二者交互影響，不斷向前推動，永無止境。

　　總括的說，理論系統的建構，包含了四個層級：第一層級是概念製作，第二層級是陳述建立，第三層級是理論整合，第四層級是統一理論的建造。每一個層級以及層級間的關係，必須既有經驗的印證性，也有邏輯的推演性。理論系統是屬於符號世界的，但是，它的最後基礎乃是建立在真實世界中具體事物的抽象之上的。理論的抽象性愈高，則解釋經驗現象的普遍性也愈大。此一理論系統的說明，即等於理論建構或理論化的步驟之說明，可用下圖表現出來。

　　從理論建構的過程看，最高層級的統一理論，是每一個學科所企圖達到的目標。但只有成熟的學科才實現了這個目標。判斷一個學科是否充分科學化，便要看它是否實現了這個目標。實現了這個目標便屬於充分科學化，反之，就不能算是充分科學化。一個學科若只有一些個別的理論，沒有統一的理論去整合它們，這個學科便不是一個理論系統。既不是一個理論系統，當然不得列入經驗科學之林。因為一個經驗科學必須要求自身是一個理論系統。

　　充分科學化與充分理論化是二而一的。任何學科如果充分理論化了，一定是充分科學化，反之，如果充分科學化了，也一定是充

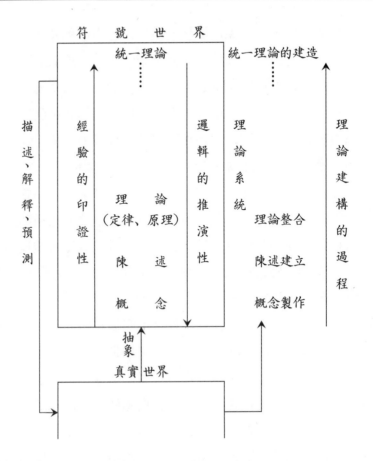

　　分理論化了。統一理論的實現，是充分理論化的標誌。要達到這一
境地，實在是非常困難的工作。因為，從理論建構的層級看，只有
概念的製作、陳述的建立及理論的整合，都完全符合經驗印證原則
及邏輯推演原則，才可能達成統一理論的建造。某一些學科，雖經
千百年的發展，依然停滯在第一層級中，其概念的澄清工作及名詞
的界定工作，都一直沒有達到成功的境地。這一步既未達到，陳述
的建立及理論的整合，則不可能有效的推進，至於統一理論的建造，
當然更談不到了。就是概念的製作、陳述的建立以及個別理論的建
造，都已經符合建構的標準，而理論的整合尚未達成，並沒有獲致
最高一層的統一理論，依然不算進入了充分理論化的境地。可見，

一個學科要自稱科學是容易的，但要經得起理論建構標準的衡量而確認是科學，則非常困難。

㈡理論建構的重要性

　　一個學科，當其完成了理論系統之建構，達到了充分科學化的地步，並不等於研究工作的終止。科學的研究是永無止境的，永遠不斷向前進展的。在這一不斷向前進展的過程中，理論系統的建構扮演了最重要的角色。因為沒有科學的理論，便沒有科學的描述、解釋及預測；沒有理論系統的憑藉，科學研究便難於產生累積的效果，以圖加速的進步；沒有理論系統的背景，科學研究便不可能找到最經濟的途徑，而獲致新的研究設計。為著有效的討論理論建構在科學研究上的重要性，可分成三個方面來說明：第一是從研究的目的看，第二是從研究的設計看，第三是從研究的累積看。

　　1. 研究的目的
　　科學產生於人類文化的活動中，它是人類文化的一個部分。從文化功能學派的觀點論，科學只是文化系統中的一個次級系統。科學研究的目的，當然是在維持及發展文化系統，進而改善人類的生活。但是，從科學自身看，「科學的目的即是描述、解釋及預測……科學家所探究的，即是在固定的研究系絡(context of research)中，得到最適當最精確的描述、解釋及預測。」❺任何一個經驗科學，它的研究對象必是經驗世界中的某一類現象，它的研究目的也必定是企圖對這一類現象得到描述、解釋及預測。但是，一個科學家若沒有既存的理論或理論系統作為背景，他便無法從事有效的描述，甚至不知道要描述什麼❻。至於解釋與預測，莫不依賴定律、原理或理

❺　Herbert Feigl, "The Scientific Outlook: Naturalism and Humanism", in H. Feigl & M. Brodbeck, ed., *Readings in the Philosophy of Science* (Appleton, 1953), pp. 10–11.

論作為前提，去聯繫現象之間的因果關係；所不同者，解釋是從已知的果去追溯其因，預測是從已知的因去推斷其果。這樣說來，不論描述、解釋或預測，除非依靠理論或理論建構的熟悉，便沒有有效從事的可能。

2. 研究的設計

科學研究的過程，從某種角度看，乃是運用科學方法去回答問題的過程 ❼。一個良好的研究設計，便是有效回答問題的開始。研究設計的各種步驟中，其中有兩個最為重要：一個是假設的提出，另一個是資料的搜集。前一個步驟是後一個步驟的先決條件。只有提出適當的假設之後，才可能搜集到回答問題的相關資料。任何一個問題，有其多樣回答的可能性。如何選擇有效的假設，以最經濟的方式回答問題，是研究設計中很難做到的一步。個別科學家的天才，雖然在某種程度內有助於假設的選擇，但理論的訓練乃是幫助選擇最有效的途徑。假若兩個研究者，天賦能力是相等的，熟悉相關資料的程度也相等，但其中的一個比另一個，在理論的訓練上及理論建構的理解上，要高得多要深得多，那麼可以斷言，前者選擇假設的能力一定比後者強得多。事實上，在任何科學研究中，既存的理論常常即是提供假設的重要來源之一。尤其在高度發展的科學中從事研究，若對於既存的理論系統沒有深度了解，可能便不知問題之所在，當然更談不到提出回答問題的假設了。

就是選到了適當的假設，在搜集資料的設計上，依然要憑藉理論及理論建構的熟悉。任意搜集資料是沒有意義的。搜集資料必須經過精心的設計，才能達到證明假設，澄清概念，或印證陳述及理

---

❻　Karl R. Popper, *The Open Society and Its Enemies* (Princeton University Press, 1945), pp. 443–445.

❼　Claire Selltiz et al., *Research Methods in Social Relations* (Holt, 1963), p. 2.

論的目的。在既經成立的科學中，一個研究者，不論為控制實驗的
設計或經驗調查的設計，必須對整個理論建構的系統有透徹的了解，
才可能製作出有價值的研究設計。一個對理論物理學毫無所知的人，
能夠提出有意義的實驗設計，是我們不可能想像的事。一個對社會
科學的理論沒有相當基礎的人，能夠製作出來夠水準的問卷設計或
局內觀察的設計，也是我們所不能想像的事。

　　因此，我們可以肯定的說，在研究設計方面，不論假設的製作
或資料的搜集，都脫離不了理論的熟悉及理論建構的系統之了解。

　3.研究的累積

　　在現代經驗研究的範圍中，成熟的學科與尚未成熟的學科，有
一個很顯著的差異。那就是前者的研究有累積性，後者則無。成熟
的學科，能濃縮前人研究的結果於一個嚴密的理論系統中。每一代
人只要通過這個理論系統接受訓練，便可從事最前線的研究。新的
研究結果，又可繼續納入此一理論系統中，使其理論得以修正及推
廣。如此日新又新，不僅可使理論系統日趨完美，而且可使研究得
到加速度的進步。尚未成熟的學科，既然沒有一個屬於自身的理論
系統，每一代人的研究，甚至每一個人的研究，幾乎都在不同的概
念及不同的理論中，而從事進行。因此，每一個研究者必須要浪費
時間和精力，來了解所有前人的研究結果。此種所謂研究，不是永
遠停滯在前人的故紙堆中，便是忙碌於螞蟻似的資料搬動中，其結
果當然談不到較多的進步與創新。這種情形，從物理學與政治學的
比較，更可得到說明。現代物理學的學習者，沒有必要的理由去看
亞里斯多德的物理學，可是現代政治學的學習者，對亞里斯多德的
政治學，似乎仍有一讀的必要。這不僅說明兩種學科的進展情況之
懸殊，而且也說明兩類學習在時間節省上是如何的不同。研究的累
積性，關係一個學科的進步甚大。在有累積性的學科中，每一代的
研究者，可以很快的接受所有前人的遺產，從一個高水準的基礎上

出發。在沒有累積性的學科中，一個研究者可能窮畢生之力，也許還不能了解一個古代大師的精義之所在，往往徒勞無功。

　　一個學科能否累積許多代人的研究結果，並且不斷的向前發展，其先決條件乃是理論系統的有無問題。而理論系統又必須依賴理論建構的原則，從概念製作、陳述建立及理論整合逐層推進，才有其可能。可見，理論建構實等於研究能否累積的先決條件之先在因素。

　　從以上的分析看來，在科學研究的過程中，不論從研究目的、研究設計及研究累積而論，莫不直接的或間接的受到理論建構的決定性支配。因此，可以肯定的說，一個學科要達成有效的科學研究，除非根據理論建構的型模去長期的、有耐心的建造一個理論系統，否則便沒有其他任何的途徑可循。

二、政治研究的狀況

　　當其對理論與理論建構的性質，以及理論建構在科學研究上的重要性，作了一分析之後，再來衡量政治研究的狀況，更進而探究政治研究的正確出路，則比較容易發現政治研究的缺點之所在，及克服其缺點的有效途徑。

　　政治研究，在整個學術領域裏，變成獨立的學科，雖是很晚近的事❽，但是，政治研究的起源，卻有一悠久的歷史。任何地域的古代文明中，不論思想家、史學家或人文現象的研究者，都莫不對政治現象深感興趣，而從事思考及探究。其所以如此，也許來自實用的動機，而非出自純真的好奇心。因為政府的決策，在任何時代

---

❽　政治學在大學裏設為專門課程，變成一個獨立的學科，乃開始於十九
　　世紀的末葉。See William A. Robson, *The University Teaching of Social
　　Sciences: Political Science* (Leiden: Published for UNESCO by A. W. Si-
　　jthoff, 1954), pp. 22ff.

的任何地區裏，常常是關係人們的幸福，影響整個社會的生活最不容忽略的一面。政治研究的起源，雖然如此悠久，可是直到今天依然沒有發展出來一個屬於自身的鞏固的理論系統。若與物理學科比擬，政治學的確顯得相當落後。

從古至今，各式各樣的政治研究，若根據它們建造「理論」的方式作為標準，可以分成三個基本的類型：第一個類型是神學的政治研究(the theological study of politics)，第二個類型是玄學的政治研究(the metaphysical study of politics)，第三個類型是經驗的政治研究(the empirical study of politics)❾。從古希臘到現代，所有的歷史層面中，或多或少的都有從事政治現象的研究活動。這些研究活動建造「理論」的方式，不外乎神學的、玄學的及經驗的三個類型。比例上說，古代的政治研究屬於神學及玄學的成分多，經驗的成分少，現代的政治研究則屬於經驗的成分多，而玄學及神學的成分少。換言之，古代也有經驗的政治研究，例如亞里斯多德(Aristotle)，他為寫《政治論》一書，就曾調查過一百五十八個不同的政體❿。他之重視經驗的研究，可以說是一個最古代的典型。又如文藝復興時代，馬基維利(N. Machiavelli)的「君王論」，就是竭力避免倫理及宗教的束縛，而勇敢的採取了純經驗分析的另一個古典範型。反之，現代也有神學及玄學的政治研究，比如里柏(Reinhold Niebuhr)所提倡的「基督教的實在論」，相信合理的政治一定征服不合理的政治⓫。其

---

❾　關於知識發展的階段，孔德(A. Comte)曾提出所謂「三階段定律」(the law of three stages)之說，他認為一切知識的成長，都必然通過神學的階段、玄學的階段及實證的階段。本文關於政治研究的分類多少受到孔德之說的啟示，但在性質上並不一樣。孔德強調時間順序，本文只注重獲取知識的方式。

❿　Joseph S. Roucek et al., *Introduction to Political Science* (Growell, 1950), p. 2.

立論的精神，實有些像聖奧古斯丁(Saint Augustine)的「天國論」在二十世紀的翻版。至於耶士培(Karl Jaspers)的實存論的政治思想及羅柯(A. Rocco)的「唯情論的法西斯主義」，雖立論各殊，但皆是代表十九世紀的玄學，在二十世紀裏的延伸❷。因此，這三個政治研究的類型，每一個類型都各有各的歷史，各有各的傳統，當然不可能在此逐一的加以討論及分析。在此，只想根據理論建構的原則作為標準，而就三者的基本特性，作一分析及評價。

神學的及玄學的政治研究，雖是兩個不同的類型，但亦具有其共同的特點。為著討論的方便，可將二者合併起來分析。一切神學的及玄學的政治研究，都具有三個共同的特點：第一個特點是基本概念的缺乏經驗指涉，第二個特點是價值陳述與事實陳述的互為推論前提，第三個特點是抽象概念的具體化(the reification of abstract concepts)。

神學的及玄學的政治研究，所使用的一切概念，雖非完全沒有經驗指涉，但是，某些基本概念的確沒有任何經驗上的指涉可言。比如聖奧古斯丁的「上帝」，黑格爾(G. W. F. Hegel)的「絕對」，盧梭(J. J. Rousseau)的「公意志」，以及里柏(R. Niebuhr)的「自我超越」(self-transcendence)……都是一些無法了解的名詞。因為這些名詞所代表的概念，既沒有直接的經驗指涉，又不可能把它們化約成為低

---

❶　Reinhold Niebuhr, *Faith and History* (Scribner, 1949), p. 67. 里柏是美國人，出生於1892年。他是當代著名的神學家，也是一個政治思想家。尤其是他的*The Nature and Destiny of Man*一書，更是傳誦甚廣。

❷　耶士培是德國人，出生於1882年，他是當代著名的實存論者。他的政治思想是以道德觀念作為中心的。See Karl Jaspers, *The Future of Mankind*, trans. by E. B. Ashton (University of Chicago Press, 1961). 羅柯(1875-1935)是法西斯主義的理論家。See A. Rocco, *The Political Doctrine of Fascism* (Carnegie Endowment, 1926).

層次的概念，而間接的得到經驗指涉。同時此兩類的政治研究，又常以一個單一的概念或一個先驗的原理(a priori principle)，從毫無經驗意義的基礎上，去籠統的解釋一切的政治現象。比如唯心史觀，唯物史觀，形態史觀……便都是這兩類政治研究的產品。

其次，神學或玄學的政治研究，有另外一個極普遍的共同傾向。那就是事實判斷與價值判斷的混為一談。事實判斷是一個真假或對錯的問題，可以藉客觀的事物來印證。價值判斷是一個善惡或美醜的問題，常隨著主觀的願望及情緒而變動。比如「秦始皇曾經統一古代的中國」，這一陳述的內容是事實判斷，可以藉許多歷史事實來印證此一判斷的真或假。「秦始皇是一個偉大的帝王」，這一陳述的內容是價值判斷，難得到客觀的公認；有的人承認，有的人否認。兩類陳述的性質既然不同，便不能互作推論前提，也即是說，從事實陳述不可能推論到價值陳述，從價值陳述也不可能推論到事實陳述。但是，神學或玄學的政治研究中，認為二者之間具有邏輯的演繹關係。黑格爾的名言：「凡是存在的即是合理的，凡是合理的即是存在的。」便是肯定價值陳述與事實陳述可以互為推論前提的顯著典型。此類陳述看來雖很玄妙，但憑常識即可加以否定。例如，史達林的統治是真的，毛澤東的統治也是存在的，卻不是合理的；和平是合理的，公道是善的，但又不一定存在。至於近代自然權利的觀念，若對其稍加分析，亦可發現其論證也是以事實陳述與價值陳述混為一談的例子。自然權利的觀念，若化成推論形式，即等於說：「凡是與生俱來的都是好的（價值陳述），權利是與生俱來的（事實陳述），因此權利是好的（價值陳述）。」「凡是與生俱來的都是好的」是一個價值陳述，沒有經驗上的可證性；「權利是與生俱來的」是一個事實陳述，雖有經驗上的可證性，可是此一陳述，若證之以人類史的經驗，又不是真的；從一個沒有可證性的大前提，及一個假的小前提，怎麼可能得到「權利是好的」這樣一個結論呢？凡是價值

陳述所表示的只是可欲的狀態，並無經驗上的可證性。從事實陳述來證明價值陳述，或從價值陳述來證明事實陳述，都是不可能的，但神學及玄學的政治研究中，卻常常將二者混為一談。

在神學及玄學的政治研究中，還有一個奇異的現象，這便是它們的第三特點——抽象概念的具體化。「上帝」、「國家」或「歷史」……等等名詞原是抽象的概念，但神學家或玄學家卻認為是具體的存在，像一個東西，甚至像一個活的人一樣。「國家即是上帝在大地上的存在」（黑格爾語），便是抽象概念具體化及擬人化(personification)的最顯明例證。其他如像「歷史的意志」、「歷史的幽靈」、「上帝的意志」……也都是抽象概念具體化的語詞。這種抽象概念具體化的結果，一方面足以造成概念系統的混亂，另一方面又增加陳述在經驗證明上的困難。事實上，「一切的概念都是關於真實的抽象」(Concepts are abstractions from reality)。「一個概念乃是一個心智的建構或抽象的觀念；它所指涉的，不是某一類現象，便是某一類現象所共有的特性。」⑬所謂「國家」乃是一群人在行為互動關係的產物；所謂「歷史」乃是過去的人類活動之過程，所謂「上帝」乃指一群人的信仰之表徵。它們的自身只是概念，並非具體的東西。

根據上述有關神學及玄學的政治研究之分析，它們在概念的製作及陳述的建立上，既缺乏經驗的指涉，又經不起邏輯的檢證，當然不合理論建構的原則。因此，不論這兩類的研究曾經建立了如何類似理論的「偉大系統」，都無法承認它們是理論化了的研究。經驗科學中的理論系統，從最低層級的概念之抽象，名詞的嚴格界定，到最高層級的統一理論之建造，不僅有一個邏輯系統之統攝，而且

---

⑬ Social Science Research Council, Committee on Historiography, Bulletin 64, *The Social Sciences in Historical Study* (SSRC, 1954), p. 91; cited by Vernon Van Dyke, *Political Science: A Philosophical Analysis* (Stevens, 1960), p. 62.

每一層級以及層級之間的關係，也必須透過經驗的證明。此種理論系統中任何一個基本概念的被推翻，或任何一個陳述的被否定，必導致整個系統的崩潰。神學或玄學的「理論」，在理論建構的原則衡量之下，根本不是理論。有的人認為這些神學或玄學的「理論」，應改稱為意識型態(ideology)，以免與科學理論混淆，便是這個道理。

　　政治研究的第三個基本類型是經驗的。此一類型的政治研究，雖然古代也有，但到了二十世紀才普遍起來。其所以很快的普遍起來，有兩個主要的原因：一個是因為政治的研究者受了自然科學的刺激，深悉尋求知識的有效途徑是科學方法；另一個是因為政治研究自十九世紀末期以來，已經漸漸變成了一獨立的學科。若就經驗的政治研究，稍加分析，即可看出它與上述的兩個類型有很大的區別。經驗的政治研究也有三個顯著的特點。第一是強調經驗的調查，第二是重視概念的澄清，第三是趨向經驗通則的建立。

　　經驗的政治研究，自從亞里斯多德的時代，就注意客觀事實的搜集，到了二十世紀，由於自然科學的影響，更傾心於科學方法的要素之一，即所謂觀察。但是，政治事實難於作控制的實驗，於是便採用了廣泛意義的實驗方法——經驗的調查(empirical investiga-tion)。通過經驗調查的方法，政治學所搜集的資料，大體上說，可分為兩類，一類是情狀資料(situational data)。此類資料乃是根據法律研究法及制度研究法所獲取到的，多半屬於法律條文及制度結構的有關資料。另一類是行為資料(behavioral data)。此類資料乃是根據社會學研究法及心理學研究法而得來的，多半屬於個人行為、團體行為或行為互動的有關資料❹。這些資料，在量方面的確是頗為可觀，可是在質方面仍不夠精。其所以不夠精，乃因有效的資料搜集，必須要依賴理論的背景或精審的假設，才可能達成。因此，仍有人

---

❹　David Easton, *The Political System: An Inquiry into the State of Political Science* (Knopf, 1964), pp. 149ff., 200ff.

譏評現代政治學的狀況，是理論的貧血及資料的充血。資料的搜集
只是科學研究的起點，如果不能發現資料的共有特點，或者資料與
資料的因果關係，資料的堆積是沒有多大意義的。不過，強調經驗
的調查，比之根本忽略經驗的印證，仍是一種進步的象徵。

　　經驗的政治研究，既然強調經驗，因此對於所使用的基本概念，
則比較重視其經驗的指涉。概念的經驗指涉一經被重視，則概念的
澄清工作便會收到效果。現代政治學中，雖不是所有的名詞都有清
楚的界定，雖不是所有的概念都有明白的指涉，雖不是所有的陳述
都符合經驗的印證，但是，像神學或玄學似的概念及陳述，的確是
在逐漸絕跡之中。比如，主權、國家、自由、平等……等等名詞，
經過現代政治學的努力，已經比十七或十八世紀的時代，要明確得
多，要清楚得多。

　　除了經驗的強調及概念的澄清之外，經驗的政治研究，無論如
何也建立了一些有關政治現象的經驗通則(empirical generalization)。
這些通則運用在解釋及預測上，其範圍雖不夠廣，其程度雖不夠精
確，可是它們都是依據理論化的準則，通過經驗的印證及邏輯的推
理，而建立起來的。它們的鞏固性，雖不如自然科學的理論，但稱
它們為小型理論或準理論(quasi-theory)，也許是適當的。現代政治
學，通過經驗研究的努力，所建立起來的「準理論」已經不少。如
像「投票理論」、「組織理論」、「決策理論」，與典型的科學理論比較
起來，自然相去甚遠，而它們的建立的確代表了政治學極具進步意
義的發展。

　　當其對於經驗的政治研究，作了以上的說明之後，如再以理論
建構的標準加以評論，我們仍發現此一類型的政治研究並未達到充
分理論化的水準。既未充分理論化，亦必然沒有進入充分科學化的
境地。嚴格的講，經驗的政治研究只是走向理論化及科學化的起端，
距離充分理論化及充分科學化尚有一段遙遠的路程。其所以如此，

乃因這一類型的政治研究，其精確的程度及建構的高度，都尚未達到理論建構所要求的水準。

　　經驗的政治研究所搜集到的資料，並不是在一個理論的脈絡(theoretical context)中而進行的。因此，搜集到的資料，對於概念、陳述及通則的印證上，發生的效力不夠理想。甚至有的資料，對理論建構而言，根本沒有任何關聯，造成研究工作的浪費。至於基本概念的澄清，無論是分類工作、界說工作或經驗印證的工作，都沒有達到標準化的地步。當其概念未達到高度的澄清，名詞未能嚴格的界定，那麼倣效其他高度發展的科學，採取符號化或建構語言的陳述表達，則沒有可能。概念的製作及陳述的建立，未能完全符合理論建構的準則，而根據它們建造出來的經驗通則，怎麼可能達到精確的程度呢？由於以上的原因，所以我們肯定經驗的政治研究，依照理論化的標準而言，其精確的程度還是不夠。

　　退一步講，假定現代政治學所建立的經驗通則，已經達到夠水準的精確程度，可是也只符合理論化的低層次準則，亦不夠充分理論化的水準。因為一個學科的充分理論化，必須是整個理論系統的完成。通則只是一個普遍性的陳述，在理論建構的層級系統中，它的高度，離最高層級的統一理論，依然頗有差距。經驗科學的理論建構，其終極目標乃是在建立理論系統。通則只代表理論系統中的一個層級，它必須經過整合使其成為理論，再經過理論的整合，才可能實現統一理論。在理論建構的過程中，所有的層級都是理論系統的必要條件，任何一個層級的缺少，即等於理論系統不存在。但是，就建立的困難程度而論，從低層級到高層級乃成正比例的增加。層級愈高愈複雜，需要顧及的變數也愈多。因此，就假定現代政治學中的經驗通則，已經達到夠水準的精確程度，而從通則的整合到理論，從理論的整合到統一理論，也有一段遙遠的路程，也是現代政治研究很難實現的。依照政治學家伊斯登(David Easton)的看法，

政治學的一個統一理論之建立，也許要幾代人的長期努力，才可能
實現❶。

　　關於政治研究的狀況，我們已分成三個基本類型，作了一全面
的分析。依據理論建構的層級及其原則，作為衡量的標準，神學的
政治研究及玄學的政治研究，根本沒有從事理論化的工作；它們所
建造出來的「理論」，只是與經驗科學的理論同用一個名詞，並不屬
於經驗理論的範圍。它們的「理論」改稱意識型態，也許更為適當❶。
經驗的政治研究，雖開始從事理論化的工作，卻仍停滯在理論建構
的低層級之中；所建造出來的「理論」只是經驗的通則，或準理論。
如此說來，政治研究的整個狀況，離充分理論化的水準，還是存在
著不小的差距。如果充分理論化是充分科學化的條件，已為我們所
接受，那麼我們不能不承認，到目前為止，政治研究並未達到充分
科學化的境地；頂多只是正在科學化的開始階段。

三、現代政治研究的主要方向

　　在本文的第一段裏，肯定了理論化或理論建構是科學的特性之
一；理論化在科學研究的過程中扮演著重要的角色。在第二段裏，
又指出政治研究並未達到充分理論化的程度，直到現在仍停滯於理
論化的開始階段。那麼政治研究如要企圖充分科學化，變成一個成
熟的經驗科學，其主要的方向必然是加速理論化，並建立屬於政治

---

❶　David Easton, *A Systems Analysis of Political Life* (Wiley, 1967), pp. 9–10.

❶　政治理論一詞，在現代政治學中的用法，頗不一致。有時的用法，專
　　指現代經驗理論；有時的用法，除了經驗理論之外，也包括政治思想、
　　意識型態在內。但有些著作中，甚至政治學的教科書中，已經很顯著
　　把傳統的政治理論或政治學說，放在意識型態的範圍內。

學的獨立的理論系統。

　　最近二十餘年來，關於政治學如何理論化的問題，已為一般政治學家密切注意。尤其是伊斯登更是非常強調，不遺餘力的倡導統一理論之建立 ❶。伊斯登的貢獻是雙重的：一重是消極的批評，另一重是積極的建設。他的批評很有啟發性。他認為「政治學的主要缺點之所在，乃是對於事實與政治理論之間的關係以及理論在此一關係中的重要地位，未能充分的加以了解。」❸ 這句話乃在指出，政治研究的最大失敗，就是在研究過程中政治理論與政治事實之間常常互不相關。事實的搜集沒有理論的指引，理論的建造又沒有事實的印證，甚至，根本不知道事實與理論是相互依存的。這一種的無知或忽略，主要原因即是政治學太缺乏理論化的基礎所致。嚴格的講，「事實乃是根據理論的興趣，對於真實所作的一個特殊安排。」❹事實的搜集是企圖達到經驗證明的目的。如果沒有需要證明的假設，事實的搜集便失卻了目的，等於沒有意義。盲目的搜集事實，沒有理論建構作為背景的搜集事實，甚至誤以為事實即知識，在伊斯登看來，即是誇大的事實主義(hyperfactualism)。這種誇大的事實主義，自南北戰爭之後，一直佔據著美國的政治研究 ❺。伊斯登雖然批評

---

❶　David Easton是芝加哥大學的教授。自1953年出版《政治系統》一書，對於政治學的狀況作了系統的分析及批評之後，一直倡導統一理論 (general theory or systematic theory)。繼《政治系統》之後，他為如何發展政治學的統一理論，曾經寫過兩本著作(*A Framework for Political Analysis, A Systems Analysis of Political Life*)。

❸　"A major source of the shortcomings in political science lies in the failure to clarify the true relationship between facts and political theory and the vital role of theory in this partnership." David Easton, *The Political System*, p. 4.

❹　"A fact is a particular ordering of reality in terms of a theoretical interest." Ibid., p. 53.

誇大的事實主義，但並非玄學「理論」的擁護者。他認為玄學「理論」是價值的理論，毫無經驗上的可證性，他所企圖追求的理論，乃是有可證性的因果理論。

伊斯登批評政治學的現狀，其目的是要積極的為政治研究尋找一條出路。這便是建設性的一方面。他認為現代政治學主要的努力方向，即是建立一個屬於政治學自身的統一理論或巨型理論(general theory or macrotheory)。他說：「統一理論是因果理論的一個類，就範圍說，其衍生出來的運用性可以涵蓋整個的研究領域，與單一性的通則或局部性的理論比擬，顯然有所不同。在政治學中，此種統一理論,乃是企圖對整個政治系統的功能作一說明。」[21]並且他指出，建立統一理論的途徑，有三方面最值得注意：(1)認清政治系統中的變數，(2)確立變數之間的關係，(3)通過一套具有邏輯鞏固性及依存性的通則，再系統的解決上述兩方面的問題[22]。這三個方面，與本文前述理論建構的層級次序比較，是相當一致的。第一方面是關於概念的製作，第二方面是屬於陳述的建立，第三方面則是統攝所有的概念及陳述在一個鞏固的邏輯系統中，以達成理論的建造。

關於政治學的統一理論或理論系統之建立，不僅是伊斯登及少數政治學家在倡導，而且已經成為現代政治研究的主要方向。這種研究趨勢，表現於現代政治學的「雙重革命」(dual revolution)[23]中。

---

[20]　Ibid., pp. 66ff.

[21]　"A general theory is a type of causal theory that differs from singular generalizations and partial theories, in scope at least, by virtue of it presumed application to the whole of a field of inquiry. In politics, it seeks to illuminate the functioning of political systems in their entirety." David Easton, *A Systems Analysis of Political Life*, p. 8.

[22]　Idem.

[23]　This term used by David Easton in *A Framework for Political Analysis* (Prentice-Hall, 1965), p. 17. 本文只採用這個名詞，其用法與伊斯登原意

一重是概念製作的革命(the revolution in the formulation of concepts)，
另一重是理論整合的革命(the revolution in the integration of theo-
ries)。兩者都屬於理論建構的層級，都是理論化的步驟。概念製作
在經驗的政治研究中，雖一向比較注意，但不如第二次世界大戰後
之強調。現代政治學對於各種概念，都非常重視其經驗的指涉。如
「團體決策」(group decision-making)、「政治社會化」(political social-
ization)、「衝突功能」(conflict function)……等等，莫不涉及到一個
極複雜的行為互動。對這些名詞，現代政治學則採取運作程序及廣
泛的經驗調查，來從事界定工作，而且做得相當成功，當然與研究
技術的進步有密切關係。也即是說，若沒有問卷法、局內觀察法或
內容分析等等技術方法的幫助，對於複雜行為的概念從事運作界說，
則不可能 ❷。現代政治學的重視基本概念之澄清，可從衛爾頓的《政
治學的辭彙》❷，及拉斯威爾與開普蘭的《權力與社會》❷ 兩本著
作中，看得出來。前者從語意學的觀點，對傳統政治學中的含糊概
念，作了系統的批評。後者根據理論建構的原則，對政治學中基本
名詞之界定，作了一系統的重建工作。至於從科學哲學的觀點，討
論有關政治學的概念形成之問題，最具深刻卓見者，則應算開拉鮑。
開拉鮑在其〈概念的形成與規範性及經驗性之研究：政治理論之調
和〉❷ 一文中，企圖將關於規範性的概念，透過經驗運作的程序，

並不相同。

❷　Arthur L. Kolleberg, "Concept Formation in Normative and Empirical
Studies: Toward Reconciliation in Political Theory", *The American Politi-
cal Science Review*, Vol. 63 (March, 1969), pp. 26–39.

❷　T. D. Weldon, *The Vocabulary of Politics* (Penguin Books, 1953).

❷　Harold D. Lasswell & Abraham Kaplan, *Power and Society*: *A Framework
for Political Inquiry* (Yale University Press, 1950).

❷　A. L. Kolleberg, op. cit.

變成具有經驗指涉的名詞。果能如此，則政治學的研究，即可在價值研究方面展開經驗調查的工作。也等於消除了價值與事實的鴻溝，使價值研究從玄學的領域移至科學的領域。開拉鮑的這種企圖，在政治學的概念製作問題上，可說是最具革命性的意義。

至於理論整合的革命，從現代政治學中各種巨型的經驗理論之發展，也可看得出來。如賽蒙的「決策論」❷，亞蒙的「功能論」❷，浦賴休的「組織論」❸及伊斯登的「系統論」，都企圖用一個巨型理論，來整合政治學中的其他理論，而變成政治行為的統一理論。此種系統的理論整合，雖然不是可以一蹴而成的，但其傾向卻代表了現代政治學的大變革。誠如亞蒙所說：「在現代政治學中，系統概念的介入乃是走向科學化的最重要步驟。」❸

不論是從概念製作或理論整合所發生的革命，莫不屬於理論建構的強化。因此，也可以說，所謂「雙重革命」，即等於現代政治學企圖在充分理論化或理論系統之建立上的一個自覺運動。

從伊斯登的分析及政治學的「雙重革命」看起來，現代政治研究的主要方向，很明顯的是關於政治學的理論化問題。這一方向雖然很明確，可是要如何才能有效的達到理論化的目標，卻是很困難的。這些困難來自多方面：有的屬於概念製作，有的屬於陳述建立，有的屬於理論整合。以下，我們想從這三個方面的困難，作進一步

---

❷ Herbert A. Simon, *Administrative Behavior* (Macmillan, 2nd ed., 1957).

❷ Gabriel A. Almond, "Introduction: A Functional Approach to Comparative Politics", in G. A. Almond & J. S. Coleman, ed., *The Politics of the Developing Areas* (Princeton University Press, 1960).

❸ Robert Presthus, *The Organizational Society: An Analysis and a Theory* (Random House, 1965).

❸ Gabriel A. Almond, "Political Theory and Political Science", in Ithiel de Sola Pool, ed., *Contemporary Political Science: Toward Empirical Theory* (McGraw-Hill, 1967), p. 12.

的分析，並提示克服這些困難的方式。

1. 概念製作方面

在理論建構的層級中，概念是最低的一個層級。它是理論的基礎。沒有成功的概念製作，則陳述、理論及統一理論便不可能繼續推進。任何概念皆是關於真實世界中某一些事物的抽象。政治學中的概念，當然是關於政治現象的抽象。而政治現象的抽象，必須依賴對於政治現象的有效觀察。有效的觀察若不能達到，概念的抽象便不可能精確。到目前為止，政治學既不能作控制實驗的觀察，也未能做到可靠的經驗調查。因此，政治學中的各種基本概念，依然缺乏經驗指涉的精確性。比如，「民主」或「獨裁」這兩個名詞，不同的政治學者常常有不同的用法。其所以如此，便是這兩個名詞所代表的概念，沒有共同公認的經驗指涉作為標準。當這類極尋常的概念尚沒有在製作上達到精確的程度，其他比較更難了解的概念，就更用不著說了。

概念的澄清工作或名詞的界定工作，雖然現代政治學已經作過不少，但離理想的程度依然很遠。這些工作的有效從事，仍舊是今後政治研究的一個重要目標。大體上說來，概念的澄清工作或名詞的界定工作，有兩個可行的途徑。一個是經驗印證(empirical confirmation)的途徑，另一個是再概念化(reconceptualization)的途徑。所謂經驗印證的途徑，即是就每一個概念的界說所蘊涵的意義，通過經驗調查來印證的工作。如果有經驗上的印證性，這個概念便可保留而加以使用。如果沒有經驗上的印證性，這個概念則必須放棄。所謂再概念化即是：為著使一個意涵過分紛歧的概念變得更清楚更明白，而採取的一種再界定(redefinition)的方式。不過，這個新的界說，其意涵也必須要通過經驗上的印證，才能成立。

2. 陳述建立方面

如果說概念是理論的基礎，則陳述就是從概念到理論的橋樑。

有了健全的概念，若沒有健全的陳述，依然談不到理論。關於政治
現象的陳述，比關於自然現象的陳述，要困難得多。一個自然的研
究者，可以完全免除主觀願望的影響，而能對自然現象作客觀的陳
述。可是，一個政治現象的研究者，當其在作客觀事實的陳述時，
很容易帶進其自身的主觀願望。這就是關於政治陳述的建立，所遭
遇到的第一個困難。另外，也由於政治現象產生於人類行為的互動
關係中，而人類行為，又常常是根據他們的信仰、愛好及價值判斷
而形成的。因此，當其一個政治的研究者，對政治現象作事實陳述
時，假定他已經百分之百的客觀，毫無自身主觀願望之介入，他的
陳述中亦難免除使用有關價值或信仰的語句。這便是關於政治陳述
的建立，所遭遇的第二個困難。

　　第一個困難比較容易克服，因為研究者的主觀願望絕不可混入
事實陳述中，已為一般政治學家所承認。既然承認了這一個前提，
進一步的問題，只是如何有效的免除主觀願望的技術問題，當然比
較容易。而且現代政治學中，在免除研究者的主觀願望混入事實陳
述上，已經獲致了一些有效的設計。比如，經驗調查的技術之進步，
邏輯檢證的方法之進步，建構語言的方式之試行，在免除主觀願望
混入事實陳述上，都是不無效用的。

　　第二個困難是比較難於克服的。因為一個政治陳述能否容許價
值概念的出現依然是一個爭論，有的人反對，有的人贊成，至今仍
未得到一致公認的結論。反對的人，認為價值概念沒有經驗的可證
性，一旦出現在政治陳述中，則勢必引起整個陳述也沒有經驗的可
證性了；他們堅信政治陳述只問事實而不問價值的原則。贊成的人，
則認為政治研究的對象是人的行為，並非自然現象。而人的行為必
然受到他所持有的價值觀之影響，甚至不可分。因此，他們堅持，
政治行為的研究必脫離不了價值概念的研究，關於政治現象的陳述
也必會使用價值概念。換句話說，他們認為研究者的主觀願望，雖

不可介入研究過程中，但價值必然是政治研究不可避免的對象。在我們看來，雙方都有道理。既承認凡是不可證的概念都不能出現在政治陳述中，也承認政治陳述與價值概念是不可能完全分開的。在這樣一個了解方式之下，於是雙方爭論的中心便轉化成為價值概念能否可證的問題。如果價值概念可證，則能納入政治陳述中；反之，則不能納入。

價值概念是否可證，乃決定於關於價值概念的界定。如果像神學以價值為「上帝意志的表現」，或像玄學以價值為「絕對觀念」，則永無可證性之可能。如果像現代社會研究中，界定價值為「可欲的概念」 **❷**，則又不是沒有可證性的。現代社會研究中，使價值概念或價值名詞變成可證對象的研究法，正在努力發展中。其中有兩個主要的研究法，一個是運作界說的研究法(the operational definition approach)，另一個是目的與手段的研究法(the end-means approach)。前者是透過適當的界說，去從事經驗的印證，後者是將目的價值化成手段價值，以便於從事經驗的印證。大體上說，價值概念，雖不是直接的可觀察項，但有間接的可證性。如果價值概念真有經驗的可證性，則與事實概念無異，當然可以納入政治陳述。

3.理論整合方面

健全的概念，可以幫助產生健全的陳述；一套健全的陳述，如既有邏輯的推演性，又有經驗的可證性，則可成為一個理論。但是，倘一個學科中只有一些個別的理論，其間互不相關，未能納入一個更高的統一理論中，依然不能成為一個理論系統，依然未能達到充分理論化。所以理論整合的工作，也是使一個學科充分理論化，必不可少的一個方面。

---

❷ Clyde Kluckhohn, "Values and Value-Orientations in Theory of Action", in T. Parsons & E. A. Shils, ed., *Toward a General Theory of Action* (Harvard University Press, 1954), p. 395.

　　政治學中的理論整合，若與前兩方面比較，其困難性更多。理由很簡單，因為前兩方面所遭遇的困難，必同時為理論整合的困難，欲整合兩個或兩個以上的理論，使其納入更高的理論層次中，必須先將這些理論分別加以化約，使每一個理論所蘊涵的陳述及概念，都能充分明白。然後比較這些理論的特點何在，這些理論說明的真實世界之異同何在。才再可能抽離它們的共同特點，而發展成為一個更高的理論。這一過程的進行中，隨時可能發現被整合的理論之中，所使用的陳述及概念不清楚不明確，也可能發現被整合的理論缺乏經驗的印證性或邏輯的推演性。因此，理論整合的工作是雙重性的。一面要嚴密察考所有被整合的理論，另一面又要從事更高的理論之建造。

　　關於察考一個理論是否具有經驗印證性及邏輯推演性，最簡便的方法即是使用這個理論去從事經驗世界中的解釋及預測。如解釋及預測有效，則此一理論是健全的，反之，則不健全。不健全的理論，必須加以修改之後才能納入理論系統中。關於政治現象的理論之整合，有時還得採用其他學科的理論作為參考。因為政治現象是社會現象中的一個類，其他有關社會現象的理論，很可能正是政治學所需要的，也很可能幫政治學達成理論整合的工作。這也就是政治研究要提倡多學科研究法(multidisciplinary approach)的原因。

　　根據以上三方面的分析，關於政治學充分理論化之實現，或者關於政治學理論系統之建立，實在是一個很困難的工作。怎樣才能克服這些困難，也找不出一套具體的方案。不過，使所有從事研究政治現象的人，都具有強烈的理論意識，並充分了解理論建構的原則及其層級，也許是推進政治研究達到充分理論化的一個先決條件。

結 語

政治研究是否能夠變成科學的研究，以及政治理論是否可以成為經驗的理論，這一類問題乃是當代政治學所討論的中心問題❸。本文只是憑藉當代政治學家對於這類問題的討論作為背景，從一個不同的角度所從事的分析。這一分析得到了三個結論：⑴任何經驗科學必然是一個獨立的理論系統，而理論系統的建立，只有依據理論建構的原則及層級而推進始有可能；⑵一個學科是否充分科學化乃決定於它是否具有一個獨立的理論系統，準此而論，政治學直到目前為止並未達成充分科學化的程度；⑶根據⑴及⑵的肯定，政治研究如要充分科學化，其主要的方向必然是：依據理論建構的原則及層級而從事理論化及理論系統之建立。

從以上的三個結論，我們可以充分的看出，理論建構的原則與政治研究的理論化及科學化是具有不可分的關係的。可是理論建構的問題乃是一個科學哲學的問題。因此，從事政治研究，對於科學哲學的知識是不可忽略的。當代一位政治學家曾說：「就事實而論，關於當代政治學的主要批評，即是政治學在吸取科學哲學中可資利

❸ Harold D. Lasswell, "The Political Science of Science", *The American Political Science Review*, Vol. 50 (December, 1956), pp. 961–979; David G. Smith, "Political Science and Political Theory", *The American Political Science Review*, Vol. 51 (Sept., 1957), pp. 734–746; David E. Apter, "Theory and the Study of Politics", *The American Political Science Review*, Vol. 51 (Sept., 1957), pp. 747–762; Bertrand de Jouvenel, *The Pure Theory of Politics* (Cambridge University Press, 1963); Ithiel de Sola Pool, ed., *Contemporary Political Science: Toward Empirical Theory* (McGraw-Hill, 1967).

用的知識準則上，仍然處於失敗的狀態中。」❸這句話顯然也是在強
調科學哲學對政治研究之重要性。

❸　Eugene J. Meehan, *The Theory and Method of Political Analysis* (The Dorsey Press, 1965), p. 15.

貳、科學概念與政治研究

前　言

　　任何科學的研究，乃是從制定概念而建立陳述，再根據陳述而建立通則及理論的一種有系統的活動過程。概念是從真實世界通過抽象而進入符號世界的起端，也是科學研究的基石。沒有健全的概念，必然不可能產生健全的陳述、通則及理論，正如沒有健全的磚石便不可能建造健全的房屋一樣。因此，科學的理論必然依賴於科學的概念。

　　政治研究企圖達到科學化的水準，雖然歷時已久，可是此種企圖迄今仍未實現。其所以如此，原因固然是多方面的，無論如何，在製定及使用概念方面未能契合科學方法的準則，是重要的原因之一。比如，「權力」、「政府」、「政治人格」、「政治文化」、「政治社會化」……等等名詞所代表的概念，沒有一個不是涵義分歧，界說各殊。當基本概念尚停留於如此狀態，根據它們而建立起來的理論必不可能逼近科學化的水準。因此，澄清基本概念及重新系統化的界定專用名詞，使其符合科學概念的標準，仍是現代政治學努力的重要目標。

　　本文的目的是企圖說明科學概念的制定與使用是有助政治研究通往科學化的根本前提。其討論的步驟是先對科學概念的基本特性及其界說問題作一廣泛了解，再憑藉這一了解進而指出政治研究在使用概念方面的現狀及可能發展的方向。

一、科學概念的基本特點

　　一切的經驗科學，不論是物理科學、生物科學或行為科學，都是在尋求有關經驗世界的知識。這一尋求過程的原始起點，即是對經驗世界從事觀察。根據觀察，對某些事物共同具有的特性加以抽象而形成概念。再根據概念與概念之間的關係而產生命題或陳述。一套具有邏輯推演性及經驗印證性的命題或陳述即是科學的理論。任何一個科學的理論即可視為有關經驗世界的系統知識。從科學研究的活動過程看，概念的形成是一個很重要的階段。概念是構成科學命題、科學陳述及科學理論的基本單元。沒有概念的形成，從事科學研究的推進固然是不可能的，而沒有符合科學方法所要求的概念，也不可能產生科學的理論。

　　一個概念，能符合科學方法所要求的標準，即可稱之為科學概念。判斷一個概念是否符合科學方法所要求的標準，有兩個方面必須加以注意：一個方面是經驗的意含(empirical import)，另一個方面是系統的意含(systematical import)❶。只有同時具備這兩個方面的概念，才可稱為科學概念。由於此一緣故，若對概念的經驗意含及系統意含分別加以分析，即可顯現出來所謂科學概念的基本特性。

(一)經驗意含

　　一個概念是一個心智的或邏輯的建構，它指涉對某一類事物或某些事物共有的特性❷。一個具體的事物或者一個具體的存在並不

---

❶　Carl G. Hempel, *Fundamentals of Concept Formation in Empirical Science* (University. of Chicago Press, 1952), pp. 39–45.

❷　Vernon Van Dyke, *Political Science: A Philosophical Analysis* (Stevens & Sons Limited, 1960), p. 62.

是一個概念。比如，「人」及「牛」這兩個符號，代表兩個概念。人指涉一切具有人之特性的這類動物，牛指涉一切具有牛之特性的這類動物。而某個人張三，某頭牛阿黃，這「張三」及「阿黃」只是兩個符號，不得稱之為概念。換一句話說，概念是人為的，相同的一定事物，可以根據研究者的興趣及選擇的標準而產生許多不同的概念。如仍以人這類動物為例，我們可以根據人的膚色，把人分成黃種人、白種人、黑種人……各種類，而產生黃種人、白種人、黑種人的概念。我們可以根據人的性格，把人分成內向的人、外向的人，及內外向的人，而產生另外幾個概念。我們也可以根據個人的身高、或體重作為標準，而產生高人及矮人或胖人及瘦人等概念。從上面這個例證加以推論，可以充分看出，當經驗世界的事物並未發生任何變化的狀況下，創造概念的可能性卻是很寬廣的。至於變動中的經驗世界，則產生概念的可能性更是無限的。

由於概念是心智的建構，也由於創造概念的可能性是無限的，因此，人類日常生活領域中以及學術研究的範圍裏，所使用的各種概念，常常是意義模糊，互相混淆，缺乏經驗意含。比如，在日常語言中，經常聽到的靈魂、魔鬼、狐狸精……等等概念，這些概念的涵義，就可能沒有兩個人的了解是完全一樣的，更可能同一個人在不同的環境中及不同的語氣下，對這些概念的用法也完全兩樣。就是在學術研究的範圍中，如黑格爾(G. F. W. Hegel)所謂的「絕對觀念」(absolute idea)，盧梭(J. J. Rousseau)所謂的「全意志」(general will)，也可說是毫無經驗意含的玄學概念。這些沒有經驗指涉的概念或玄學的概念，雖非毫無價值，可是它們卻不能增進人類的知識，也不可能幫助人類知識的溝通。

科學的概念乃在力求有別於常識概念及玄學概念，並企圖使其具有確定的經驗意含。在一般科學研究中使用的概念，有三個基本類別：第一類是描述的概念(descriptive concepts)，第二類是類型的概

念(typological concepts)，第三類是理論的概念(theoretical concepts)。
這三類概念所表現的經驗意含並不完全一樣，要去察考它們的經驗
意含所採的途徑也因之各殊。現分別就這三類概念的經驗意含一一
加以說明。

描述的概念是根據對經驗世界的觀察加以抽象而建立起來的。
它指涉某類事物或某些事物共同具有的特性。要了解它的經驗意含，
當可通過觀察而達到。不過，有的描述概念可根據某些直接的觀察
項而了解其經驗意含，有的描述概念卻只能根據間接的觀察項而了
解其經驗意含。比如「椅子」這一概念，就可直接觀察各種不同的
椅子所具有的特性而了解其意義。「權力」這一概念，卻沒有直接的
觀察項可供察考，只可通過人與人之間的行為所形成的狀態而間接
的了解其意義。倘使一個描述概念的經驗意含既不能在經驗上作直
接的了解，又不能在經驗上作間接的了解，則不能引納到科學概念
的領域中。

類型的概念是根據經驗上的可能性，或者選擇某些可以經驗的
成分加以強調，並通過研究者的想像而建立起來的。從經驗的世界
中找不出與類型概念相對應的存在，也不可能從經驗事實的觀察而
得到了解。與描述概念比較，類型概念在經驗指涉的程度上要低得
多。同時，描述概念指涉一個單一性的範圍(homogeneous universe)，
它脫離不了一個類或一個類的共有特性；而類型概念則重視邏聚性
的意義(configurative significance)，它要求對事物的多種因素作綜合
性的組合。因此，前者比後者容易了解❸。類型概念的經驗意含，
雖不可能通過直接的或間接的觀察而得到了解，可是它必然有其所
強調的經驗成分。這些成分便代表了它的經驗意含。比如「理性人」，

---

❸ J. C. McKinney, "Constructive Typology and Social Research", in J. T.
Doby, ed., *An Introduction to Social Research* (The Stackpole, 1954), pp.
143–150.

即社會科學中常使用的一個類型概念，它的意義是指一個人的行為必根據環境的可能，選擇最佳手段以達成既定目的。在如此的意義下，「理性人」在經驗的世界中並不存在，真實的人無論如何都有其非理性的一面，他的一切行為不可能都是理性的，但是此一「理性人」的想像，也不違背經驗上的可能性。此種可能性即是類型概念的經驗意含。另外，類型概念在研究過程中常常被用來當做工具，與經驗世界中的真實事物從事比較、分類或發現因果歸屬，因此，在察考類型概念的經驗意含時，亦可根據它在比較、分類或發現因果歸屬的效果上，來加以推斷。一個在比較、分類或發現因果歸屬上有效果的類型概念，當然其本身必具有某種程度的經驗意含。類型概念不論是在自然科學或社會科學中雖都經常被廣泛的引用，卻因其經驗意含的比較難於察考，所以關於它是否屬於科學概念的爭論，也特別多。無論如何，現代一般方法學家都一致認為類型概念是科學研究過程中不可缺少的，並具有重要性的一類科學概念❹。

　　理論的概念是經過高度發展的學科中才採用的一種科學概念。它只有在理論系統中才產生意義，脫離了理論系統便沒有任何意義可言。理論概念既不能單獨的加以界定其涵義，也不能通過直接的或間接的觀察而得到認知。只有依賴理論的系絡(theoretical context)才能從事了解。比如現代原子物理學中的「中子」(meson)，即是一個理論概念。它沒有可觀察性，也不能通過運作程序而得到了解。可是此種概念依然有其經驗意含，它的經驗意含就是理論系統在經驗世界中的可證性及預測性。倘使一個沒有經驗上可證性的理論系統所引用的理論概念，則無經驗意含可言，便不能視之為科學概念。換言之，理論概念是否屬於科學概念，必須先察考其所屬理論系統的經驗印證性，才可能決定❺。

---

❹　Arthur, L. Stinchcombe, *Constructing Social Theories* (Harcourt, 1968), pp. 43–47.

　　總括的說，不論任何種類的概念，必須具有經驗意含才能納入科學研究中，才有變成科學概念的可能。反之，凡是沒有經驗意含的概念，則是非科學的概念。經驗意含是科學概念的基本特性之一。

㈡系統意含

　　科學概念的另一個基本特性是系統意含。概念的形成是從真實世界的抽象而作為起點的。抽象是對某些事物的一般元素在經驗上加以認知，或比較事物之間的異同而產生的 ❺。因此，概念在形成的起點上必然會與其他概念發生關聯，我們不能想像一個絕對孤立的概念。比如，當我們把兩類動物加以比較，並發現每一類各有其不同的構成元素，稱一類為「牛」，稱另一類為「羊」，而同時產生牛與羊兩個概念。若不重視牛與羊的相異處，而強調其相同處將牠們歸入一類，並與鳥類比較，則又產生了走獸與飛禽兩個概念。飛禽、走獸、牛、羊四個概念，彼此之間即構成某種關係。牛與羊是走獸的次級概念，走獸與飛禽是對等的概念。從這個常識性的例證，已可幫助我們看出概念與概念之間恆具有系統性的關聯。至於動物學或生物學中極為複雜而又精審的分類更必然形成一套嚴密的概念系統。一個概念的改變或修正，即可引起整個概念系統的改觀。概念與其所屬的系統有密切的關係。概念是系統形成及系統發展的基石，系統的發展又決定了概念的地位。因此，概念的涵義常常隨概念之間的關係及其在系統中的地位，而給予我們更清楚明白的認知。

　　在科學研究的領域裏，一門學科有其自身獨特的概念。一門學科的獨立性，即表現在它的獨特的概念系統中。我們要認識或了解

---

❺　Carl G. Hempel, "The Theoretician's Dilemma", in H. Feigl, M. Scriven, and G. Maxwell, ed., *Minnesota Studies in the Philosophy of Science* (University of Minnesota Press, 1958), pp. 37–98.

❻　Richard Robinson, *Definition* (Clarendon, 1950), p. 170.

某一學科，事實上就是去了解這一學科所使用的各種概念及概念系統。通過個別的概念去了解概念系統，固然是必需的途徑。有時，卻只有了解整個概念系統，才可能對構成系統的每一概念得到更深入的了解。這即是說，一個學科根據已經建立的概念系統，去觀察新的事實，組織新的經驗，便產生新的概念而納入其系統中，使系統不斷的擴充、改進。系統既是修正舊概念及創造新概念的背景，因此，只有先了解整個概念系統，才能對個別概念作深入的了解。

科學概念在不同的學科中構成各種不同的概念系統。這些概念系統就是形成陳述、通則及理論的基礎。因此，也可以說，一個學科的陳述、通則及理論，即是這個學科的概念系統之具體表現。通過一個學科的陳述、通則及理論所形成的整個系絡(context)，乃是了解此一學科中個別概念的重要途徑之一。

由上觀之，一個概念與所屬學科中的陳述、通則及理論之間的關係是極為密切而又重要的。此種關係可稱之為此一概念的外在系統意含。除了此種外在的系統意含之外，一個概念還有其內在的系統意含。所謂內在的系統意含，乃指概念透過抽象的層次而衍生出來的。比如一個農家中，有馬、牛、羊、雞、犬、豕……等等動物，如抽離牠們共同具有的某種特性，以家畜這一名詞來代表，則家畜成為一較高層次的概念。再從家畜、農具、房屋……抽離牠們共同具有的某種特性，以財產這一名詞來代表，則財產成為一更高層次的概念。我們可以說家畜是農家的財產、農具是農家的財產，甚至也可說牛是農家的財產、雞是農家的財產。但我們卻不能說家畜是農具、牛是雞。因高層次的概念所指謂的特性為所有低層次的概念所共有，平行的概念所指謂的特性，彼此之間則有互為排拒的性質。如將高層次的概念加以化約，則可以找出低層次的概念。反之，如根據低層次的概念加以推演，則可通往高層次的概念。一個高層次的概念所蘊含的各級低層次的概念，即是概念的內在系統意含。

一個科學的概念不是孤立的，它通過內在的系統意含及外在的系統意含，與其他各種概念發生極密切的關係。其他概念的修正及捨棄，可能影響到它的意義；而它的修正或改變，也可能影響到其他的概念，甚至整個的理論系統。一個系統意含比較濃厚的概念，在其所屬學科中的重要性及影響力也愈大，它可能改變整個學科的研究方向，並決定整個學科的發展前途。

總之，經驗意含及系統意含是科學概念的兩個基本特點，二者不可缺乏任何一個。至於如何才能使一個概念同時具備經驗意含及系統意含，這便需要進一步去討論概念的界說問題了。

二、科學概念的界說

任何一種科學的學科，都有一套它自身的術語。這些術語可能從自然語言中(natural language)引用進來，也可能是根據建構語言(constructed language)的原則而創新的。不論是那種方式，這些術語都需要制定嚴格的界說，使它們所代表的概念能簡單的、精確的、清楚明白的表現出來。只有經過嚴格界定的術語，才能納入科學研究的範圍。界說的主要過程便是推演並釐清概念的構成因素。對任何科學的研究者而言，制定概念的界說與澄清術語的意義，是他必須要從事的基本工作。也可以說，學者的起碼裝備，即是在他的研究領域中擁有足夠的科學術語。只有如此，他才能從事科學的思考與表達，也只有如此，他才能與他的同行工作者交換心得而共同推動科學的進步。

在了解科學概念的界說問題時，首先必須對界說的意義作一說明。界說也是一個概念，對界說的意義加以說明即等於為界說下一個界說。界說的界說(the definition of a definition)，是常常引起爭論的問題。大體上講，界說一詞是指對一個字的意義之解釋，它決定

一字的精確涵義❼。一個界說的構成有兩個主要部分：一是被界定項(definiendum)，另一是界定項(definiens)。界定項必須與被界定項相等，它除適用於被界定項所指謂的一切事物外，不能適用其他任何事物。比如，以「人是理性的動物」這一界說為例，其被界定項是「人」，界定項是「理性的動物」，所有的人，不論白種人、黃種人或黑種人、張三、李四……都是理性的動物，即界定項「理性的動物」必適用於被界定項「人」所指謂的一切。除人之外，沒有任何動物是理性的，即界定項「理性的動物」不能適用於其他的一切❽。

界說的意義固然難於了解，界說的種類更是繁多。魯賓孫(R. Robinson)曾列舉了十八種不同的界說❾。在此當然沒有一一說明的必要。一般的講，有三類界說是為一般討論概念制定問題的人常常提到的：第一是真實界說(real definition)，第二是名相界說(nominal definition)，第三是運作界說(operational definition)。

真實界說與名相界說的區分，是亞里斯多德(Aristotle)最先提出來的，一直沿用至今。所謂真實界說，是指出概念所代表的事物之本質。比如對「正義」這一概念給予界說，即在找出客觀世界裏所存在的正義之本質。這一類界說常常會陷入形上學的泥沼中而不能自拔。因事實上，所謂正義是人所公認的一種社會生活的狀況，不同的時代及不同的社會有其自身認為的正義。民主世界所認為的正義與共產世界所認為的正義可能完全相反，並沒有一個客觀永遠不變的正義本質存在。

---

❼　Gordon J. DiRezo, "Conceptual Definition in the Behavioral Sciences", in G. J. DiRezo, ed., *Concepts, Theory, and Explanation in the Behavioral Sciences* (Rainbow-Bridge, 1967), pp. 8–9.

❽　M. R. Cohen & E. Nagel, *An Introduction to Logic and Scientific Method* (Harcourt, 1934), p. 238.

❾　R. Robinson, op. cit., p. 47.

　　名相界說又可分為兩個次類：一為字典式的界說(lexical defini-tion)，即根據語言中使用名詞的習慣而決定其意義的方式；另一為約定性的界說(stipulative definition)，乃指使用字或名詞的人根據需要而約定其意義。比如一個研究者根據以前的研究者如何使用某一術語，他便怎樣界定這一術語，他就正是在用字典式的界說方式。倘使一個研究者覺得以前的所有研究者對某一術語的界定都不夠健全，他自己對這一術語規定一個新的意義，他就是正採取了約定性的界說方式。至於一個研究者自創新詞，而加以界定，當然更可能是採用了約定性的界說方式。

　　真實界說與名相界說之間的主要差異，乃是前者根據一個名詞去尋找它的本質，後者是根據經驗世界的觀察與抽象去設定一個名詞❿。從這一基本差異看，名相界說的方法比較容易達到制定科學概念的目的。因為界說是在釐定及澄清概念的涵義，同時概念又是通過抽象才產生的，所以不論概念或代表概念的名詞，都不指謂真實世界中的具體存在，當然無法尋求什麼本質。並且真實界說的方式最易導致「抽象概念的具體化」(the reification of abstract concepts)的毛病。把「風」這個概念不視為氣流速度達到某種程度的狀況而視為一種經常存在的東西，把「國家」不視為人際行為互動的一組合方式而看成「上帝在大地上的存在」，把「歷史」不視為事物透過時間的變化歷程而以為它是一個巨大權力可以支配人類命運的化身，這些想法都是使用真實界說不當而造成「抽象概念具體化」的例證。至於名相界說，它一方面將名詞與概念分立，另一方面又以文字的使用及經驗的觀察作為了解概念的基礎，當然比較容易滿足科學概念的要求。不過，不同的人或不同的研究者所經驗的事物及所強調的觀點是常常有差異的，因此，各人心目中所了解的概念也

---

❿　A. C. lsaak, *Scope and Methods of Political Science*: *An Introduction to the Methodology of Political Inquiry* (The Dorsey Press, 1969), p. 63.

可能隨之不同。彼此了解的概念不同，則概念的標準化及精確化便無法達到。

由於真實界說有缺點，名相界說又不夠理想，現代科學中遂有運作界說的提出。所謂運作界說是通過事物的關係來說明概念所指涉的經驗意義，或依靠實驗的方式察考概念所指涉的經驗意義。只要事物的關係是可觀察的，實驗的程序是固定的，則不同的人或研究者便可有一客觀的標準，而不致各人對概念的意義發生歧異的了解。舉例來說，如「椅子」這個概念指涉各種椅子共同具有的特性。由於個別椅子是可觀察的，當然用不著施用運作的方式，也可使各人的了解趨於一致。可是，如「硬」、「權力」這類概念，卻無直接觀察的可能，便不能不採取運作的方式來加以說明。要界定「硬」這一概念，可用A與B兩種不同的金屬片以同樣的力量在同一塊木板上分別劃下痕跡，如A比B留下的痕跡深，則A比B硬。要界定「權力」這一個概念，也可一樣，設想A與B兩個外交家，在談判的過程中，A能使B承諾某種B不願意承諾的事項，則A對B享有權力。從這樣一個方式來了解「硬」及「權力」兩個概念，當可使不同的人得到同樣確定的明白的了解，而不致發生歧見或誤解。這便是運作界說的應用。運作界說是制定科學概念最有效的方法，無論自然科學或社會科學中都已廣泛的採用 ❶ 。

除了制定界說的方式之外，下界說的技術也值得注意。一個界說是依賴語言而製成的，同時界說的目的在使概念更清楚明白。倘使所用語言不適當，不僅不能達到目的，反而更可能造成概念的混亂。所以，自亞里斯多德以來，一般邏輯學家及方法學家，都為制定界說的技術提供一些規則。這些規則，雖各人所側重的方面不同，但大體上都是一致的。現根據柯恩(M. R. Cohen)及納格(E. Nagel)所提出的四條規則一一加以說明 ❷ ，來幫助我們對下界說的技術問題

❶　Ibid., pp. 64–66.

作一認識。

　這四條規則是：

　(1)一個界說必須適合預期的目的。

　(2)一個界說必須不是循環性的。

　(3)一個界說當能使用肯定語句陳述時，必不可使用否定語句。

　(4)一個界說必不可使用隱晦、比喻及象徵性的語言表達。

　以下就這四條規則分別作一說明。

　在規則(1)中所指的預期的目的即是企圖說明被界定項的意義。要達到這個目的必須使界定項與被界定項相等，在任何情形下二者都可互換。例如要界定住宅一詞，若以「住宅即是人用來作為固定起居之所的磚瓦建築」來作為界說，則界定項窄過被界定項。因為還有用木材或鋼筋水泥所造的住宅。若以「住宅即是人們避風雨之所的有頂有牆的建築物」來作為界說，則界定項又寬過了被界定項。因為工廠及戲院也適用於此一界說。總之，規則(1)乃是強調一個界說必須使界定項與被界定項完全相等。

　規則(2)強調界說必須不是循環性的，就是指一個界說的界定項中必不可有被界定項或其同義詞出現。不然，則此界說等於沒有意義。比如，把「魔王」界定為「具有魔王一樣超越力量的怪物」，把「和平」界定為「非戰爭的狀態」，把「戰爭」界定為「非和平的狀態」，都犯了規則(2)的禁律。

　規則(3)強調一個界說乃在說明一個概念所指涉的事物，而不是說明此一概念未經指涉的事物。在絕大多數狀況下，一個概念未經指涉的事物實在太多，無法一一列舉。因此，一個界說，如用否定語句，必然發生兩種結果：第一種是變成循環性的界說，第二種是界定項與被界定項不能相等。比如，「戰爭即是非和平的狀態」就是循環性的界說。「沙發椅即是不同於床的東西」便是界定項與被界定

⑫　M. R. Cohen and E. Nagel, op. cit., pp. 238–240.

項不相等的界說，因為沙發椅除了不是床之外，還同時不是許多其他的東西。無論如何，對極稀少的名詞加以界定時，不能不用否定的語句，如「孤兒」就只能界定為「一個沒有雙親的孩子」，「禿頭」就只有以「沒有頭髮的頭」來界定。這就是規則(3)為什麼也要准許必要時可用否定語句來下界說。

規則(4)在強調一個界說為澄清概念的意義而產生，故絕不可用隱晦、比喻及象徵性的語言。因為這類語言，不是令別人難懂，便是含糊不清。不過，科學術語，對外行人而言，永遠是艱深難懂的。但這並不違背規則(4)，因唯有用專門名詞才能使意義精確可靠，也才能使同行人在溝通上不致發生歧見。

根據以上的說明，可以充分看出，界說乃是形成科學概念必不可少的過程。同時科學概念的界說，要在方式上或技術上達到完善的地步，乃是極為困難的工作。任何經驗科學的研究，所研究的對象乃是經驗世界。由於經驗世界的變化及新經驗的不斷產生，都會直接或間接的影響到概念的改變或者新概念的引用。因此，任何學科，不論其科學化的程度如何高，概念的界說問題永遠是困擾研究者的難題之一。比較上說，社會科學或行為科學，在這方面所遭遇到的困難比自然科學要大得多。

三、政治學中使用概念的狀況

根據以上的討論，使我們對科學概念的基本特性及科學概念的界說問題，或多或少有了一些較深入的認識。現在想再繼續憑藉這些認識，對政治學中使用概念的狀況作一批判性的說明，並指出現代政治研究的發展必須遵循的方向。

政治學是社會科學的一種，在概念的澄清及概念的界說上，不僅離自然科學的水準相當遠，就是對比較進步的某些社會科學而言，

也可能稍嫌落後。事實上，政治學中不少的基本概念，一直沒有一個確定的公認的界說，甚至有些術語不是無經驗上的指涉，便是缺乏系統上的意含。舉例來說，「國家」這個概念在很長遠的時間中一直是政治學的定向概念(orienting concept)，其重要性可想而知，可是國家一詞的意義，卻眾說紛紜莫衷一是。一位美國政治學者在1931年曾宣稱他搜集了一百四十五個不同的國家界說❸。這一名詞，在不同政治學者的了解上，其分歧的狀況的確是驚人的。有的人採評價性的界說(evaluative definition)，認為國家是「上帝在大地上的存在」（如G. W. F. Hegel）。有的人採規約性的界說(prescriptive definition)，認為國家是階級壓迫的工具（如K. Marx），或者認為國家是保障天賦人權的工具（一般古典的民主主義者）。也有的人採描述性的界說(descriptive definition)，認為國家即是組成公共權力的一種方式（如H. J. Laski），或者認為國家乃是合法的獨佔的使用強制性力量的組織（如M. Weber）。當一個極為重要的概念，其了解的分歧尚且如此，其他概念自然更難達到科學化的水準。

在整個政治學的領域中，各式各樣的概念制定與使用，未能達到科學概念所要求的標準，是很普遍的。在此固然不可能一一加以分析，而指出它們的缺點之所在。只想就政治學中使用概念或名詞的一般狀況，作一綜合性的說明。這一說明可分四個方面：第一是同一名詞代表不同的概念，第二是不同的名詞代表同一的概念，第三是缺乏經驗意含，第四是缺乏系統意含。

同一名詞代表不同的概念：名詞是符號，概念是名詞所代表的意義。若同一個符號代表兩個以上的意義，當然在了解上會發生歧見，而使溝通遭受到意外的困擾。可是這種現象在政治學的術語中經常出現。比如，英文中"regime"這個名詞，有時可譯為「政權」，

---

❸　C. H. Titus, "A Nomenclature in Political Science", *The American Political Science Review*, Vol. 25 (1931), pp. 45–60.

其意義與統治機構相類似；有時可譯為「政治典則」，其意義與行使權力的規律相同。又如"function"一詞，在政治學中至少有三種不同的用法。第一種是社會人類學的用法，乃指一個社會中的局部結構對社會整體所產生的整合及持續作用，可譯為「功能」。第二種是數學的用法，乃指一個方程式中一切變數的總和，可譯為「函數」。第三種是經濟學中早期的用法，乃指在社會分工狀態中一群人為取得生活資源而選擇的同樣工作方式，可譯為「職業」。這種一詞數義的情形，雖然可根據文字的系絡而得到辨別。無論如何，這是造成政治學中概念混亂的原因之一。至於同一名詞，因為界說上的出入而導致意義方面的多種分歧，類似上述國家一詞的情形，那麼帶來概念上的混亂就更為嚴重了。

　　不同的名詞代表同一概念：這種狀況，恰恰與前邊所說者相反，乃是以不同的符號去代表相同的意義。比如，有的政治學者把「權力」、「權威」、「政治權力」三者加以區分。認為「政治權力」指涉的範圍小，它是「權力」的次級範圍。「權威」代表高度合法化的「權力」或「政治權力」。但是，有的政治學者在使用這三個名詞時又把意義視為相同，三者可以互相替代。後邊這種情形即屬於名殊而義同。再如"province", "state", "republic", "common wealth", "canton"……諸字在英文的著作中有時是指同一意義，即第一級的地方政府(main local governments)。有些政治學的著作中，甚至在使用「政治系統」、「國家」、「政府」這幾個名詞時，可能代表同一意義而無法區分。

　　缺乏經驗意含：科學概念要求具有經驗意含，已在本文前邊詳加說明。可是，政治學中各種概念，卻有不少是缺乏經驗意含的。比如，盧梭所謂的「全意志」(general will)，洛克所謂的「天賦人權」(natural rights)，唯心論所謂的「絕對觀念」(absolute idea)，唯物論所謂的「歷史法則」(historical law)……等等概念，既然沒有直接的

可觀察性，又沒有間接的可觀察性；既不可視為理論概念，又不是類型概念。只可說它們完全是玄學的概念，毫無經驗意含可言。其他有關政治實體的描述性概念，絕對大多數乃是由不同政治學者憑自己的了解所約定的意義，雖非毫無經驗意含，可是卻不能通過運作方式加以察考。很顯然的，它們依然缺乏精確的經驗意含。當其一部分概念毫無經驗意含，另一部分概念又缺乏經驗意含的狀況下，政治學中的語言必然會呈現含糊不清或歧見叢生的狀況❹。

　　缺乏系統意含：一個概念在一個學科中的使用，必然與所屬學科的其他概念或理論有密切關係。一個概念對某一個概念而言是次級概念，對另外某幾個概念而言，它又是上層概念。概念在概念系統的層級結構中所處的地位，即是概念的系統意含。政治學中使用概念，常常沒有顧及到系統意含。同一概念在某一書中與另一書中，或在某陳述中與另一陳述中，沒有同樣相等的意義，或者把低層次的概念放在高層次的概念之上，把不能為某一理論所容許的概念納入這一理論之中。比如說，「權力現象包括各式各樣的政治現象」一語，即是把低層次的概念放在高層次的概念之上，因為事實上權力現象只是政治現象的一種。又如，當一位政治學者在討論系統理論時卻引用了權力理論中所使用的「權威」概念，即等於把不適當的概念納入系統理論之中。因為「權威」一詞在系統理論中並不同於在權力理論中的意義。此種不重視概念的系統意含，而任意使用概念的方式，必然會使政治學中的概念產生含糊不清及混亂的結果❺。

　　以上是就政治學中使用概念的混亂狀況作了一簡略的說明。至於形成如此狀況的原因，如仔細推敲起來，可能有三種：⑴語言的

❹　W. J. Goode and P. K. Hatt, *Methods in Social Research* (McGraw-Hill, 1952), Chapter 5.

❺　R. S. Rudner, *Philosophy of Social Science* (Prentice-Hall, 1966), pp. 18–23.

原因，⑵價值的原因，⑶方法的原因。以下再就這三種原因分別加以說明。

　　就語言的原因來說，政治學使用的語言大部分來自自然的語言。自然語言中常常是一個字具有數種意義，或者一種意義用數個不同的字來代表。就文學來講，這種情形並不壞。有時反可使表達生動活潑。而科學要求精確嚴格，是不容許這種情形的。不過，語言是代表共同經驗的，不能憑空創造。當政治學者尚未形成他們自己的共同經驗之前，創造一套完全屬於政治學的建構性的語言，是不可能的。換言之，當政治學尚未完全建立起屬於其自身的建構性的語言之前，使用自然語言必不可免。只要自然語言仍是政治學的表達工具，則概念的含糊或混亂的狀況，也就不能徹底根絕。除了自然語言的使用是造成概念混亂的原因，政治學在引用其他學科的術語上，在制定新術語表達新經驗時，亦未能嚴格加以控制，也是增加語言困擾而產生概念混亂的原因。一個學科有其獨特的理論系統或概念系統，如移植其他學科的概念進來，便容易引起混亂或分歧。至於創新的概念納入舊的系統中，更需要新舊互相配合，不然便會矛盾衝突而破壞了理論在邏輯上的一致性。

　　就價值的原因說，政治學研究的對象與自然科學研究的對象，顯然有所不同。前者研究社會的事實，後者研究自然的事實。社會事實包括了社會的道德、社會的信仰、社會的理想等等有關價值的問題在其中，凡是價值名詞或價值概念，不僅沒有直接的可觀察性，也缺乏間接的可觀察性。要使價值概念具有經驗上的或運作上的意義，乃是十分困難的工作。因此，政治學中有關價值的概念，其意義在不同研究者的心目中便可能呈現不同的了解。至於政治學者在涉及價值陳述時，由於他自身的主觀的價值判斷也可能無意間夾雜進去，當然更容易導致概念的混亂或意義的分歧，而使同一名詞或同一概念失去相同的一致的了解。

　　就方法的原因說，科學研究需要科學概念，而科學概念的形成又需要科學方法作為基礎。缺乏科學方法的政治學必然無法制定出夠水準的科學概念。從科學方法的角度看，政治學中許多概念的製定，既缺乏經驗意含及系統意含，又沒有注意到界定名詞的基本技術，當然無法達到理想的水準。界定名詞的基本技術之忽略，固然是一般政治學者在接受基本訓練的時候，沒有在邏輯及思維方法上加以注意。至於政治學中的概念缺乏經驗意含及系統意含，其根本原因，乃是政治學本身沒有建立起來一個健全的統一的理論系統。當每一代的政治學者，每一派的政治學者，甚至個別的政治學者，沒有一個共同的理論系統作為背景，他們在引介新概念或修改舊概念時，必然造成分歧。使用的名詞雖然一樣，而在不同理論背景的解釋下就完全相異。這種現象的發展，很可能是理論愈多，則概念的混亂就隨著愈大。

　　以上所論及的有關政治學中概念混亂的三種原因，方法上的原因，可能比語言的原因及價值的原因更值得重視。因為只要在制定科學概念的方法上加以有效的發展，則方法一方面可以幫助我們從事建構性語言的建立而克服語言上發生的困難，另一方面又可以幫助我們帶來新的研究技術而達到價值名詞的科學化。

四、科學概念在現代政治研究中的發展趨向及其重要性

　　現代政治研究的顯著特點之一，就是重視科學方法，不僅在事實的搜集、理論的建構、研究的態度或研究的技術諸方面，已受到科學方法的影響，而且在概念的制定及使用上，也以滿足科學方法的要求為最高準繩。現代政治學之強調概念制定的科學化，可以從

一般政治學的著作使用概念的方式上看得出來。所有有關現代政治
學的新書，在其使用重要概念時，莫不給予適當的界說。並且現代
某些政治學家為著要使術語符合科學化的要求，對政治學中使用概
念的方式，曾從事系統的批評及澄清。如衛爾頓(T. D. Weldon)的《政
治學的詞彙》(*The Vocabulary of Politics*)一書，便是對政治學過去使
用概念的狀況作了系統的批評❶。拉斯威爾(H. D. Lasswell)與開普
蘭(A. Kaplan)合著的《權力與社會》一書，便是對政治學中的重要
概念作了界說上的整理工作❶。至於一般政治方法論的專著中，更
是莫不對概念的形成問題加以重視及討論。

　　現代政治研究在制定及使用概念上力求科學化的趨勢，歸納起
來說，它表現在三個方面：第一方面是舊概念的澄清，第二方面是
新概念的引介，第三方面是建構語言的發展。

　1.舊概念的澄清

　　政治學過去使用概念的狀況十分混亂，已在前邊作了一般性的
說明。現代政治學對這些大量的舊概念，既不可能完全排斥，也不
可能全部保留，只採取了一個折衷的途徑，即是對一部分的舊概念
仍舊保留下來，對另一部分的舊概念則分別採取排斥及再概念化
(reconceptualization)的方式。所謂排斥方式，就是把某些舊概念以及
代表它們的名詞一齊從政治學的語言中排斥出去，不再加以使用。
所謂再概念化方式，則是保存原用的名詞，而對此一名詞加以再界
定，賦予新的意義。

　　排斥方式的使用，並非任意而為，乃是由於一個概念已經到了
無法再使用的地步才採取的。比如說，一個概念完全是玄學性的，
絕對沒有經驗上的意含，如盧梭所說的「全意志」；或者一個概念的

❶　T. D. Weldon, *The Vocabulary of Politics* (Penguin, 1953).

❶　H. D. Lasswell & A. Kaplan, *Power and Society: A Framework for Politi-cal Inquiry* (Yale University. Press, 1950, 1961).

意義過分混亂以致可能阻礙理論化的推進，如「國家」這個概念，固然必須加以排斥，但若只是缺乏經驗意含或系統意含，則不一定要加以排斥。

　　一個概念若因意義稍有分歧或缺乏經驗意含及系統意含，則可採取再概念化的方式加以改造。改造的方法有兩種，第一種改造的方法，是把舊概念通過經驗運作的程序察考其涵義。如果其涵義沒有經驗上的指涉，則必須對這一概念加以再界定，使其具有經驗意含。比如許多政治學者對政府、政黨、壓力團體……等等名詞從事再界定的工作，即是採取這種方法的例子。第二種改造的方法，是把舊概念放在新的理論系統中，察考其系統意含。如果一個概念對於新的理論系統或概念系統有矛盾，則應對這一概念加以再界定。

　　不論排斥一個概念或改造一個概念，都要通過化約(reduction)的方法。因為發生混亂的概念常常是高層次的概念。要了解高層次的概念是否具有經驗意含，必先將它化約到低層次的概念，才容易察考。同時一個概念是否在理論中有矛盾，也必須先把理論系統加以化約成為比較簡單的陳述之後，才容易看得出來。因此，化約的方法在澄清概念過程中是很值得重視的。

　　在澄清舊概念的工作中，最重要而又最困難的所在，即是價值名詞或價值概念的處理。因為價值概念是否適合納入科學研究的問題，依然是極富於爭論性的。如果不適合納入，而又肯定政治研究必須採取科學方法，當可把所有的價值概念排斥於政治研究之外，這倒比較容易處理。如果適合納入，那麼科學的政治學究竟如何處理價值概念的問題，則是很難於解決的。目前政治學已經普遍承認價值是政治研究的對象之一。至於處理價值概念的方式，則是通過間接觀察或經驗運作的程序，從人類的寧願行為、選擇行為，及選擇場合來找出價值概念的經驗指涉。這種處理方式，即等於把價值概念從玄學領域移至科學領域❸。可是，並沒有得到很成功的結果。

2. 新概念的引介

經驗科學研究的對象是經驗世界，由於經驗世界的不斷變化，新經驗的不斷增加，因此任何科學的研究是永無止境的。科學研究既無止境，新的科學概念也就會層出不窮。當一個新的概念產生之後，被引入既成的理論系統時，可能使整個理論系統發生重大改變。所以概念的引介工作，也是科學研究中很值得注意的問題。

現代政治學正處於一個大批新概念湧進的時代，它對這些新概念的引介，不能不通過極為周密的科學程序，加以仔細的界定，並使它們具有經驗意含及系統意含。凡是納入現代政治研究的新觀念，大部分是經過許多政治學者長期討論，並透過經驗調查的印證，才建立起來的。比如，「政治文化」、「政治社會化」、「團體決策」、「衝突功能」……等等名詞，其界定工作就是經過數年的討論，並透過實驗方式或經驗調查的考驗而進行的。此種認真的態度，當可使政治學中的概念逐步逼近科學化的水準。

3. 建構語言的發展

高度科學化的學科，為著概念清楚明確，必然會慢慢發展出來一套屬於它自己的建構性語言。這種語言只有參與這門學科的研究者才能了解，外行人是不可能了解的。政治學在目前雖然還沒有完全屬於它自己的建構性語言，但是，由於概念的日趨精密，數量化研究的日益增進，遲早會引導政治學形成一套建構性的語言。建構性語言一旦實現，則又可倒轉來幫助科學概念的制定與使用更趨於明確、更趨於精審。建構性語言的發展與科學概念的進步是互為因果、互為條件的。只有根據科學概念作為基礎，才能推動建構語言的成長，反之，只有憑藉建構語言，才能使概念的制定與使用達到

⓲ A. L. Kalleberg, "Concept Formation in Normative and Empirical Studies: Toward Reconciliation in Political Theory", *The American Political Science Review*, Vol. 63 (March, 1969), pp. 26–29.

充分科學化的水準。

　　總之，在現代的政治研究中，不論是舊概念的澄清工作，新概念的引介工作，或建構語言的發展工作，雖然未能達到理想的程度，可是它們對政治學中的科學概念之建立，或多或少是很有幫助的。至少它們代表著政治學的概念正在邁向科學化的趨勢。

　　政治學的發展一直沒有顯著的進步，其原因當然是多方面的。無論如何，它缺乏一套具有高度效準的概念作為工具，是重要的原因之一。任何的科學研究必須以科學概念作為基礎，概念不僅在比較、分類、量化及理論化上是不可或缺的工具，而且新概念的創造過程即代表一門學科的成長及發展。就整個政治研究的進步而言，概念或者概念系統至少具有兩大作用：第一是提供累積性的工具，第二是提供新的研究方向。

　　一個學科企圖進步，它必須使此一學科的一切研究者，包括不同時代及不同地域的，都能貢獻心智於共同的問題上。要達到這個目的，便不能不採用概念作為媒介。倘使一個學科使用的概念十分混亂，或者不同研究者使用的概念互不相同，則彼此研究的結果便無法得到有效的交換，當然不能獲致累積性的進步。就是同時代的研究者能彼此溝通，而不同時代的研究者卻不能集中於某些基本概念從事研究，也不可能達到理想的累積性的進步❶。因此，我們可以說，政治研究的進步問題，首先要看它在使用概念上是否能夠達到科學化的水準。換言之，建立科學性的概念，是推進政治學進步的條件之一。

　　一個學科的進步，需要隨時發展新的研究方向。而新的研究方向，有時是由於新的概念之刺激才產生的。比如，近代政治學的發

---

❶　K. W. Deutsch, "Recent Trends in Research Methods in Political Science", in J. G. Charlesworth, ed., *A Design for Political Science* (The American Academy of Political and Social Science, 1966), pp. 149–178.

展先是以國家概念作為定向的，隨著又以權力概念或政策概念作為定向概念。每一次定向概念的改變，即引發政治研究的重大進步。因此，概念能激發研究方向的更新，而新的研究方向又可推動研究的進步，如果我們接受了此一前提，那麼我們便不能不承認政治學的進步是需要科學概念作為動力的。

結　語

人類從事政治現象的思考與研究，有很悠久的歷史。自柏拉圖(Plato)寫《共和國》及亞里斯多德(Aristotle)寫《政治篇》的時代算起，迄今已有二千餘年。就是自十九世紀末葉政治學成為一獨立學科以來，大量政治學者專門從事政治現象的研究，歷時也近一百年。在這樣長遠的時間中，結合許多人的心智而建構出來的各種政治理論，如應用到政治現象的解釋與預測時，卻不能產生有效的結果。政治理論缺乏解釋及預測的效準，即顯示政治研究沒有達到成功的地步。至於政治研究沒有成功的原因，經過現代政治學在方法論上的全面反省，大體上已得到了一些公認的結論，這些結論之一就是科學方法的忽略。

關於政治研究忽略科學方法的實際狀況及其改進的途徑，所涉及的範圍是十分廣泛而又複雜的。本文只是從這個範圍中選擇了一個小問題來加以討論。這一討論是先對形成科學概念的方法及原則加以一般性的說明，然後再根據這些方法及原則來對政治研究在制定及使用概念方面的狀況及其發展趨勢，作一評論性的分析。大體上說，本文有四個最基本的結論最值得加以注意。現分別列舉於後：

⑴科學概念是科學研究的基本工具，同時也是形成科學理論的基礎。

⑵一個概念必須同時具有經驗意含及系統意含，並加以嚴格界

定，才可稱爲科學概念；才能納入科學研究的範圍中。

(3)政治研究在制定及使用概念上並未達到科學概念所要求的水準。這也是政治學不能充分科學化的原因之一。

(4)現代政治研究要求根據科學方法從事概念的制定與使用，業已產生了一種空前的自覺。這種自覺乃是使政治研究通往科學化的開始。

參、建構類型與政治研究

前　言

　　建構類型(constructive typology)，在現代政治研究以及一般社會研究中，乃是一種很流行的方法。不過，此一方法，究竟是不是一種科學方法的問題，爭論是很多的。直到最近二十年來，有關爭論才逐漸得以澄清。一般方法學家正日益重視此一方法，並認為它不僅在社會研究上有其重要性，就是在自然研究中也有其不可摒棄的地位。本文的重心，並不在研究建構類型的本身，而是在分析此一方法對政治研究的關係。為了說明二者的關係，或者為了強調建構類型在政治研究上的重要性，當然不能不討論到建構類型的性質。本文分析的途徑，是先就建構類型的特性及其功能，作一個廣泛性的了解，然後才分別說明建構類型在政治事實的觀察方面，政治事實的分類方面以及政治理論的建造方面，所產生的作用及所具有的價值。

一、建構類型的基本特點

　　建構類型的使用，有其很早的起源。遠在古希臘的時代，大約西元前五世紀時，醫學之父海卜克拉迪斯(Hippocrates)擬想長瘦與短肥兩種人體類型，以幫助醫生觀察疾病的方式，即屬於建構類型的最古老的使用❶。稍微晚一點，著名哲學家柏拉圖(Plato)，先擬想一

---

❶　E. A. Tiryakian, "Typologies", *International Encyclopedia of the Social*

個理想的政體，以作為分析其他政體的標準，也可說是此一方法在古代使用的範型。從古希臘到現代，不論自然科學或社會科學，莫不或多或少的採用了建構類型。尤其二十世紀的社會研究與歷史研究，使用建構類型的狀況，更是極為普遍。此一方法，雖然被古今各種的研究者有意識的或無意識的加以使用，但是就此一方法作為研究對象，並在方法學上受到重視，是遲到十九世紀末葉，才逐漸發展出來的。至於"constructive typology"這一名詞，更是遲到1940年以後，才慢慢的被採用了。

對建構類型從事方法論上的思考，並作有系統的討論，其中貢獻最大的學者有：韋柏(M. Weber)、辛穆爾(C. Simmel)、柏克(H. Becker)、馬肯尼(J. G. McKinney)及韓培爾(C. G. Hempel)。韋柏是德國的社會學家，對方法論有其不朽的貢獻，至於建構類型與他的名字，幾乎是不可分的。此一方法，韋柏原來引用的名稱是理念類型(ideal type)。到後來有人認為"ideal type"一詞容易被誤解為具有倫理的意涵，因此，才有建構型模(constructed model)、理念型模(idealized model)諸種名詞出現。及至1940年柏克才採用了"constructive typology" ❷。至今，此一方法的名稱，雖然並沒有完全一致的用法，但方法學上已經採用建構類型為其正式名稱。

關於建構類型（或理念類型）的涵義，非常難用界說式的方式作概括性的說明。韋柏為了描述其涵義，曾採取了一個很奇異的方式。那就是藉建構類型不是什麼來說明它是什麼。韋柏曾如此說：

⑴理念類型不是假設。假設是一個關於真實的具有可證性的命

Sciences, Vol. 17 (Macmillan, 1968), p. 180.

❷　The earlist use of this label was in H. Becker, "Constructive Typology in the Social Sciences", _American Sociological Review_, Vol. 5 (February, 1940), pp. 40–45.

題，如一經證明即可視之為真。理念類型只是一個抽象，並無此經
驗上的具體證明性。(2)理念類型不是關於真實的描述。描述對具體
存在的事物或過程是具有對照性的。對描述而言，理念類型仍只是
一個抽象。(3)理念類型不是平均。比如體重為一百五十磅的人，是
一個具有平均體重的人，而具有平均體重的人並不值得強調，亦非
可重視的屬性，當然不算理念類型。(4)最後，理念類型也不是某一
類事物共同具有的通性。比如男人有鬍鬚是有別於女人的通性，就
不能說是一個理念類型❸。

　　根據韋柏此一簡單的說明，也許使我們已經看出來，建構類型
雖不同於假設、描述、平均及通則，但多少也與它們有類似之處。
為了要進一步了解建構類型的基本特性，似乎可以分成三個方面來
分別說明，這三個方面即是(1)邏輯性的心智建構，(2)理論性的因素
選擇，(3)統攝性的特殊概念。

　　建構類型不代表經驗世界中的存在，也不能從事實上來證明。
它只是根據經驗上的可能性，或者抽離可以經驗的某些成分，加以
強調，並通過邏輯上的推理性，而設計的一種心智建構。比如，「理
性人」(rational man)的概念，即屬於一個建構的類型。所謂「理性人」，
是指他的行為必然根據環境的可能，選擇最佳手段以達成既定的目
的❹。在如此的意義之下，「理性人」在經驗的世界中並不存在。真
實的人無論如何都有非理性的一面，他的一切行為不可能都是理性
的，也不可能都是合理的決定目標，並選擇最佳手段去達成其目標。
但是，此一「理性人」的想像，也不違背經驗上的可能性。一個正

❸　This quotation cited in T. Parsons, *The Structure of Social Action* (The Free Press, 1949), pp. 603–604.

❹　J. C. McKinney, "Constructive Typology and Social Research", in J. T. Doby, ed., *An Introduction to Social Research* (The Stackpole, 1954), pp. 145–146.

常的人，或多或少的都有依照理性而行為的時候。因此，「理性人」雖非經驗世界中的真實存在，但也不是完全脫離經驗事實，從幻想中虛構出來的。「理性人」只是強調人的理性面，而建立的一種理念類型。它的心智的創造，而又非完全脫離了經驗事實的依據。

　　除了邏輯性的心智建構之外，理論性的因素選擇也是建構類型的另一基本特性。依照前邊的分析，對經驗世界中任何事物從事建構一個理念的類型，必須選擇這一事物的某些因素加以強調，必要時還可對這些因素附加條件性的限制。而這些因素的選擇及其條件性的限制，並不是研究者可任意而為的。它是根據理論上的興趣，有計劃有目的的選擇❺。如仍以「理性人」為例，很方便的就可說明其理由。人的形成有其極複雜的因素，除了有理性之外，他還有情感、幻覺、夢想、道德感、使用語言的能力……研究者為什麼要排斥其他因素，而選擇理性的因素以建立「理性人」的類型？當選擇了理性，又為什麼要用選擇手段以達成既定目的的行為，來限制理性的涵義？這都是研究者根據理論興趣，有計畫有目的的選擇。因為「理性人」的類型，對經濟的購買行為、政治的決策行為以及一切有計劃的人類行為，都具有很強的說明力，所以研究者要作如此的因素選擇與條件限制。以此類推，為了作其他方面的說明，或者企圖滿足另外的理論興趣，研究者一樣可以從人的其他因素作不同的選擇，加以強調及條件限制，而建立「倫理人」、「政治人」、「經濟人」……諸種類型。因此對同樣的事物，由於強調的因素不同，即可能建立多種不同的類型。建構類型的建造，並不是研究的目的，而是研究過程中的手段。有時為了理論上的說明，或者推動理論化的進展，在建構的對象上及因素的選擇上，必須作各種挑選。理論興趣是目的，建構類型是手段。有了理論興趣作背景，才需要從事建構類型的建造。建構類型，既屬於心智活動，對任何事物從事理

---

❺　Ibid., p. 144.

念類型的建造，在因素的強調上，當然有很寬幅度的選擇性。不過，此種選擇必須接受理論興趣的限制，也必不能脫離研究者心目中既存理論系絡(theoretical context)的支配。換言之，沒有理論上的需要，建構類型便是沒有意義的❻。

　　統攝性的特殊概念，也是建構類型的基本特性之一。任何科學研究，離不開概念製作的過程。所謂概念乃是關於真實的抽象。凡對某一類的現象或者某些現象共同具有的特性，予以一個命名，即是一個概念❼。比如，從雞、犬、豕、馬、牛……抽離其共同具有的特性而稱之為家畜，則家畜即成為一個概念。從家畜、農具、房屋……再抽離其共同具有的特性而稱之為財產，則財產即成為一個較高層次的概念。如又從財產、地位、權力……再抽離其共同具有的特性而稱之為價值，則價值即成為一個更高層次的概念。概念所代表的，不是關於真實的某類事物，便是某類事物的特性。個別的具體事物，雖可給予一個命名，卻不能稱之為概念。比如，某農家的一頭牛被命名為阿花，「阿花」僅指謂這一固定的「牛」，代表一個真實的存在，故不得稱之為概念。概念不是個別事物的具體指謂，而是對某類事物或者某類事物共同特性的抽象指謂。如此說來，概念也是一種心智的建構。建構類型與概念，在性質上是非常接近的。二者的差異是：概念指涉一個單一性的範圍(homogeneous universe)，它脫離不了一個類或者一個類的共有特性；而建構類型則重視邏聚性的意涵(configurative significance)。它要求對事物的有關因素作綜合性的組合❽。比較上，概念對經驗的觀察具有代表性，通過概念

❻　J. C. McKinney, *Constructive Typology and Social Theory* (Appleton, 1966), pp. 2, 5–7.

❼　Social Science Research Council, Committee on Historiography, Bulletin 74, *The Social Sciences in Historical Study* (New York: SSRC, 1954), pp. 25–26.

可以找出經驗事項之間的關係。建構類型則只是憑藉觀察的某些結果，並假定某些條件，而建立的理想型像。對真實世界而言，概念接近經驗指涉的程度，比建構類型要高得多。由於概念與建構類型的性質很相近而又有所不同，因此我們可以說，建構類型是一種具有統攝性的特殊概念。

根據以上的說明，一個建構類型的特性，的確是難以了解的。因為，它既是邏輯性的心智建構，而又有經驗的成分作為基礎；既具有一般概念的性質，而又有所不同；既是研究者想像的造形，而又必須接受理論性的限制。由於建構類型的性質，具有高度的複雜性，常常容易遭到誤解及誤用，所以從事建構類型的塑造，必須審慎，至少要考慮到上述三方面的準則。

二、建構類型的一般功能

在分析建構類型的性質時，我們已經指出建構類型是非真實的(unreality)，在經驗上不可能作具體的證明。甚至它是建立在若干想像的基礎之上的。由於此一原因，許多重視科學之經驗基礎的人，常認為建構類型是非科學的產物，不可視為科學方法。其實這是一種誤解。一項科學方法的有用或無用，決定於它在經驗研究的過程中是不是產生效應，根本不必過問它本身是不是經得起經驗的證明。比如，數學或邏輯對任何經驗科學都是很有用的，但它們本身卻是非經驗的。完全與經驗無關的數學或邏輯，尚可視為科學方法，多少都具有經驗成分的建構類型，又為何不可視為科學方法呢？根據建構類型在科學研究的效應上而論，建構類型的確是一種很有用的方法。不論在自然研究或社會研究中，或多或少都必須引用建構類型來作為分析

---

❽ J. C. McKinney, "Constructive Typology and Social Research", in J. T. Doby, ed., op. cit., pp. 143–150.

的工具。比如，自然科學中，像真空(vacuum)、加速度(acceleration)、完全的平面(perfect surface)、雲層的類型(cloud types)、岩層的類型(rock types)……這些概念也都是人為的理念類型，以幫助觀察真實的工具。至於在社會科學中，建構類型更有其極為重要的地位。社會現象比較複雜，任何一種社會現象所包含的因素，其變動性及複雜性都是很大的。像自然科學一樣通過控制實驗來觀察社會現象，幾乎沒有可能。觀察既然很難，要找出現象之間的因果關係，當然更為困難。而透過建構類型，不僅有助於社會現象的觀察及分類，並且可以提供線索發現社會現象之間的因果關聯。

所謂科學研究包括了一個極為複雜的過程。簡單說來，任何經驗科學的研究，在事實的觀察、問題的發現、假設的提出、理論的建造以及根據理論從事解釋及預測諸方面，都是不可省略的步驟。在這些步驟中，建構類型都可被視為工具而產生啟發性的(heuristic)作用。當代科學哲學家韓培爾(C. G. Hempel)，對建構類型曾作了一個分類，根據他的分類，也許更可幫助我們了解到建構類型的功能。他認為建構類型有三種基本的形式：第一是分類的類型(classificatory types)，第二是異極的類型(polar or extreme types)，第三是理念型模的類型(idealized model)❾。以下根據此三種不同的類型，分別加以說明，以顯示出建構類型在科學研究上的功能。

分類的類型，其原始的起點，便是為了分類標準而塑造出來的類型。根據建構類型而發展出來的分類標準，與普通的分類標準略有不同。普通的分類標準，是根據事物的觀察再歸納其特性而建立起來的。以建構類型作為分類標準，乃是根據研究者理論上的興趣而自行設立的。前者常稱之為自然的分類，後者常稱之為人為的分

❾ C. G. Hempel, *Aspects of Scientific Explanation* (The Free Press, 1965), Chapter 7, "Typological Methods in the Natural Sciences and the Social Sciences", pp. 155–171.

類。比如我們觀察一群人，有的是黃皮膚，有的是白皮膚，有的是黑皮膚，因此，以皮膚的顏色作為分類標準，而把這一群人分成黃種人、白種人及黑種人三類。這樣的分類即以普通分類標準所作的分類。假若一個心理學家，想知道這一群人在行為上的差異，他很可能建構一個「理性人」的理念類型作為分類標準。然後根據「理性人」的類型作為標準，去衡量這一群人。近似「理性人」的程度大者為A類，比較小者為B類，更小者為C類，於是也可把這一群人分成A、B、C三類。「理性人」是一建構的類型，在真實的世界中並不存在。它的本身雖不存在，但可以通過它對真實的一群人產生分類的功能。此種分類對研究這一群人的行為而言，當然比根據膚色的分類，更為有用。也即是說，在研究過程中的效用上，自然的分類並不一定比人為的分類更大。有時人為的分類更為有用。人為的分類是以建構類型為基礎而達成的。那麼建構類型在科學研究上，當然也具有功用。

異極的類型，在一般社會研究中，是常見的一種研究方法。比如，心理學中的人格類型，常有內向人格(introvert personality)及外向人格(extrovert personality)之分，社會學中對社會類型的研究，也常有傳統的與現代的，神聖的與世俗的，鄉村的與城市的各種區分。這些類型都是依據建構類型而塑造的，它們都是一些建構類型。此種建構類型，在研究上的功能，除了可以幫助觀察及比較之外，還可以有助於量化的研究。比如，甲、乙兩個人智力及知識相等，可是對外向人格及內向人格的基本特點，甲則知之甚詳，乙則一無所知。若使甲與乙同時去觀察另外一群人的行為，毫無疑問的，甲的觀察力一定比乙強。因為甲可藉理想的外向人格及內向人格作為標準，去與真實的人比較，而產生有意義的觀察。同樣的，甲、乙兩個旅行者，同時旅行中東的某個國家，甲對傳統的與現代的兩個社會類型有深入理解，而乙則一無所知。那麼我們也可相信甲一定比

乙對中東社會有更多的了解。其所以如此，蓋因甲可利用傳統及現代的社會類型去比照真實的社會，乙則無此能力。因此，我們可以看出建構類型，對觀察及比較而言，等於一項特殊的工具，能夠提高觀察及比較的水準❿。就比較而論，更可根據建構類型作為工具而從事數量化的分析。比如以現代社會的類型作為標準用T來代替，去比較A與B兩個真實的社會，可能產生三種狀況：(1)「A比B近似T」，(2)「B比A近似T」，(3)「A與B相等的近似T」。若再將T化成數字的級距表，便可以數字來說明A社會及B社會的現代化程度。正如「冷」與「熱」，可以透過寒暑表顯現出來，讀其度數即知「冷」與「熱」的精確程度⓫。

　　至於理念型模的類型，是建構類型中比較複雜的形式，其包容的模型變項(model variables)也比較多。它不僅可以幫助觀察、分類及比較，而且有助於假設的提出及理論化的推進。甚至它可能具有解釋及預測的功能，而與理論居於同等地位。理念型模，有兩種不同的形式：一種叫做正統的理念型模(legitimate idealized models)，另一種叫做非正統的理念型模(illegitimate idealized models)。二者的差異在於形成理念型模時，所根據的想像是不相同的。一個型模的形成，除了有某種程度的經驗基礎之外，還有非經驗的想像成分。當這些想像的成分，如果具有實驗的基礎，則形成正統的理念型模；如果是出於直覺或猜測，則形成非正統的理念型模。舉例來說，目前國際的學術界正流行一種新的行為科學，叫做「未來學」(futurism)，專門研究或預測人類的將來。如果此學要建立一個理念型模，作為預測人類前途之用，很可能在此一型模之中，設立一個想像的狀況：地球附近沒有氧氣，全體人類不能繼續生存下去。這一想像便是有

❿　J. C. McKinney, *Constructive Typology and Social Theory* (Appleton, 1966), pp. 165–172.

⓫　C. G. Hempel, op. cit., pp. 157–158.

實驗作為基礎的。當一個人沒有足夠氧氣的供應，他必然死亡，是可以實驗的。如果此一型模中設立另一想像的條件：第三次世界大戰將在亞洲爆發，這一想像便完全出於猜測，沒有實驗的基礎。照韓培爾的說法，當一個型模的想像成分完全有實驗作基礎，它是一個正統的理念型模，其型模則具有預測力及解釋力。反之，一個非正統的理念型模，則不可能具有預測力及解釋力，頂多只可為提出假設或推進理論化產生啟發的作用而已 ❷ 。

分類的類型、異極的類型以及理念型模，在建構的基本因素上都是一樣的。它們的差別是在複雜的程度上。分類的類型比較簡單，異極的類型比較複雜，理念型模則更複雜。複雜程度的高低，與其功能的大小成正比例。凡是分類的類型及異極的類型所能達成的功能，理念型模一樣可以達成。反之，後者所能達成的功能，前兩者則不一定能夠達成。

總之，建構類型在整個科學研究的過程中，對事實的觀察，事實的分類，假設的製作，理論化的推動，甚至對於事實的預測與解釋，都可能有某種程度上的幫助。

三、建構類型與政治事實的觀察

任何研究的性質，恆被兩方面的因素所決定。一方面是研究的方法，另一方面是研究的對象。在此所謂的政治研究，乃是根據科學方法對政治事實作研究 ❸ 。政治研究的過程中，關於政治事實的觀察，不僅是基本的而且也是很重要的。如果沒有政治事實的根據，其他如問題的發現，假設的證明，理論的建立，當然更談不到了。

---

❷　Ibid., pp. 160–166.

❸　F. M. Frohock, *The Nature of Political Inquiry* (The Dorsey, 1967), pp. 1–
　　3.

　　政治事實，不像自然事實一樣容易觀察。自然的事實，比較上
容易作直接的觀察，並且還可通過控制的實驗從事反覆的觀察。而
政治的事實很少能作直接觀察，有時根本不知其存在。比如，一個
政治領袖人物的隨從，他接近這位領袖人物的程度當然很高，他對
這位領袖人物作觀察的機會也很多。可是他很可能對這位領袖人物
的政治人格，一無所知。又如，成千成萬的人曾旅遊至另外的國家，
可是他們可能對這些國家的政治文化不能作任何識別，甚至可能根
本不知道這些國家有政治文化的存在。不僅普通一般人對極為重要
的政治事實，可能視而不見，聽而不聞，就是經過政治學專門訓練
的人，如果對「威權人格」(authoritarian personality)、「民主人格」
(democratic personality) ⓮、「開放的心靈」(open mind)、「封閉的心靈」
(closed mind) ⓯、「部落的政治文化」(parochical political culture)、「臣
屬的政治文化」(subject political culture)、「參與的政治文化」(partic-
ipant political culture) ⓰ 這些基本概念一無所知，也一樣的會面對著
政治人格或政治文化而不能作任何有意義的觀察。這些基本概念，
對於政治人格或政治文化的觀察者，具有決定性的影響。正如望遠
鏡對於天文現象的觀察者，或顯微鏡對於生物現象的觀察者，是一
樣的重要。這些基本概念，它們並不是描述性的，也不代表真實世
界中的具體存在。它們是現代政治學家經過長期努力而建造出來的
建構類型。這一類的建構類型，在現代政治學中真是名目繁多，在
此不必一一列舉。我們上述的例子，已經夠充分說明建構類型對於
從事政治研究的人是如何的重要了。一個現代的政治研究者，如果

⓮　T. W. Adorno et al., *The Authoritarian Personality* (Harpers, 1950).

⓯　M. Rokeach, *The Open and Closed Mind: Investigation into the Nature of Belief System and Personality Systems* (Basic Books, 1960).

⓰　G. A. Almond and S. Verba, *The Civic Culture: Political Attitude and Democracy in Five Nations* (Princeton University Press, 1963).

既不認識建構類型的性質，又不知道如何使用建構類型，那麼他觀
察政治現象的能力一定有限。觀察的能力有限，更進一步的研究也
必遭到困難。

　　在現代政治研究中，很重視實地調查(field survey)或經驗調查
(empirical investigation)的方法，如問卷法，訪問法，投射技術等等。
此種調查方法，即是因為對政治事實難於作肉眼的直接觀察，而採
取的一種變相的觀察。這些方法與技術，對政治研究的推進，的確
是有價值的。但是這些方法必須與有關的既存理論或建構類型聯合
使用，或者必須要有既存理論或建構類型作為背景。不然，通過調
查而得來的事實，對研究的問題可能毫無關係，成為一堆沒有意義
的資料。從事這種調查時，如果沒有既存理論或建構類型可資利用，
便須先為此一調查特製一套建構類型，有了建構類型作基礎，調查
才可能有效。因為任何政治事實可能牽涉到無窮的因素，因素與因
素之間又可能形成極為錯綜複雜的關係，如果沒有簡單而集中的建
構類型作為指引的工具，其調查便不知如何著手。就是經過調查而
獲得相干資料，若沒有建構類型作為安排的工具，其資料也不知如
何作有系統的組合，而達到解釋的目的。因此，我們可以說，經驗
調查，這一變相的觀察，也是不能不依賴建構類型的。

　　使用建構類型去觀察或搜集政治事實，事實上必須透過比較才
能完成。不論研究現在的政治現象或過去的政治現象，細微的政治
現象或巨型的政治現象，都可先從這些現象中抽離某些因素，透過
理解及理論的興趣，塑造研究者自己所需要的類型。然後再根據此
一建構類型回轉去觀察真實的對象。觀察的發生依賴於建構類型與
真實對象之間的比較。有了建構類型，而不知與真實對象對照，仍
然不能產生觀察。這即是說，一個研究者，雖知道不少的建構類型，
若不能活用這些類型，使建構類型與真實發生對比的關係，當然不
能產生觀察的作用。或者一個研究者，當建造出來很精緻的建構類

型之後，即行終止，而不繼續使用它去與真實作比較，也一樣的不
能產生觀察作用。建構類型的本身並不能去觀察，只有使用它去與
真實發生比較作用時，才產生觀察。

　　如上所述，一定有人會懷疑道：既然比較是觀察的基礎，我們
可用兩個以上的真實事物作比較，又何必一定要經過建構類型的過
程呢？這種想法不是沒有道理。從某種角度而言，比較的確是產生
一切知識的起源。用兩個或兩個以上的事物作比較，比僅僅面對著
唯一的事物，能夠產生更多的了解。不過，真實的人格，真實的制
度，真實的社會，都涉及到很複雜的因素，很難對照比較。比如一
個人格的形成因素，就包括遺傳、家庭生活、幼年教育、文化環境、
特殊的生活經驗……各種因素。至於社會或文化的形成因素，更是
非常繁多。因此，用兩個或兩個以上的真實人格或真實社會作比較，
其比較的項目及標準，便難以確定。在沒有明確項目及標準之下的
比較，很像早期的社會學及民族學，從事不同社會、不同文化或不
同民族之間的比較，很可能是每一個研究者的比較項目及標準，各
不相同，甚至滲入了主觀的價值判斷，其結果成為文化或民族之自
我中心論的一堆說詞，而喪失了科學研究的價值。為了避免研究者
主觀價值的滲入，為了使比較的項目及標準明白確立，為了使不同
的研究者作同一的比較而有共同的標準可遵循，便不能不採取建構
類型作為比較的工具❿。

　　從建構類型的發展史看，也是如此。十九世紀的社會學家如孔
德(A. Comte)、斯賓塞(H. Spencer)等等，都是比較法的偏好者。他們
不是用甲社會與乙社會比較，便是以一個社會的前一階段與後一階
段比較，甚至有時又以社會與生物有機體來作比較。而比較的結果，
大半都有研究者的主觀願望雜混其中，缺乏科學知識所要求的標準。

---

❿　D. Martindale, *The Nature and Types of Sociological Theory* (Houghton,
　　1960), pp. 377–379.

於是湯尼士(F. Tonnies)及韋柏諸人，才出而力倡理念類型的分析方法，以圖矯正此種研究狀況❸。至此，我們可以看出，比較法與建構類型，在研究過程中乃是相互依存及互為工具的。沒有比較法的輔助，建構類型則不可能達到觀察事實的目的。反之，沒有建構類型作為基礎，比較法則無客觀的標準，甚至使觀察變成偏見。

明白了建構類型與比較法之間的不可分性，才會了解現代的政治分析，不論對政治史，區域政治，政治文化，政治人格，為什麼都要通過建構類型作為標準去比較，而不以真實的現象之間作比較。現代政治研究中，政治事實的觀察正日益提高水準，所觀察的結果也日趨精審。搜集資料的調查技術之改進，固然是原因之一，而建構類型的廣泛引用，也是非常值得重視的原因。在可想像得到的將來，巨型政治現象的研究，如區域性的比較政治或斷代的政治史，遲早會步現代經濟學的後塵，走向型模分析的途徑。就是個別政治人物的研究，個別政治系統的功能評價，重大政治事件的分析，也不能不利用建構類型作為工具。

四、建構類型與政治事實的分類

分類是獲取知識的一種重要方法。沒有分類，科學的定律或通則之建立便沒有可能。分類的涵義，簡言之，「就是根據具有共同特性的事物或現象加以歸屬。」❹可是，發現事物的特性，有時很容易，

---

❸ D. Martindale, "Sociological Theory and the Ideal Type", in L. Gross, ed., *Symposium on Sociological Theory* (Peterson, 1959), pp. 57–91.

❹ P. F. Lazarsfeld and A. H. Barton, "Qualitative Measurement in Social Sciences: Classification, Typologies, and Induces", in D. Lerner and H. D. Lasswell, eds., *The Policy Sciences: Recent Developments in Scope and Method* (Stanford University Press, 1951), p. 157.

有時卻非常困難。特性既難於發現，分類當然就無法進行。自然的事實與社會的事實比較，前者容易通過觀察而發現其特性，後者的觀察已經不容易，要發現其特點當然更難。因此，社會事實的分類，常常是社會研究者所面臨的難題之一。

政治研究是社會研究中的一種。在分類方面，它與其他社會研究所遭遇的困難完全是一樣的。政治學中的各種分類，如根據分類學(taxonomy)的邏輯仔細推敲，便會發現問題叢生。比如，成文憲法與不成文憲法的區分，便是憲法分類中很普遍的一種方式。可是，從古至今，究竟有沒有一部憲法完全是成文的？或者有沒有一部憲法完全是不成文的？仍是問題。這一問題自從十八世紀末至十九世紀末，經過了幾乎一個世紀的討論，直到浦萊士(J. Bryce)，以其詳細的研究，才肯定的說：成文憲法與不成文憲法的區分，是沒有區分的區分。所有的成文憲法中都有不成文的部分，反之，所有的不成文憲法中都有成文的部分[20]。比如，美國憲法常被視為典型的成文憲法。可是美國總統的選舉，在憲法的明文規定中是屬於間接選舉，即選民選出總統選舉人，然後總統選舉人再去選出總統，卻由於不成文的習慣，約定俗成，使總統選舉人成為反映選民意見的機器，完全照著對選民預先的承諾去選舉總統，而使間接選舉只保存了形式，實質上已變成直接選舉。此種習慣即是美國憲法中的不成文部分。英國憲法也常被認為是典型的不成文憲法。可是英國自光榮革命以來，如1689年的〈人權法案〉，1832年的〈改革法案〉……也是通過具體文字而規定出來的。這些規定，即是英國憲法中成文的部分。如此說來，以憲法的成文與不成文作為分類標準，並不適當。

在政治學中，關於政府的分類，區分為民主政府與獨裁政府也

---

[20]　J. Bryce, *Studies in History and Jurisprudence* (Oxford University Press, 1901), Vol. 1, Chapter 3.

是很普遍的一種形式。如稍加分析，便會發現仍有問題存在。此種
分類是根據民主政府與獨裁政府的特性而劃分的。「民主政府」即是
「依照人民主權、政治平等、大眾討論及多數統治四個原則而組成
的政府」❷。若以此作為特性去分類，從古至今，恐怕沒有一個真
實的政府完全符合民主政府的基本原則。雅典是古代民主政府中最
高的典型。皮尼克里斯(Pericles)時代的雅典，是雅典最盛時期。當
時總人口約四十萬人，其中享有公民權利的人約四萬人，其餘皆奴
隸及外僑。一個有奴隸制度存在的社會，當然沒有政治平等可言。
四十萬人中只有四萬人享有公民權利也不符合多數統治的原則。因
此，雅典的政府，不得視為「民主政府」。現代的英國政府，仍是一
個家族享受著繼承虛位元首的特權,當然沒有達到政治的平等地步，
故也不符「民主政府」的原則。甚至現代一般民主國家享有投票權
的公民，在整國人口中約佔五分之三。因各種原因每次大選真正參
加投票的選民約五分之二。凡得選票達到五分之一強的政黨或候選
人，即可組織政府。五分之一強的人數與整個人口數量比較依然是
少數。因此，所謂的民主政府也不符多數統治的原則。如此說來，
沒有一個真實的民主政府符合「民主政府」的分類標準。至於「獨
裁政府」的基本特性，常常是指「一個國家的最後統治權為一個人
所佔有及使用，而不向任何其他的人及制度負責」。很顯然，依照此
一特性去衡量古今一切政府，也找不出一個真正的「獨裁政府」。就
是歷史上最專制的君主政府，如秦始皇的政府，現代最典型的個人
獨裁(personal dictatorship)，如希特勒的政府，它們都有一個統治的
集團，這一集團中的構成分子或多或少也可能分享最後的統治權。
而且這些獨裁者也不可能百分之百的為所欲為，對社會中有形無形
的壓力必有所考慮。因此,「獨裁政府」的分類標準,也是不適當的。

---

❷　W. Kendall, *Democracy and the American Party System* (Harcourt, 1956),
　　Chapter 1–3.

　　憲法或政府的分類，其所以如此困難，因為涉及的因素太複雜。無論怎樣小心謹慎的去了解這些真實的憲法及政府，然後抽離其特性來作為分類標準，都不可能涵蓋所有的政府。不僅憲法及政府是如此，其他政治事實也莫不如此。政治事實難於分類的原因，第一是因為政治事實的特性不容易清楚明白的認知，它不像動物、植物、礦物一樣容易作觀察。第二是因為當其個別事實的特性被找出來之後，可能沒有一個特性為所有的個別事實所共同具有。第三是因為政治事實，不論是制度的或非制度的，其最後基礎是人的行為或人的行為交互影響之結果。而人的行為變動幅度太大，當其某一個特性被決定後，或者某一個分類被確立後，因人的行為之變動，又不能不隨著改變。由於這些原因，關於政治事實的分類，若採普通分類的標準，先抽離特點再建立通則，然後根據通則從事歸類，似乎是很難達成的。因此，只好採用建構類型的方法。那就是先對一組真實的政治事實，作某種程度上的經驗觀察，而後依照理論的興趣抽離一個或幾個特性加以強調，然後通過想像而組合成理想的類型。有了此一建構類型之後，不得以真實的政治事實作歸類，因為類型的本身既有想像的成分，也不可能和真實完全一樣。而是根據理念的類型去與真實的事實比較。凡是與此類型近似者為甲類，第二近似者為乙類，比較相異者為丙類，更相異者為丁類。如此的分類方式，稱之為光譜分類法(spectrum classification)。此種分類的基礎是建立在建構類型之上的。其方式可以下圖表示出來：

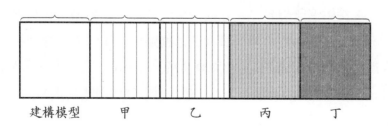

建構模型　　甲　　　乙　　　丙　　　丁

　　前邊區分成文憲法與不成文憲法,民主政府與獨裁政府的標準,若不視為普通分類標準,而看成兩組異極的理念型模,一樣的可以作為光譜分類的標準。比如,美國政治學家蘭尼(A. Ranney),就曾以民主政府與獨裁政府的分類標準作為建構型模,並指出此種型模在真實的世界中並不存在,只是以它作為比較的標準以便劃分真實政府成為不同的類。凡是非常逼近民主政府型模的,稱之為民主政府。凡比較逼近民主政府型模的,稱之為近似民主政府。凡是非常逼近獨裁政府型模的,稱之為獨裁政府。凡比較逼近獨裁政府型模的,稱之為近似獨裁政府。其基本形式可用下列圖示表示❷:

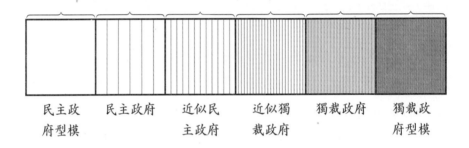

| 民主政府型模 | 民主政府 | 近似民主政府 | 近似獨裁政府 | 獨裁政府 | 獨裁政府型模 |

　　根據以上的說明,分類是政治研究中不可避免的程序,而一個成功的分類又是非常困難的。現代政治學中根據建構類型的方法作為基礎,而採用光譜分類的方式,是一個很值得重視的新途徑。

五、理念型模與政治理論的建造

　　如本文前邊所提到,在建構類型的分類中,韓培爾認為理念型模(idealized model)是一種高層次的建構類型。正統的理念型模,具有解釋與預測的功能,其地位與實質的理論相似。瓦提肯斯(J. W. N. Watkins)也有類似的看法❷。他把理念類型分成兩種基本方式。一為

---

❷　A. Ranney, *Governing* (Holt, 1971), pp. 120–121.

全體論的理念類型(holistic ideal type)，另一為個體論的理念類型(in-
dividualistic ideal type)，他所說的理念類型即是韓培爾所謂的理念型
模。全體論的理念類型是抽離整個社會的特點而建立的，個體論的
理念類型是根據個人行為的特點而建立的，二者都有想像的成分，
都不是真實的描述，更非經驗的理論。不過，二者也不相同。其差
異在於所依據的經驗事實之來源有所不同。因為社會整體不是一個
可觀察的對象，不能獲致經驗的事實。社會事實必須根據個體的行
為作觀察才有可能。基於此一理由，瓦提肯斯便認為全體論的理念
類型並沒有解釋力，個體論的理念類型才可能產生解釋力，瓦提肯
斯所謂的個體論的理念類型，亦即韓培爾所謂的正統的理念型模，
其地位也近乎實質的理論。

　　關於理念型模是不是具有解釋力及預測力？在方法論中並無定
論。比如，布洛柏克(M. Brodbeck)❷❹及伊薩克(A. C. Isaak)❷❺，都持
相反的看法，認為理念型模不可能具有解釋力及預測力，更不可視
之為經驗的理論。經驗理論是一套在經驗上具有證明性的通則所組
成的系統。而理念型模，乃是選擇經驗世界中某些相關因素，設立
某些假定的條件，透過主觀上的強調而建立的特殊概念。經驗理論
與理念型模，顯然是不相同的。理念型模的自身既沒有經驗上的印
證性，必然也沒有解釋力及預測力。

❷❸　J. W. N. Watkins, "Ideal Types and Historical Explanation", in H. Feigl
and M. Brodbeck, ed., *Readings in the Philosophy of Science* (Appleton,
1953), pp. 723–743, esp. pp. 724–725.

❷❹　M. Brodbeck, "Models, Meanings and Theories", in L. Gross, ed., op. cit.,
pp. 374–392.

❷❺　A. C. Isaak, *Scope and Methods of Political Science: An Introduction to
the Methodology of Political Inquiry* (The Dorsey Press, 1969), pp. 142–
154.

　　理念型模的解釋力與預測力，其有關問題很多，大體上說，有上述兩種正反兩方面的意見。不論理念型模本身的性質如何，在科學研究的過程中，對理論的建造工作而言，它的確具有重要的作用。根據一位社會科學的哲學家魯德納(R. S. Rudner)的說法，「凡是一套陳述或某些類似定律的通則，其相互間具有系統上的關聯性及經驗上的可證性，便是一個理論。」❷此一界說已明白的指出，理論必須同時具有兩個條件：第一是邏輯上的系統推演，第二是經驗上的事實印證。缺少了兩個條件中的任何一個，便不是理論，至少不是經驗科學中所謂的理論。同樣的，根據魯德納的界說，也可看出理論的組成分子是一套陳述或類似定律的通則。陳述或通則的最後基礎乃是概念。概念又是從真實世界的具體事物之抽象，或者根據此種抽象的再抽象，而產生出來的。概念化(conceptualization)或抽象是從真實世界開始建造理論的原始起點。如此說來，一個理論的建造，包括了三個最基本的階段：⑴根據真實世界的抽象而製作概念；⑵根據概念之間的關係而建立陳述；⑶再根據一套陳述之間的關係而建造理論。同時，三個階段中，每一個階段必須符合邏輯的推演及經驗的印證。在這一建造理論的過程中，理念型模可以提供兩方面的功用：一方面是提供因果歸屬的線索，以幫助在陳述的建立上及陳述與陳述之間的關係上，找到合理的捷徑；另一方面是提供比較的基礎，以幫助在概念製作、陳述建立以及整個理論的建造過程中，察考其是否符合邏輯推演及經驗印證的標準。建立關於巨型社會現象的理論，若沒有理念型模作為標準，正如建造大廈而沒有藍圖一樣，很可能迷失方向，而困擾於錯綜複雜的現象中。因此，現代政治研究中，常採用理念型模，以從事理論化(theorizing)的推進。以下用政治發展及政治文化兩方面的研究為例，來說明理念型模與現代政治研究的關係。

---

❷　R. S. Rudner, *Philosophy of Social Science* (Prentice-Hall, 1966), p. 10.

　　政治發展的研究，是企圖了解政治生活透過時間變化的歷程。影響此一歷程的因素是既繁多又複雜。若憑研究者直接去觀察有關的所有因素，必然是難於把握其要點，而得不到完整的印象。若抽離某些因素加以強調，透過邏輯推理的想像，先建構一個理念型模，再根據此一理念型模，與真實世界中的各種不同的政治發展對照比較，則容易找到引起政治變遷的因素，以建立有關政治發展的通則或理論。派生斯(T. Parsons)為了研究傳統社會(traditional society)與現代社會(modern society)之間的差異，曾提出了五組型模變項，以供發展各種理念型模之用。第一組變項是傳統社會的普化性(diffuse)對現代社會的專化性(specificity)，第二組變項是傳統社會的情感執著(affectivity)對現代社會的情感中立(affective neutrality)，第三組是傳統社會的關係取向(ascription)對現代社會的個人成就(achievement)，第四組是傳統社會的自我定向(self-orientation)對現代社會的集體定向(collective orientation)，第五組是傳統社會的特殊原則(particularism)對現代社會的共同原則(universalism)❷。這五組型模變項中的任何一組，即代表傳統社會與現代社會的一個顯著差異，如加以強調，則可塑造一個理念型模，以用來研究傳統社會與現代社會。雷格斯(F. W. Riggs)便曾根據派生斯所提的型模變項中的第一組變項：「普化性─專化性」，而塑造出來三個理念型模。第一是「熔合的型模」(fused model)，在強調傳統社會的普化性，第二是「繞射的型模」(diffracted model)，在強調現代社會的專化性，第三是「稜柱的型模」(prismatic model)，在說明從傳統到現代之間的過渡性社會，也即是在發展歷程中的社會。熔合型模所擬想的社會，是一個「高度功能普化」(highly functional diffuse)的社會。在此一社會，一個單一的結構同時擔負起維持社會整合與持續的一切功能。比如某一社會的家庭制度同時負擔起政治的、教育的、宗教的、經濟的功能，

---

❷　T. Parsons, *The Social System* (The Free Press, 1951), pp. 58–67.

即是一個熔合的社會。繞射型模所擬想的社會，是一個「高度功能專化」(highly functional specific)的社會。此一社會的結構是多元的，每一個結構只負擔一種功能。比如某特定社會的家庭、政府、教會、學校、工會……各自負擔起專門的功能，即是一個繞射的社會。稜柱型模所指涉的社會，是熔合的社會與繞射的社會之混合❷。這一套說明社會發展的型模，都是理念型模，它們只強調功能普化與專化一方面的因素，真實的社會當然不可能完全相同，不過可用來說明社會變遷與政治發展的軌跡，以幫助建造有關的理論。根據這三個型模的關係，一切真實的社會都是落在熔合型模移向繞射型模之過程中，它們都屬於稜柱的社會。它們之間的差異，乃是它們在熔合型模與繞射型模之間的連續體(continuum)上趨向那一極的程度而已。根據這一套型模來研究政治社會的發展，一方面可以免除「傳統」與「現代」的價值意涵，而重視事實的說明，另一方面可以用它們去比較真實的社會，而發現出相關的因素，以建立理論。

其次，我們又可以現代政治學中的另一個新領域 —— 政治文化 —— 作為範例，以說明理念型模與現代政治理論的關係。所謂政治文化，依照陸生派(Lucian W. Pye)的說法：「它是一套態度、信仰、情感的組合。此種組合，一方面對政治過程賦予使命與意義，另一方面也為政治系統中的行為控制提供基本的假設及規律❷。為了建立政治文化的理論，亞蒙(G. A. Almond)與韋巴(S. Verba)也曾作出一套理念型模，來作為分析的工具。第一個型模叫做部落的政治文化(parochial political culture)，其特徵是此一社會的成員對政治系統（政府），政治系統的輸入項（民意、政黨、選舉），輸出項（政策、

❷ F. W. Riggs, *Administration in Developing Countries: The Theory of Prismatic Society* (Hougton, 1964).

❷ L. W. Pye, "Political Culture", *International Encyclopedia of the Social Sciences*, Vol. 12 (Macmillan, 1968), p. 218.

決定)，以及其自我的存在，都意識不到。第二個型模叫做臣屬的政治文化(subject political culture)，其特徵是此一社會的成員對政治系統及政治系統的輸出項的存在意識得到，而對政治系統的輸入項及其自我的存在依然意識不到。第三個型模叫做參與的政治文化(participant political culture)，其特徵是此一社會中的成員對政治系統、輸入項與輸出項、以及其自我的存在，都意識得到❸。根據上述三種型模的特徵，並以「1」代表社會成員意識到存在，「0」代表社會成員意識不到存在，可用下表表示出來。

型　模　名　稱	政治系統	輸入項	輸出項	自　我
部落的政治文化	0	0	0	0
臣屬的政治文化	1	0	1	0
參與的政治文化	1	1	1	1

　　這幾個型模所指涉的政治文化，在真實的世界並不存在。實際的政治文化，都是三者或者三者之中的其二之混合。不過，這一套型模，可以幫助研究者選擇到有意義的問題及有用的假設，並提供新方向而搜集到相關的資料。因此，對政治文化的理論化之推進，也是很有用的。

　　以上所舉政治發展及政治文化的研究，引用理念型模作為工具，只是兩個例證。實際上，現代政治研究的領域中，不論權力問題、政治人格、比較政治、國際關係、公共行政、政治史，各種研究領域中，也莫不引用理念型模作為分析工具。由此看來，建構類型在現代政治研究中，的確是一值得重視的方法。

---

❸　G. A. Almond and S. Verba, *The Civic Culture* (Brown, 1965), pp. 16–26.

結　語

　　以上五個方面的討論，總括起來說，有兩個基本的中心：一個中心是說明建構類型的基本特點及其功能；另一個中心是分析建構類型在現代政治研究中的地位及其價值。但是，由建構類型的涵義，在現代社會科學中，並未得到全面的澄清，多少還處於爭論的狀況中，而使本文在分析過程裏，遭遇到不少困難。至於現代政治學中應用建構類型，雖未達到成熟的階段，但其趨勢卻是非常普遍的。而且此一趨勢，會慢慢將政治研究導向型模分析的途徑，有如現代經濟學所走的路。

肆、政治學中的決策研究法

前　言

　　當一個人或團體從事於任何行動計畫時,即產生了決策的行為。自有政治社會的存在以來，便有政治的決策行為。可是，決策的概念或者以決策概念作為政治研究的指涉架構(the frame of reference)，在政治學中被廣泛的使用，卻是在第二次世界大戰以後才逐漸發展起來的。這二十多年以來，決策研究法在政治學中的發展，的確為政治學帶來了一個相當可觀的新方向；到目前為止，不論是討論決策研究法的著作，或者以決策研究法作為工具而從事政治研究的著作，為數也不算少。本文只是以這些著作中的一部分作為背景，從一個並不十分相同於它們的方式，對決策研究法的性質、邏輯、型模及其在政治學中的地位，作一個理論性的探討。

　　由於決策乃是指政策制定的過程而言，因此，我們的探討首先是論及政策概念與政治學定向的關係，再分析決策型模及決策研究法的本身，最後才對決策研究法作一評價性的論斷。

一、權威性政策與政治學的定向概念

　　關於人類政治生活的探討或思考，不論在東方或西方的思想史中，都有其淵遠流長的背景。僅就西方而論，從柏拉圖(Plato)的《共和國》到穆勒(J. S. Mill)的《自由論》，這兩千餘年裏，曾先後出現過不少有關政治思想的著述。這些經過時間淘汰而流傳至今的大量

著述中，當然可能蘊藏著某些偉大的政治觀念，值得任何時代從事政治現象的研究者去虛心的領悟與闡微。但是，政治學之儼然自成一獨立的學科，而有別於哲學、史學、法學、經濟學或社會學，並在大學裏設為專門課程，卻是很晚近的事。

在全世界各大學的紀錄中，政治學課程的最早創立，要算瑞典的阿卜沙拉大學(Uppsala University)。大約在十七世紀的初葉，此一大學就曾設立「治國與辯術」(Statecraft and Eloquence)的講座，其講授的內容乃是有關公共政策制定及執行的問題，頗與二十世紀五十年代政治學的內容相符。不過，這一關於政治學在大學裏變成獨立學科的創始，只是曇花一現，不論在瑞典或其他國度裏都沒有直接的承續下去 ❶。至於十八世紀末及十九世紀上半期，英國及歐洲某些大學中所設立的「政治經濟學」(Political Economy)課程，與其說是政治學，不如說是經濟學，因其內容多半屬於二十世紀經濟學的範圍。就是1856年美國哥倫比亞大學聘請德國人賴柏(F. Lieber)為「史學與政治學」(History and Political Science)的講座，亦為史學與政治學的混合課程，而非獨立的政治學。

直到1872年 (比J. S. Mill辭世早一年) 法國創立著名的政治學院(Ecole Libre des Sciences Politiques)，1880年以後美國少數大學開設政治學課程，及1900年英國倫敦政治經濟學院正式成立，並隸屬於倫敦大學 ❷，政治學在世界學術領域裏才真正取得獨立的地位，才

---

❶　W. A. Robson, *The University Teaching of Social Sciences: Political Science* (Leiden: Published for UNESCO by A. W. Sijthoff, 1954), p. 22; quoted in A. Ranney, *The Governing of Men* (1969), p. 616.

❷　倫敦政治經濟學院原於1895年在韋布(Sidney Webb)的領導下建立起來，但在1900年才正式命名，並變成倫敦大學的一部分。政治學在英國成為獨立的課程，並設立專門學系，乃是此一學院創始的。牛津及劍橋等老派大學仍無政治學院系的設立。

是政治學自成一獨立學科而劃定固定範圍從事研究的起端。

　　自從政治學成為一獨立學科以來，關於政治學的研究定向，始終停滯在一個爭論的狀態中。乃至二十世紀的六十年代，政治學的定向問題，依然為一般政治學家討論的對象之一❸。各式各樣的有關政治學的定向概念(orienting concepts)中，影響比較深遠的有三大概念。第一是國家概念(the concept of the state)，第二是權力概念(the concept of power)，第三是權威性政策的概念(the concept of authoritative policy)❹。這三大概念，遠在十九世紀以前，已經被從事政治現象的研究者，或多或少的有意識的或無意識的，用來作為研究目標。比如赫洛多塔斯(Herodotus)的國家類型論，馬基維利(N. Machiavelli)的權力學說，或阿卜沙拉大學的政策講座，即是採用國家、權力及政策作為研究定向的例證。不過，這三大概念，為一般政治學者意識的採用為政治研究的定向目標，並以之作為劃定政治學範圍的標準，乃是十九世紀末期政治學變成獨立學科以後的事。這三個概念在政治學中的發展，就時間上說，大略可以分為三個階段：十九世紀末期到第一次世界大戰，是以國家作為定向概念較為普遍的階段；兩次世界大戰之間，是以權力作為定向概念較為得勢的階段；第二次世界大戰之後，是以權威性政策作為定向概念逐漸抬頭的階段。這三個不同階段的劃分，只是基於強調的程度不同，並非指每一個

---

❸　比如英國劍橋大學的考寧(M. Cowling)，在1963年即出過一本書叫做《政治學的性質及範圍》(*The Nature and Limits of Political Science*)來專事政治學的研究定向之討論；美國的海曼(G. S. Hyneman)也於1959年出過一本《政治學之研究》(*The Study of Politics*: *The Present State of American Political Science*)的書，來反覆強調政治學的研究對象即是法定的政府(Legal Government)。

❹　D. Easton, *The Political System*: *An Inquiry into the State of Political Science* (Knopt, 1953, 1964), pp. 106–124, 129–138.

階段僅有一個固定的定向概念。這三個階段，可以說象徵了整個政治學自成為獨立學科以來的發展傾向。

定向概念，在任何經驗科學中，都有其不可或缺的地位。它的主要功能在於選擇適當的研究範圍。因為一個學科沒有確定的研究定向，便類似航海的船沒有羅盤一樣，很可能迷失方向。如果以此一功能作為標準，對上述三種定向概念作一扼要的評價性分析，不難發現為什麼權威性政策作為政治學定向概念比國家或權力作為定向概念較為適當。

在政治學中，以國家概念作為研究定向，雖然歷時較長，至今仍未完全脫離其影響，但國家一詞的涵義卻非常含混，太缺乏一個比較公認的了解。一位美國政治學者在1931年曾宣稱發現了一百四十五個不同的國家界說❺。關於國家的了解，其意見之分歧的確是驚人的，有的人認為國家是「絕對精神」的展現（如G. W. F. Hegel），有的人認為國家是階級壓迫的工具（如K. Marx），有的人界定國家即組織公共權力的一種方式（如H. J. Laski），有的人又說國家乃是合法使用強制性力量(coercive force)之獨佔的組織（如M. Weber）……各式各樣的說法，其差異性之大，不能不令人感到極端的紊亂。國家的涵義既如此的不確定，若以國家作為政治學的定向概念，必難劃定適當的研究範圍。同時，根據國家概念寫成的著作，莫不在強調國家的性質、國家的類型、政府的組織及法律的結構，很少注意到國家、政府、制度乃是建立在人的行為基礎之上的。對它們本身的分析並不足以達到經驗研究的目的。

在國家概念作為政治研究定向的缺點，逐漸暴露之後，則有權力概念取而代之的趨勢。此種定向，即指政治學應研究權力的形成與分配，或政治學應研究人際關係中的權力現象。在兩次世界大戰

❺　C. H. Titus, "A Nomenclature in Political Science", *The American Political Science Review*, Vol. 25 (1931), p. 45.

之間，權力概念的定向的確是政治研究的主流，但亦遭到各種批評。
這些批評中，常常被人提到的有三種。第一是權力一詞與其他另外
幾個名詞難於明白的區分。比如勢力(influence)、權威(authority)、社
會控制(social control)或強制(coercion)這類名詞的涵義，即與權力很
容易互為含混。第二是強調權力分析的政治學，常常偏重於權力的
社會基礎之分析，而忽略了權力的目的問題。可是，政治行為是一
種含有價值取向的行為，如缺乏價值問題的探討，便無法深入到政
治生活的核心。第三是權力的涵義也很容易引起爭論。權力一詞雖
不如國家的涵義一樣缺乏確定性，但也有各種不同的界說。各種不
同的界說中，比較為一般政治學家所普遍接受者，乃是道列(R. H.
Tawney)的界說。他說：「權力可被界定為一種力量：即指一個人或
一個團體，可以依照其自身的願望，去支配其他的人或團體。」❻此
一界說中，若與當代另一著名政治學家德爾(R. A. Dahl)的權力界說
比較，顯然很類似。德爾曾說：「如A能逼使B作一件B本來不願意作
的事，那麼我們就可說，A對於B享有權力。」❼在這類權力界說中
含有一個共同的基本意義，即權力產生於一個行動者(個人或團體)
與另一個行動者之間的關係。如此說來，父母之於子女，廠主之於
工人，神父之於信徒，都可能有權力關係存在。因此，政治學如以
權力作為研究定向，其研究範圍可能擴大到一切人際關係中。很顯
然的，這個定向使政治研究的範圍擴充得太寬。如果在同一的界說
之下，將權力的涵義加以縮小，改「權力」為政治權力，但我們不
了解軍事權力、經濟權力、道德權力及輿論權力，又不可能想像政
治權力究竟是什麼。因此，就以政治權力作為定向概念，也不易為
政治學劃定一個合適的研究範圍。

---

❻　R. H. Tawney, *Equality* (Harcourt, 1931), p. 230.

❼　R. A. Dahl, "The Concept of Power", *Behavioral Science*, Vol. II, No. 3 (1957), pp. 201–215.

　　大約在1950年左右，少數政治學家漸漸有採用政策作為政治研究定向概念的趨勢。拉斯威爾(H. D. Lasswell)雖是提倡權力概念最力的人之一，但他在《政策科學》一書中卻曾暗示政治學與政策科學的密切關係。伊斯登(D. Easton)於1953年在其名著《政治系統》一書中，比較更顯明的採用了權威性政策，來當做政治學的定向概念。主張權威性政策作為政治研究定向的人，乃認為政治現象最核心最基本的事實即是權威性政策的制定與執行。換句話說，凡是圍繞權威性政策的制定與執行所發生的事件，即是政治現象。這些現象也就是政治學選擇研究題材的範圍。從這一角度看，所謂國家或政府不過是權威性政策制定與執行的過程；所謂權力不過是權威性政策的強度，或權威性政策對整個社會的成員取得信任及服從的一個代名詞。這也就是說，在權威性政策的定向概念之下，國家概念及權力概念亦可納入其系統，而保持一個適當的地位。

　　以權威性政策為政治學的定向概念，有幾個顯著的優點。第一是權威性政策的涵義比較確定。這一概念是由政策及權威兩個次級概念所構成。政策一詞雖也被用得相當混亂，但當我們說政策是一個人、團體或政府在固定的環境中所擬定的一個行動計畫，大體上可為一般人所接受❽。在這樣一個界定之下，如果以政策為政治研究的定向，必像權力概念一樣，會失之過寬。因為政策不僅僅是政府才有，其他性質的團體，甚至個人的行動計畫也可稱做政策。所以適合政治學研究的政策，不能不以「權威性」一詞來加以限制。所謂權威性政策即指政策中的一個類，此類政策特別具有強制性，且為整個社會所遵從。其他團體的政策在其團體內部固然也具有某種程度的約制力。不過，沒有一個私人的團體對於不服從其政策的成員可以合法的採用死刑或監禁之類的手段，同時也沒有一個團體

---

❽　Cf. C. J. Friedrich, *Man and His Government*: *An Empirical Theory of Politics* (McGraw-Hill, 1963), p. 79.

的政策能夠規範整個的社會。因此，我們所謂的權威性政策，乃在注重其強制性的強度（如死刑）及廣度（包括整個社會），是有別於其他性質的政策的。第二是以權威性政策作為定向概念可為政治學劃定適當的研究範圍。根據上述權威性政策的涵義作為標準，凡是足以決定或影響權威性政策制定及執行的活動、團體或條件，即係政治學研究的對象，反之，則非政治學研究的範圍。比如政府或國會固然是決定權威性政策的主要機構，必屬於政治學研究的對象，但是一個革命性的團體亦有控制其社會的權威性政策，也應屬於政治學研究的目標。再如一個工會或一次學生的靜坐示威運動，如並不影響權威性政策，自然不是政治研究的對象；若影響權威性政策，則又非變成政治研究的對象不可。又如官方制定政策的行為與非官方選民的投票行為之所以均屬政治研究的範圍，乃由於二者都是決定權威性政策的因素。總之，以權威性政策作為政治學的定向，比較可以伸縮自如，而能為政治學劃定適當的研究範圍。第三是權威性政策的制定與執行是一種人的行為，比之國家或權力，比較上具有較高的可觀察性及可證性，容易從事經驗的研究。第四是以權威性政策作為研究定向，可使政治學中的傳統分科得到一種整合的作用。比如「政治哲學」或「政治思想」，即是在探討權威性政策的目的；「政治制度」及「公法」，即在分析權威性政策制定及執行的法定過程及規範；「公共行政」，即在研究權威性政策在執行上的技術問題；「政黨」則在研究民意的組織與權威性政策轉變之間的關係；至於「國際關係」，乃在分析兩個社會以上的權威性政策之間的合作與衝突。此種政治學的內在分科的整合作用，顯然可使政治學變成一個更具嚴謹系統的推演性學科❾。

　　根據以上的分析，以權威性政策作為政治學的定向概念，以劃定政治研究的範圍，顯然遠比國家概念或權力概念為優。如果肯定

---

❾　D. Easton, op. cit., pp. 147–148.

了此一前提，那麼決策研究法之成為政治學中最主要的研究法，必為此一邏輯發展的結果。因為決策乃是指一個人、團體或政府，在特殊的環境下，為達到某種目的，而選擇最佳途徑或政策的一種行為過程。政治學既以權威性政策作為研究定向，便不能不以決策研究法作為主要的工具。換句話說，當我們肯定了權威性政策的定向在政治學中的優越地位，便不能拒絕決策研究法在政治學中必然受到重視。這也就是我們在討論政治學中的決策研究法時，必須先談到政治學定向問題的理由。

以下我們繼續討論決策及決策研究法的中心意義。

二、決策型模與決策研究法

在任何一種學科中，定向概念或研究法常有其多樣的可能性。也即是說，任何一種學科，絕不只有一種可能的定向概念或研究法。而且二者之間，亦常常是彼此影響並互為決定性因素的。一個新的定向概念可能帶來新的研究法。反之，一個新的研究法之出現，也可能刺激定向概念的轉變。定向概念是從企圖研究的現象中，劃定一個適當的範圍，並用一個名詞以代表此一範圍的特質。研究法乃是在可能的研究範圍中，承擔起選擇問題與材料的角色。雖然每一個定向概念之下，可用的各種研究法並不一定與定向概念具有邏輯上的關係，但是，一個定向概念常可能導引出不同的研究法，或需要從已有的研究法中選擇比較適合的研究法。在政治學中，有各式各樣的研究法。僅以前述政治學進展的三個階段而論，每一個階段都各有其代表性的研究法。大體上說，國家概念的階段，其代表性的研究法是制度研究法(institutional approach)及法律研究法(legal approach)；權力概念的階段，其代表性的研究法是心理學研究法(psychological approach)及社會學研究法(sociological approach)；權

威性政策概念的階段，其代表性的研究法便是決策研究法(decision-making approach)。這裏我們特別強調「代表性」的原因，乃是企圖說明：前一個階段亦可能使用後一個階段的研究法，事實上，在權力概念的階段中，已有不少人注重決策者(decision-makers)的研究；後一個階段也沒有排除前一階段的研究法之必要，事實上，權威性政策的階段，亦不能不或多或少的採用前兩個階段的研究法。

政治學中的決策研究法，用一句話說，即是以決策作為指涉架構，從事權威性政策制定與執行之研究的方針與途徑。在如此的界定之下，欲對決策研究法作深入而又完整的了解，不能不先就決策的性質、邏輯及基本結構作一個相當程度的說明，然後才轉到決策研究法。

(一)決策型模

一位對決策研究法最有貢獻的政治學家施乃德(R. C. Snyder)，曾為決策下了一個界說。他說:「決策是一種過程，即指決策者為達到想像中未來事物的狀態，從社會所限制的各種途徑中，選擇一個行動計畫的過程。」❿這一界說由於過分強調決策過程中的社會因素，而顯得並不十分妥當。其不妥當來自兩方面的原因。第一是因為決策行為，並不一定要在社會生活或團體組織中才可能發生。在非社會的場合中，一個人為求生存或實現某種願望，去改變其環境，他一樣可能面臨著不相同的各種途徑，需要作選擇。這個選擇的過程或作決定的過程，也必屬決策的範圍。比如魯賓遜(Robinson Grusoe)流落到一個荒島上，處於非社會的環境，他為求生，一樣要被迫做一個決策者。第二是因為一個人或團體，在任何社會生活中，為

❿　R. C. Snyder, "A Decision-Making Approach to the Study of Political Phenomena", in R. Young, ed., *Approaches to the Study of Politics* (Northwestern University Press, 1958), p. 19.

實現其預定的目標，在選擇行動計畫上所作的決定，常常不僅只遭
遇到社會的限制，很可能也遭遇到自然的或非社會的限制。比如一
個戰略家為了勝利作決策時，除了要考慮到己方及敵方的士氣、後
勤、民族性、教育水準及工業潛力等等限制之外，同時也得考慮到
氣候、地勢及資源等等非社會因素的限制。根據前一種原因，施乃
德的界說不能容納非社會場合中的決策，只可說明組織的決策（事
實上他是強調組織決策的）。根據後一種原因，他的決策界說就是只
適用於組織的決策，也不足以說明一個決策者在選擇行動計畫作決
定時，所必須考慮的一切因素。因此，不論在何種要求之下，施乃
德的決策界說是不十分妥當的，不可能充分說明決策的基本性質的。

　　在我們看來，對決策的性質及其基本結構若要作深入的分析，
必須使決策的界說，一方面符合經驗上的可能性，另一方面又不違
背邏輯上的必然性。忽略任何一個方面，根據決策的性質而發展出
來的決策研究法，便不容易有助於經驗理論的建立。欲達到此一目
的，最好是憑藉韋柏(M. Weber)的理念型分析法(ideal-type analy-
sis)❶，摹倣經濟學中分析完全競爭的方式，根據經驗上的可能及邏
輯上的必然，假設一個決策狀態，以建立決策的型模。實際上的決
策，雖不完全符合此種型模，但可憑藉此一型模去幫助了解決策的
性質及其必須考慮的因素。

　　在經驗的世界中，一個可能想像的決策場合(decision-making
situation)，必發生於一種特定的時空中。此一場合由三個部分所構
成：第一是決策者（個人或個人所組成的團體），第二是圍繞決策者
的特殊環境（包括自然的、文化的以及行為交互影響所形成的狀況），
第三是決策者懷有一個主觀的目的，並企圖從克服環境或利用環境

❶　H. Becker, "Constructive Typology in the Social Sciences", in H. E.
　　Barnes et al., ed., *Contemporary Social Theory* (Appleton, 1940), pp. 17–
　　46.

而加以實現。不過，此一場合只是決策發生的必要條件而非充足條件，無此場合，沒有決策行為，有此場合不一定即有決策行為之發生。最重要是決策者在決策場合中，為實現主觀上的願望或目的，根據其特殊環境的限制，從事一個行動計畫的選擇。此一選擇的過程即是決策行為的過程。沒有選擇的行為即沒有決策的行為；而且此種選擇必是行動計畫的選擇，非行動計畫的選擇即非決策的行為。決策者根據他所面臨的問題，從事解決問題的行動計畫之選擇，有時比較簡單，比如司馬光幼時「毀缸救友」的故事中所作的決策，就比較簡單。有時卻非常複雜，比如1929年經濟大恐慌發生之後的美國，羅斯福總統就職後推行「新政」(New Deal)的決策，及十九世紀末葉，為了拯救中國，孫中山先生採取革命方式的決策，則屬於非常複雜的性質。不論簡單的決策或複雜的決策，在作決定的過程中，絕對脫離不了三個方面的判斷：即是價值判斷，事實判斷與後果判斷。這三個方面，在決策者作決定的過程中，是彼此關聯，並互為條件的。無論任何偉大的決策或渺小的決策，其理想的狀態必然是憑藉此三種判斷的一種選擇行為，必然是此三種判斷通過決策者的心智而產生的。

　　為了分析的方便，我們不妨選最簡單的例子，以司馬光幼時「毀缸救友」的故事，來加以說明。也許有人會認為一個小孩的故事，很難用來說明決策的性質。其實，我們所強調的只是經驗上的可能及邏輯上的必然，就是用一個完全虛構的例子，也一樣可能有很強的說明力。據說寫《資治通鑑》的司馬光，在幼年，某一天同幾個小朋友在大水缸旁邊遊玩。其中有一個小朋友不慎失足掉入水缸，陷入被淹死的危機中。其他小孩都倉皇的逃跑了，又沒有成人在附近可求援，於是司馬光靈機一動便搬了一塊大石擊破水缸，而救了他的朋友。在這個故事中，顯然有一個決策場合存在。「司馬光」是決策者；「友人陷於被淹死的危機中」，「沒有成人在附近可以求援」，

「水缸很深，司馬光沒有能力下水去救朋友」，「司馬光沒有足夠氣力推翻水缸」，「水缸是瓦質的」，「在水缸旁邊有一塊足夠打破水缸的大石」，這些都是決策者所面臨的環境及條件；「司馬光必須立刻救他的朋友」是決策者企圖實現的目標。這一決策場合中，有決策者，決策者面臨的特殊環境，及決策者懷有的目的。假如司馬光沒有在所面臨的特殊環境中，選擇最佳途徑，去實現他的目的，當然就無決策行為之發生。但是，他用石毀缸，不論是如何的靈機一動，也是經過選擇過程的。這種選擇的行為當然屬於我們上述的決策行為。在這個例子中，決策者在如此的環境及條件之下，為實現如此的目標，去作決定時，一樣也同時作了價值判斷、事實判斷及後果判斷。「司馬光決定救友是他的目的」，即等於作了價值判斷。「他用石毀缸，是根據環境及條件的限制衡量各種可能救友方式之後所作的選擇」，這等於作了許多的事實判斷。「如果跑回去找成人來幫忙，可能尚未及返回，朋友已經氣絕」，「如奮不顧身的跳下水去救朋友，可能兩人同時淹死」，這些即是他作的後果判斷。同時在此一例子中，決策者在作決定時，三種判斷是彼此關聯的，並非孤立的。「毀缸救友」與「不毀缸又能救友」比較，當然後者比前者更有價值；但是，基於衡量各種條件的限制，不可能達到後者的程度，只好選擇前者。這是事實判斷影響了價值判斷的選擇。反之，假如司馬光有一個頑固的信仰，相信「毀缸」是不道德的，是罪大惡極的。這一價值判斷佔據其心靈有如宗教信仰一般，那麼他可能不願意採用或根本想不到「以石毀缸」這一步驟。這便是價值判斷影響了事實的考慮。至於後果判斷對於事實判斷及價值判斷，也是互相關聯的，此種關聯，只要類推即可想像得到。

通過以上示例，也許我們對「決策場合」、「決策過程」，以及「三種判斷」的涵義，得到了某種程度上的了解。同時也可能使我們想到決策的性質，實在是難於認識的，更難於作最清楚的分析。因為

任何決策，都牽涉到人格內外在的、複雜的、變動的及交互影響的因素。

　　不過，我們可以通過「決策場合」、「決策者」、「三種判斷」之間的關係，用下列圖示來表現決策的型模：

　　S代表特定時空中的決策場合，D代表決策者，V代表價值判斷，F代表事實判斷，C代表後果判斷。VF、CF、CV代表各種判斷之間的關聯性。DF代表決策者對已現的環境因素之判斷，比較容易得到

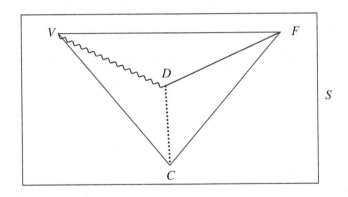

經驗上的印證，所以用「——」來表示。DV代表決策者主體的願望傾向，難作客觀的衡量，所以用「〰〰」來表示。DC代表決策者對未現的可能發展之推測，難於準確，所以用「……」來表示。

　　這一決策型模的中心所在，是決策者必須通過價值判斷、事實判斷及後果判斷的過程，才可能從事行動計畫的選擇。並且表示任何類型的決策，小而至於個人的計畫，大而至於政府的政策，其選擇都脫離不了同時作「三種判斷」的過程。

㈡決策研究法

　　在了解決策型模之後，若再以此一型模作為指涉架構，去選擇問題及資料，以研究任何類型的政策之制定與執行，即等於使用了決策研究法。政策有各種類型，因此決策研究法不僅屬於政治學的

範圍，事實上它也屬於心理學、經濟學、社會學以及其他各種行為科學⓬。不過，我們所討論的決策研究法，只是以決策型模作為指涉架構，去研究權威性政策為限度。

　　權威性政策與非權威性政策，在政策的基本涵義上，並無差異，都是決策者在特定場合中所選擇的行動計畫。二者的差異只是由於約制力的強度及廣度不同而造成的，權威性政策比非權威性政策，具有更強更廣的約制力而已，既然權威性政策，在政策的基本涵義上，沒有不同，其制定的過程，必然也與一般決策的型模有其相同處。任何權威性的決策，必然也要通過價值判斷、事實判斷及後果判斷的過程。因此，當我們以決策型模作為指涉架構，去從事權威性政策制定與執行的研究時，所涉及的領域有兩個主要方面，一方面是決策者，另一方面是決策過程。分別對這兩個方面作一分析，即可顯現出來政治學中決策研究法的全貌。

　　1.決策者

　　由於權威性決策的決策場合比任何其他團體決策的決策場合，更為寬廣、更為複雜，所以權威性的決策者常常不只是一個人，而是一個龐大的組織。這個組織不論如何龐大，最後的構成基礎依然是個別的人，脫離了人，一個空洞的組織不可能存在，也更不可能作任何決策。因此，決策研究法，雖也研究組織，但其主要的對象是人及人的行為。至於這些決策者的產生，當然有各種方式。但就權威性決策者所構成的塔形結構說，其最高層的決策者，可分為兩類：一類是開放的領導少數(open elite)，產生於開放的社會中；一類是封閉的領導少數(closed elite)，產生於封閉的社會中。前者是民主

⓬　R. C. Snyder, "A Decision-Making Approach to the Study of Political Phenomena", in R. Young, ed., op. cit., pp. 13–15; see also H. D. Lasswell, "The Policy Orientation", in D. Lerner and H. D. Lasswell, ed., *The Policy Sciences* (Stanford University Press, 1959), pp. 4–5.

的政府，後者是獨裁的政府。不過，這只是就常態而看。事實上權威性的決策者不一定都在政府的法定結構中，非政府(non-government)的權力人物或組織，也可能作權威性的決策。關於這一點是施乃德(R. C. Snyder)最不同意的。他認為非政府的決策（如壓力團體、宗教領袖），雖可發生政府決策的效果，但這些決策不能不透過官方決策者的行為過程 ❸。他的基本論點，乃是堅持權威性決策必發生於政府制度的法定結構中。這一論點，關係到我們為什麼不用「政府的政策」與「政府的決策」，而用「權威性政策」與「權威性決策」，必須在此澄清。在這裏我們只要舉出一個理由，即可駁倒他的論點。政府的決策者或決策，固然是權威性的，但是政府的制度，法律的結構，甚至整個政府的組織，莫不是權威性決策的產物。這一類的決策必然不發生於政府制度的法定結構中，這一類的決策，在權威性的層次必然要高於政府的決策。任何政府的產生，從無政府到有政府，從舊政府通過革命到新政府，必然基於一套權威性的決策而形成。政府的決策者只是權威性決策者的一個次類，政府的決策者一定是權威性決策者，但權威性決策者不一定是政府的決策者。因此，政治學研究的決策者，不一定在政府中，也可能在政府之外，甚至在政府之上。

根據決策者的社會基礎，決策者的產生，決策者的所在，從事政治現象的分析，可能為政治研究展開一個寬廣的領域。同時這種角度的研究，一方面可以使政治研究深入到人的行為，另一方面又可為政治學建立一個新的分析系統 ❹。

2.決策過程

❸ R. C. Snyder, "A Decision-Making Approach to the Study of Political Phenomena", in R. Young, ed., op. cit., p. 16.

❹ H. D. Lasswell, "Agenda for the Study of Political Elites", in D. Marvick, ed., *Political Decision-Makers* (The Free Press, 1961), pp. 264–280.

從決策型模看，權威性的決策也一定脫離不了作價值判斷、事實判斷及後果判斷的過程。雖然前美國總統杜魯門曾說：「沒有人能知道，一個總統在重要決定上的整個思考過程及步驟。」❺但是有一個白宮決策的研究者，仍然發現了一套理論上應有的步驟。這一套步驟共有八個方面❻，若歸納起來講，依然脫離不了上述「三種判斷」的過程。因此，權威性決策的過程，不論如何複雜，甚至複雜到決策者本人也不知道是如何作決定的。但是分析決策過程最理想的方式，還是只有從價值判斷、事實判斷及後果判斷三方面分別加以說明。

在權威性政策的制定時，決策者必定有一個要求達到的目的。這個目的的決定，必定涉及價值判斷。如要達到這個目的，可能同時有幾個不同的行動計畫都可應用。當其從可用的計畫中選擇最好的時候，又要涉及價值判斷。目的的決定是目的價值(goal values)的選擇，這一類價值判斷是基於決策者主觀願望的成分多，難於作客觀的學科分析。計畫的選擇是工具價值(instrumental values)的選擇，

---

❺　T. C. Sorensen, *Decision-Making in the White House* (Columbia University Press, 1963), p. 10.

❻　Ibid., pp. 18–19.

T. C. Sorensen 所指出的八個步驟如下：

first: agreement on the facts;

second: agreement on the overall policy objective;

third: a precise definition of the problem; fourth: a canvassing of all possible solutions, with all their shades and variations;

fifth: a list of all the possible consequences that would flow from each solution;

sixth: a recommendation and final choice of one alternative;

seventh: the communication of that selection; and

eighth: provision for its execution.

這一類價值判斷是在確定的目的下衡量手段對目的的適合程度，原則上是可以從事科學分析的 ❶。不論那一類的價值判斷，在決策的過程中，決策者作行動計畫的選擇時，必無法避免。誠如賽蒙(H. A. Simon)所說：「大部分的行為，尤其是行政組織中的個人行為，都是有目的的，其行為指向著各種目標。目的帶來行為模式的整合，沒有目的的存在，其行為的本身即等於沒有意義。」❶ 由於目的多出於主觀的願望，因此，在相同的決策場合中，不同的決策者常會作不同的價值判斷。一個國會中甲黨與乙黨的立法者，固然可能因為所持價值判斷的不同，而為同一問題的解決作了不同的選擇。為了同一政策的制定，一個政客的價值判斷與一個政治家的價值判斷，也可能是相去很遠的。就此而論，所以任何時代或地區的政治，必永遠處於爭論的狀態中。民主政治不過是將爭論制度化及表面化，而獨裁政治則把反對意見壓縮到看不見的革命情緒中而已。合理的權威性決策，決策者必須隨時隨地的去了解什麼是公眾利益利之所在，並用全國多數人的價值判斷來替代自己的價值判斷❶。從這個方面去分析決策問題，可以幫助我們認識到民主政治中，政黨政治，多數決的原則，公共輿論以及分權制度，諸方面的核心問題，也可能探究出獨裁政治的特質及其缺點。

　　價值判斷的形成，雖難於作客觀的科學分析，無論如何，一個決策者的價值判斷，其可能的相關變數，不外乎是他的信仰系統，人格系統，知識程度，個人的特殊經驗以及他所處的文化環境。政

❶　H. A. Simon, *Administrative Behavior* (Macmillan, 1962), pp. 47–50, 73–75; see also F. E. Oppenheim, "Rational Choice", *Journal of Philosophy*, Vol. 50 (1953), pp. 341–350.

❶　H. A. Simon, op. cit., p. 4.

❶　G. Colm, "The Public Interest: Essential Key to Public Policy", in C. J. Friedrich, ed., *The Public Interest* (Atherton, 1962), pp. 115–128.

治的研究者，若從這方面去分析，可能帶來一個極新的範圍。

　　關於事實判斷，在權威性決策過程中，涉及到極廣泛的事實調查。只有事實調查最客觀，最可靠，最周全，才可能擬訂最妥當的政策。搜集這些事實的標準是雙重的。一重是以決策場合的廣度作標準。如果一個決策場合只涉及「內社會的環境」(intra-societal environment)，需要搜集的事實便少；如果涉及到「外社會的環境」(extra-societal environment)⑳，需要搜集的事實則多。比如1968年3月31日，美國總統詹森同時宣佈了兩個決定。一個決定是放棄下屆美國總統候選人的提名競選，另一個決定是命令越南美軍暫停轟炸北越。前者屬於內在事務，所需要搜集的事實屬於內在的環境；後者屬於外在事務，所需要搜集的事實，不僅屬於外在環境，也得顧及內在環境。兩個決定需要的情報及事實判斷，當然有相同之處，但後者顯然比前者更為寬廣。另一種是以決策者企圖達到的目的為標準。在同一決策場合中作相同的決策，由於決策者企圖達到的目的不同，亦會導致搜集事實的幅度有異。如仍採用前述例子，詹森在作兩個決定的任何一個時，若其企圖達到的目的不同，則所需要搜集事實的幅度必大有改變。他的目的若只是個人的勝敗榮辱，需要的事實判斷則少；若是為美國利益著想，需要的事實判斷則較多；若是從世界安危的目標出發，需要的事實判斷則更多。

　　權威性決策的形成需要大量的情報及事實考慮，非任何其他種類的決策所可比擬，有時可能涉及到整個人類社會，甚至太空的知識。上述兩個標準，只是就特殊決策場合中，分析相關事實的兩個可能途徑而已。這些可能相關的事實無論怎樣多，但是這些事實不

---

⑳　「內社會的環境」及「外社會的環境」兩個名詞，是伊斯登所創的。二者用在本文中，比用「國內」或「國外」更能說明不同權威性決策者所面臨的環境。See D. Easton, *A Framework for Political Analysis* (Prentice-Hall, 1965), pp. 69–75.

出乎兩個類：一類是人類的行為，另一類是非人類的行為。第二個類又可分為兩個次類，其一是自然的或物質的事實，如像氣候、地勢、資源、工業設備……有關這些事實比較容易判斷；其二是行為的條件，如時間因素、制度或法律因素等，這些事實了解起來也不太困難。因為不論如何含混不清的法律或憲法條文，只要細心研討，一個決策者即可避免非法或違憲的後果。第一類的事實是人的理性及非理性的需要及活動所構成的。它包括人的信仰、動機、理想及慾望……這些有關事實是最難作科學分析的，最難作正確的判斷的。可是，決策者面臨的環境，其大部分是人的意向及行為。因此，決策者在作事實判斷時，常感困難的，乃屬於第一類的事實——人類行為。比如一個總統候選人，在為爭取選票而擬訂政綱政策時，對競爭者的意向及行為，對選民的需要、慾望及情感傾向，必須作深入的了解，但是這類的了解很難準確。又如白宮的決策者與克里姆林宮的決策者，乃是互為環境因素的。彼此根據大量情報而推測對方可能的行為及意向，是雙方決策者必須要作的事實判斷。此一判斷一旦錯誤，危險的決策即相隨而來，甚至造成核子大戰。因此，現代政府的決策過程中，絕不憑著個人的直覺作判斷，而必須擁有一個優良的情報系統。此種情報系統的形成，不是靠秘密警察，而是客觀的科學分析，各種有關專家的知識，以及對整個國情及世界情勢的了解。

　　從事事實判斷時，最困難的關鍵是決策者難於免除主觀願望的影響。因為在決策過程中決策者的價值判斷既不可少，同時，又要求決策者能分辨出什麼是他的價值判斷，什麼是他的事實判斷，使其事實判斷具有高度客觀性，甚至面對冷酷的事實來修正他的價值判斷，當然是非常困難的。歷史上許多權威性的決策人物，未能克服此一關鍵性的困難，成為自我欺騙的犧牲者，而慘遭失敗的事實，數不勝數。比如希特勒(A. Hitler)或慈禧太后的失敗，都是由於他們

的主觀願望太強烈，太僵化，以至淹沒了作客觀事實判斷的能力，而造成的悲劇。但對於研究者而言，這卻可為決策史的研究帶來了一個極饒趣味的分析範圍。究竟要如何才能免除主觀願望影響事實判斷的惡果？大體上說，可分兩個方面：第一是決策者必須有意識的認清價值判斷與事實判斷的分野；第二是在作事實判斷時必須保持高度客觀的科學態度。

以上有關決策行為的事實判斷之分析，其中最重要的是：搜集事實的標準及範圍，情報系統的強調以及事實判斷的困難。無論從那一方面去從事政治現象的分析，都可為政治學帶來新的發展，同時也可能有助於實際政治的改善。

至於後果判斷，其涵義簡單說來就是：在決策過程中，對達到既定目的的各種途徑，通過假設狀態以設想各種可能後果所作的判斷。也即是說，決策者在選擇行動計畫的考慮上，必須通過後果設想，然後判斷此一計畫在執行上的可能性，技術上的難易性，以及可能發生的各種影響。假如一個行動計畫或政策，雖然並不違背決策者已作的價值判斷及已知的事實判斷，但在設想的執行狀態中，執行上沒有可能，技術上很難，所發生的後果影響又有害處，便不能不放棄❷。

在想像的狀態中，衡量執行的技術及後果影響所作的判斷，即等於在預測的狀態中作事實判斷或在想像的條件下作價值判斷。由於後果判斷包括想像中的執行狀態，及執行中與執行後的影響，所以決策過程，不僅指政策的制定，也指政策的執行。這一點絕不可忽略，不然即可能不了解決策研究法為什麼是同時研究權威性制定及執行的。另外，也由於在預測的狀態中作事實判斷或想像的條件下作價值判斷，無論如何比根據已經面臨的環境作事實判斷及價值判斷，要困難得多，因此決策，尤其是權威性決策，常常被視為最

❷　J. D. Cooper, *The Art of Decision-Making* (Doubleday, 1961), pp. 20–21.

困難的一種工作。天才的決策者乃是人間稀罕的至寶，也許比其他任何種類的天才還要可貴。一個決策者恆似天才的棋手，一著棋常建立在數十著的推想基礎上。二十多歲的亞歷山大大帝(Alexander the Great)就能建立地跨歐亞非三洲的大帝國，絕非偶然或「時代精神」的驅使，一個博聞強記的哲學家或一個典章制度背得爛熟的政治學者，一旦面臨實際的行動問題便窘相百出，也不是沒有原因；這關鍵性的差異即是在後果判斷的想像力上。

　　後果判斷，雖然困難，但也不是完全不能訓練的。大體上說，一方面可以靠想像力的培養，來增強此種判斷的能力，另一方面可以藉科學理論的訓練，來提高從事預測的思考程度。

　　從後果判斷看決策行為，不論是執行技術上的問題，預測及推想的能力問題，抑或是科學理論的運用問題，不僅可為政治及行政的研究，提供某種程度的新方向，而且也可為理論與實際的整合問題，帶來新的途徑。

　　在我們對決策者及決策過程兩個方面，作了一粗略的分析之後，也許或多或少的可以使我們認識到：以決策型模作為指涉架構，從事權威性政策的研究，不僅可為理論政治提供許多新的途徑及新的方向，而且也可能有助於實際政治的決策工作。因此，如決策研究法在政治學中長期使用，很可能使政治學進入到一個新的境界。以下我們想根據方法論的角度，繼續對決策研究法的優異性作一詳盡的分析。

三、決策研究法的優異性

　　所謂方法論就是關於研究過程的分析工作，或者對方法及研究法的批判工作。方法(method)與研究法(approach)，在一般著作中，常常混為一談。其實二者並非同義，簡單說來，方法只是搜集及處

理資料的技術，如問卷法，統計法，分析法，局內觀察法……即屬
於此種範圍；研究法卻是選擇問題及資料的準則，如功能研究法，
系統研究法，意識型態研究法即應放在這一範圍❷。僅憑此一簡單
區分，已顯示出研究法比方法更根本更重要。因為任何研究，問題
的發現或選擇是最原始的起點。沒有問題的選擇在先，資料的有效
選擇絕不可能。沒有問題及資料的選擇，當然更談不到資料的搜集
與處理。這乃是不易的定論。不過，在判斷一個研究法是否可用來
從事經驗世界的研究，不能不顧及此種研究法所選擇的資料，是不
是在方法上有其搜集及處理的可能性。因此，對一個研究法作評論
性的分析時，不能不涉及方法上的可能性。我們在分析決策研究法
的優異性時，所用的第一個設準即是衡量決策研究法是否適合使用
經驗方法。

　　決策研究法只是政治學中各種研究法的一種。我們為了顯露決
策研究法的優異性，便必須用其他研究法來與決策研究法作對比性
的探討。不過，由於政治學中其他的研究法太多，不可能一一的對
比，所以只好抽離決策研究法某些優異之處，來與其他各種研究法
中具有代表性的幾個，作一提示性的比較。這便是我們在評論決策
研究法時，所要採用的第二個設準。

　　根據上述兩個設準，我們選擇了幾個方面──分析單元、完形
分析、解釋與預測、理論與實際──來分別討論決策研究法的優異
性。

1. 分析單元(The Unit of Analysis)

以國家作為定向概念的政治研究中，多半都是就幾個巨型概念

---

❷　Cf. A. Leiserson, "Problems of Methodology in Political Science", *Politi-cal Science Quarterly*, Vol. 68 (1953), pp. 558–584; V. Van Dyke, *Political Science*: *A Philosophical Analysis* (London: Stevens, 1960), pp. 113–114.

（如國家、政府、自由、民主……），作一些分類的工作，或者從法律條文或歷史演變，作一些制度上的工作，很少涉及到人及人的行為。其實國家、政府、自由及民主之類的概念，只不過是某一類行為及行為互動之總稱或表現的狀態。它們脫離了人及人的行為，即等於空無一物。它們的本身，雖可作為分析單元，但由於它們非直接的可觀察項，要研究它們只有通過人的行為才有可能。也即是說，只有以人的行為作為分析單元，才可能對國家或政府作有經驗效應的研究。而制度研究法或法律研究法，並不能滿足此一要求。

　　以權力作為定向概念的時期，其研究的對象是構成權力關係的人際行為(interpersonal behavior)，其研究的途徑是以心理學研究法及社會學研究法為主。因此，這一時期中的政治學，其分析單元當然是人的行為。但是權力關係並非政治生活中所獨有，其他如倫理生活或宗教生活中亦有權力關係，於是以權力關係中的人際行為作為分析單元時，又使政治研究的範圍擴得太寬，仍不能充分滿足政治學的要求。

　　至於在政治學中目前最流行的所謂行為研究法(behavioral approach)，必然是以人及人的行為作為分析單元的。可是，當我們追問究竟什麼是政治行為時，假使所得到的回答只是以政治學中的一些舊有名詞加在「行為」之上，如選舉行為、立法行為、行政行為、政客行為、革命行為等等，那麼行為研究法便不可能為政治學帶來新的分析系統，更不可能產生系統的推演作用，頂多只能作一些排列性的平行分析。假若政治行為即是決定或影響權威性政策的行為，那麼所謂政治行為研究法又遠不如改用決策研究法。因為決策研究法，既是以制定權威性政策的決策行為作為分析單元，當可為政治行為劃定更確定的範圍。並且決策研究法還可憑藉決策型模，為政治學建立一個既寬廣又嚴謹的分析系統。如此說來，行為研究法雖有其優點，無論如何既有太廣泛之嫌，也缺乏建立系統推演的可

能性。

　　根據以上所述，我們可以得到兩個結論。第一個是為政治學選擇分析單元，最健全的途徑必須滿足三個條件：(1)分析單元的原始起點是人及人的行為；(2)分析單元適合權威性政策的定向概念；(3)分析單元的選擇有助於政治研究的系統推演。第二個是制度研究法、法律研究法、心理學研究法、社會學研究法、以及行為研究法，沒有一個能同時滿足這三個條件。至於決策研究法，在分析單元的選擇上，顯然比較優異，它能充分滿足條件(1)及(2)，也可能相當程度的滿足條件(3)。決策研究法所要求分析的主要對象，是決策者及決策過程中的行為。它選擇的分析單元，不僅是人及人的行為，而且為這些人及這些行為確立了一個清楚明白的界線，那即是與權威性決策有關者。在行為研究法下所能排列得出來的一切政治行為，都可從決策型模的分析架構中找到適當的地位。所以決策研究法充分滿足條件(1)。權威性政策作為政治研究的定向概念之下，主要的研究對象即是政策的制定與執行。而政策的制定與執行即是一決策的過程。因此以決策研究法來研究權威性政策，不但適合，而且此種適合是一邏輯發展的必然。權威性政策是政策的一個類，在其制定與執行的過程中所牽涉的範圍，比其他任何政策的幅度大得多。當其從事權威性政策的研究時，究竟需要什麼標準來選擇相關因素，常是困擾研究者的一個難題。若採決策研究法，即可樹立標準而克服此一難題。這個標準即是：凡足以決定或影響權威性決策的行為及一切因素，即是政治研究的範圍；反之，則非政治研究的範圍。比如種族衝突也是人類行為中的一種，此種行為若只是兩個種族互相歧視，乃屬於社會衝突的性質；若其中的某一個種族通過立法的作用去迫害另一個種族，或以戰爭的手段去征服另一個種族，則即變成政治衝突了。社會衝突是社會學研究的範圍，政治衝突才是政治學研究的範圍。同是種族衝突，而是否構成政治研究的對象，乃

看其是不是透過了權威性的決策過程。其他如宗教行為、經濟行為是否可以納入政治研究的領域，也一樣只要通過特定時間、空間中的權威性決策場合，看它們是否影響了權威性的政策，即可加以判斷。因此，決策研究法，對權威性政策的定向概念而言，不僅具有邏輯上的適合性，而且也為政治研究選擇相關題材樹立了一個優良的標準。它當然是充分滿足了條件(2)。另外，當其以決策型模作為指涉架構從事政治現象的分析時，一方面可以通過決策者及決策過程，展開了一個相當寬廣的分析幅度。社會的、文化的、制度的、人格的、甚至自然的各種相關因素，都可納入此一分析架構中。另一方面又為一個決策型模的緊密系統所控制，而構成了一個特殊的推演系統。使政治研究既能攬括一切相關因素，而又不致支離破碎或停滯於排列性的平面分析。不過，由於決策型模中關於目的價值之判斷，難於作科學分析❷，使這一推演系統尚未能達到經驗研究的理想水準。因此，我們只能說它在相當程度上滿足了條件(3)。

2.完形分析(Configurative Analysis)

我們在這裏所提到的完形分析，指涉兩種不同的涵義，一種是

---

❷　在現代社會科學的領域裏，由於強調行為的研究，而人類行為又脫離不了價值判斷，因此價值的科學處理問題也變成了社會科學的中心問題之一。在目前關於工具價值之能作科學分析，已成為定論。目的價值雖難成為科學分析的對象，但因新的科學方法及技術之發展，已使此一難題逐漸接近可能解決的階段。關於這一問題請參閱下列各種文獻：C. Kluckhohn, "Values and Value-Orientation in the Theory of Action", in T. Parsons & E. A. Shils, ed., *Toward a General Theory of Action* (Harvard University Press, 1954); W. R. Carton, "Exploring Techniques for Measuring Human Values", *American Sociological Review*, 19 (February, 1954); G. Lundberg, "Semantics and the Value Problem", *Social Force*, Vol. 107 (1948); C. Morris, *Varieties of Human Value* (University of Chicago Press, 1956).

完形心理學的涵義，另一種是政治學家拉斯威爾(H. D. Lasswell)用
此名詞時所指謂的涵義。從前一種涵義引申，即指個人與文化之間
具有交互影響的關係。個人是文化的創造者及支持者，反之，文化
亦是影響個人人格的決定因素，甚至使人格成了文化的縮寫。比如
一種存在於文化中的價值系統，如一經內化(internalized)到人格之
中，則成為人格系統中的一部分，與個人人格不可分。此種文化因
素在人格之中，常是構成個人價值判斷的有力因素❷。因此，人格
的分析必須對人格內外在的各種因素從事全面分析。後一種涵義，
乃指價值分析與經驗分析，在決策行為的選擇過程中，是相互依存
並互為條件的 ❷。

　　在決策型模所指涉的分析架構中，一個決策者選擇行為計畫，
決定於兩方面的因素，一為環境因素，一為人格因素。而人格因素
中的部分又來自於文化環境中的行為模式及價值標準之內化,因此,
分析決策行為的人格因素時,不能不涉及到文化與人格的交互影響。
也即是說，決策研究法必須採取第一種涵義的完形分析。另外，在
決策場合中，決策者從事行動計畫的選擇，必須通過價值判斷、事
實判斷及後果判斷三者在其心智上構成焦點，才可能達成。因此，
一個決策行為的分析者，也必須要使用價值分析（對價值判斷）、經
驗分析（對事實判斷）及發展分析（對後果判斷）所形成的分析網，
才可能對決策行為作充分的了解。這即是決策研究法的行為分析，
也必屬於第二種涵義的完形分析。

　　第一種涵義的完形分析，不論在心理學、社會學及人類學中，

---

❷　W. Kohler, *Gestalt Psychology* (Liveright, 1947), pp. 237–238; T. Parsons
et al., "Some Fundamental Categories of the Theory of Action", in T. Par-
sons & E. A. Shils, op. cit., pp. 3–27.

❷　H. D. Lasswell & A. Kaplan, *Power and Society: A Framework for Politi-
cal Inquiry* (Yale University Press, 1961), pp. XI–XIV.

是常常被採用的。第二種涵義的完形分析，乃為政治學所獨創，等於為決策行為之研究，建立了一個新的分析法。當許多研究法，都採取只問事實而不問價值的定向之際，決策研究法以完形分析的方法去分析價值及價值與決策行為的關係。不能不說這即是決策研究法之優異的一面。更進一步說，決策研究法，一方面由於使用決策型模而構成了整一性的推演系統，另一方面又由於使用完形分析而成了全面性的分析網，使其成為一特異的研究法。當其根據此一具有推演系統的分析網，從社會、文化、制度、人格以及行為交互影響的結果，來分析權威性的決策之際，此種研究途徑亦同時為政治研究的領域帶來了三大整合的功能：第一是使其他某些研究法納入系統中而得到研究法的整合；第二是使不同的分析方法用於系統中而發生方法的整合；第三是可採取各種行為科學的理論，而產生科際的整合(interdisciplinary integration)。這三種整合功能，更顯示出決策研究法的特異處及優良處。

3. 解釋與預測(Explanation and Prediction)

一位科學的哲學家曾說：「科學的目的即是描述、解釋及預測……科學家所探究的，即是在固定的研究系絡(context of research)中得到最適當最精確的描述、解釋及預測。」㉖另一位政治學的方法學者也曾說：「……以一個有助於政治決策之理則的觀點，去解釋及預測政治行為，乃是政治學的目的。」㉗此兩家之言，都在肯定科學研究的目的是解釋及預測。因此，以解釋及預測的角度，來衡量決策研究法在政治學中的優異性，也許是很可採用的方式。

自政治學成為獨立學科以來，政治研究的大量著述中，絕對多

㉖　H. Feigl, "The Scientific Outlook: Naturalism and Humanism", in H. Feigl & M. Brodbeck, ed., *Readings in the Philosophy of Science* (Appleton, 1953), pp. 10–11.

㉗　V. Van Dyke, op. cit., p. VIII.

數都是以制度及法律的結構或歷史的事實作為主要的描述對象，同時這些描述工作，又不是在一固定的理論系絡中而從事的。因此，可說政治學一直停滯在一個貧乏的描述階段。我們如此說，一點也沒有誇大其詞，只要看一看比政治學更為年輕的心理學及人類學，便可得到證明。在心理學及人類學中，解釋及預測的水準，比之物理科學雖仍屬相形見絀，但心理學的理論及人類學的型模分析，或多或少具有相當程度的解釋力及預測力，有時政治學也非借用不可。換句話說，它們的解釋及預測雖然不夠科學水準，而其研究卻是根據科學的基本結構，有意識的朝著解釋與預測方向而發展的。就憑這一點而論，心理學與人類學也優於政治學。政治學中至今仍有是否採用科學方法的辯論。一位政治學家，在其反省之餘而意味深長的說：「就事實而論，關於當代政治學的主要批評，即是政治學在吸取科學哲學中可資利用的知識準則上，仍然處於失敗的狀態中。」❷⑧於此，我們可看出，政治學之需要依據科學哲學中的基本原則，從事建立屬於政治學的經驗理論，去解釋及預測政治行為，實在是非常重要的目標。

至於解釋及預測，有其複雜的涵義，在此不可能說明。簡單說來，在科學結構中，解釋與預測的邏輯是相似的。二者都必依賴因果法則。解釋是從已現的果去回溯其因，預測是從已知的因去推斷未現的果。無論從果回溯其因，或者從因去推斷其果，都必須要依賴經驗理論作為全稱假設 ❷⑨。因此，將任何現象從事解釋或預測的

---

❷⑧　E. J. Meehan, *The Theory and Method of Political Analysis* (The Dorsey Press, 1965), p. 15.

❷⑨　C. G. Hempel and P. Oppenheim, "The Logic of Explanation", in H. Feigl and M. Brodbeck, op. cit., pp. 319–352; C. G. Hempel, "The Function of General Laws in History", in P. Gardiner, ed., *Theories of History* (Oxford University Press, 1959), pp. 347–348.

基本問題，是經驗理論之有無問題。沒有經驗理論，根本不可能達到作解釋或預測的目的。

　　在政治學中，根據過去的各種研究法，不是毫無建立經驗理論的可能，根據決策研究法也不是已經建立了鞏固的經驗理論。不過，比較上說，根據決策研究法去建立系統的經驗理論的可能性要大得多。第一因為決策研究法是以可經驗的人類行為作為分析單元的；第二因為決策研究法與其他各種研究法對比，是比較具有推演性的系統的；第三因為決策研究法最適合研究權威性政策的特性。由於此三種條件的同時具備，所以使用決策研究法去為政治學建立系統的經驗理論，其可能性比其他任何研究法要大。建立系統的經驗理論之可能性既大，達到解釋及預測的目的就容易得多。解釋及預測的目的如可逐漸達到，政治學的科學水準，也必隨之逐漸提高。

　　4.理論與實際(Theory and Practice)

　　很多的科學家都強調一個原則，認為科學研究，只要能建立理論並從事具有經驗效應的解釋與預測，就算達到了科學的目的。科學家只問研究過程的本身，而不必問研究結果對人生是否產生實用的價值。此種立論並非沒有理由，因為一個研究者，尤其是社會的研究者，太重視實用的價值，即會影響研究本身而不可能獲致客觀的知識。甚至還可能造成像蘇聯迫害某些科學家的現象一樣，為了適合政治教條，而命令生物學家去修改「後天獲得性不遺傳」的定律；或者像近代初期宗教勢力為求信仰的統一而迫害說真話的科學家。

　　不過，從一個更高的角度看，科學雖然不應為某種特殊的政治社會或宗教勢力服務，雖然也不應為實用而造成自身的毀滅，但是，任何科學必然發生於文化的存在中，任何科學家必不可能在文化的真空中從事研究，因此，任何科學研究在問題及題材的選擇上必難於擺脫文化環境的影響，其最後的目標必是社會的實用要求，或企

圖解決實際問題。比如，癌細胞之成為今天世界上許多有關科學家急切研究的對象，必然是為了一個人生的實用目的。從此種論點出發，在科學研究的過程中，一個科學家雖應盡可能保持客觀的獨立態度，但科學與人生的實用目的，在文化的處境中，卻沒有截然分開的可能。因此，有些社會科學家非常強調科學的實用價值，一方面肯定科學知識的最高目的乃在解決人生的實際問題，另一方面又認為唯有有效的利用科學知識才可能挽救文明的危機。例如，一位著名的社會學家林德(R. S. Lynd)，便曾經以「知識是為什麼的?」(Knowledge for what?)為題，於1939年在普林斯頓大學，作了幾次影響深遠的演講。他演講的主要內容，便是強調一切科學知識的最後最高目的，即在解決實際問題或拯救文明的危機❸。另一位傑出的政治學家也曾說:「決策研究法並不意謂著科學家可以放棄客觀的態度，或者在研究工具上可以不求改善。政策的強調乃是一方面要求問題的選擇必有助於科學家的目的價值，另一方面又要求在既定計畫的執行上，必須具有高度的客觀性及技術知識的採用。」❹

如果科學知識脫離人生的實用目的，是既不可能的，也不應該的；如果科學研究在文化處境中的最後目的，必然是為了解決人生的實際問題，那麼政治研究也不應只重視理論的建立，而應該使理論具有實用價值。也即是說，政治研究必須同時達到兩個目的：一個是建立符合科學精神的理論，另一個是使理論具有解決實際問題的可能。

從這一觀點看，決策研究法比之政治學中其他任何研究法，顯然優異得多。其理由有三個方面，第一、決策研究法的構成要素，乃是從經驗上可能的決策行為中抽離其特點，而建立起來的型模。

---

❸　R. S. Lynd, *Knowledge for What?* (Princeton University Press, 1939).

❹　H. D. Lasswell, "The Policy Orientation", in D. Lerner and H. D. Lass-well, op. cit., p. 14.

當其使用此種型模去研究權威性政策制定與執行，所能歸納出來的通則，不僅屬於理論，亦必有助於權威性決策場合中的實際效用。第二、決策研究法，可以通過現在的實例或過去的歷史，採用個案分析的方法，去研究某些權威性決策為什麼失敗或為什麼成功。這些研究結果，不僅可為政治學帶來真實的經驗理論，對實際的決策者也必然大有用處。第三、決策研究法是可以幫助訓練實際決策人物的一種途徑。一個通過決策型模及決策理論長期接受思考訓練的人，比一個只從制度結構或法律條文而接受教育者，當然更能適應變化劇烈的從政生活，更能具有解決實際問題的能力。怎樣培養從事實際政治的領導者？自從柏拉圖以來，雖有不少人都想提供答案，但一直都沒有找到實際上可行的途徑。在我們看來，根據決策研究法可能建立起來的政治學，也許對於回答此一古老問題，或多或少有一點幫助。果能如此，那麼決策研究法，在理論政治與實際政治的整合上，必將帶來新的成就。

以上我們已經從「分析單元」、「完形分析」、「解釋與預測」及「理論與實際」四個方面，對決策研究法的優異性，分別作了說明。這一說明只是從評論性、推測性的角度，所作的一個理論上的評價，從事實上看，自第二次世界大戰以來，政治學逐漸採用決策研究法去從事政治研究，也有其相當可觀的效果。這些研究作品中，其中較為著名的有馬偉克(D. Marvick)所主編的《政治決策者》(*Political Decision-Makers*, 1961)，施乃德與其他二人合編的《外交政策的決策》(*Foreign Policy Decision-Making: An Approach to the Study of Politics*, 1962)，杜魯門(David B. Truman)的《政府過程》(*Governmental Process*, 1951)，及賽蒙的《行政行為》(*Administrative Behavior*, 1947)。除專門著作之外，政治學的普通教科書也有漸漸採取決策研究法的趨勢。如像格拉賽亞(A. De Grazia)在其《政治學緒論》(*The Elements of Political Science*, 1952)中，為界定「政治的」一詞就曾如

此說:「『政治的』即指圍繞政府決策中心發生的事件而言。」又如南列(A. Ranney)在其《眾人的治理》(*The Governing of Men*, 1958)中,為政治一詞也曾如此界定:「政治即是制定政府政策的過程。」這兩個關於政治的界說,雖非十分健全,但卻充分象徵了政治學之注重權威性政策或決策的當代趨勢。誠如伊斯登所說:「決策在政治研究中已經變成了最具通用性的新觀念。在社區的政治結構及過程上,在國際關係的經驗了解上,都已經認真的、系統的採用了決策研究法。同時,在投票行為的研究上,由於社會心理學的刺激,也已經找到了一個決策概念的理論原模(theoretical matrix)。」[32] 因此,我們也可以在此肯定的說,不論從理論上的了解或者政治學事實上的發展看,決策研究法在未來的政治學中,必產生革命性的影響。

結　語

政治學中的決策研究法,是根據實際決策行為的一個理想狀態,分析構成決策的基本要素而建立起來的型模。因此,討論決策研究法時,必須涉及到實際決策的有關問題,而使此一討論的重心很不容易清楚辨別:決策研究法究竟是屬於如何從事政治決策的方針呢?抑或是屬於如何研究政治現象的途徑呢? 在回答此一問題時,我們在此要明白的特別強調,決策研究法雖必須提示到關於如何作實際決策的問題,但其本身只是理論研究上的途徑或理論分析上的工具;它屬於如何研究現象的途徑,而非如何從事實際政治決策的方針。只有認定這一點,然後才不至於將分析結構(analytic structure)與具體結構(concrete structure)混淆不清。

---

[32] D. Easton, *A Framework for Political Analysis* (Prentice-Hall, 1965), p. 20; cf. D. R. Mathews, *The Social Background of Political Decision-Makers* (Doubleday, 1954), pp. 1, 5.

　　另外，也想在此指出，本文所作的分析，乃是關於決策研究法的一個理論分析，而很少涉及到使用此種研究法在技術上及方法上的困難。一個學科的新興研究法，當其應用到實際研究工作上時，常會遇到技術上及方法上不易克服的困難。在決策研究法的使用上，可能想像得到的各種困難中最嚴重的一種，即是價值問題之科學處理的可能性；前邊亦曾提到此一問題。

　　概括性的講，本文探討政治學中的決策研究法，所採用的方式有三個基本的方面：第一是從政治學的發展史作分析；第二是從建構性的決策型模作分析；第三是從抽離性的評論方式作分析。

伍、政治社會化的分析

前　言

　　一個人在政治上的行為定向及行為模式，常常是通過實際的生活經驗及有形的學習方式而形成的。此種形成過程，用現代政治學的術語說，即是政治社會化(political socialization)的過程。政治社會化一詞的使用，雖然歷時甚短，可是政治社會化的現象，不僅普遍存在於古今一切政治社會之中，而且早為某些古典的政治思想家所注意。比如，柏拉圖強調政治領袖及一般公民的教育問題，亞里斯多德重視人民性格類型與政體類型之間的相應關係，布丹(J. Bodin)曾指出幼年人敬畏父母及上帝的習慣與他服從政府的習慣之間的因果關聯，都充分顯示出他們已經發覺到：人的政治行為與他早年的生活經驗及教育具有不可分的密切關係。

　　第一次世界大戰之後，由於戰爭帶來的恐怖，刺激了學術界而想到古代思想家的啟示，曾對政治教育或公民教育加以進一步的重視。像美國歷史學會所舉辦的有關社會研究的一系列討論中，皮耳斯(B. L. Pierce)主講的「公民組織與青年的公民訓練」❶及梅菱(C. E. Merriam)主講的「美國的公民教育」❷，更可說是現代政治學重視

---

❶　Bessie L. Pierce, *Citizens' Organizations and the Civic Training of Youth*, Report of the Commission on the Social Studies, American Historical Association, Part 3 (Scribner, 1933).

❷　Charles E. Merriam, *Civic Education in the United States*, Report of the Commission on the Social Studies, American Historical Association, Part

政治教育的顯著例證。政治教育或公民教育，雖然並不完全與政治
社會化是同義的，不過，第一次世界大戰後，強調公民教育的趨勢，
卻是現代政治學推動政治社會化研究的背景之一。

　　政治社會化一詞，在政治學中普遍的被使用，是遲至1959年以
後的事。海門(H. H. Hyman)的《政治社會化》一書❸問世之後，才
使政治社會化逐漸變成了政治學的一個新的研究領域。最近十數年
來，一方面由於各國實際政治的不安狀況所帶來的刺激，另一方面
也由於現代其他相關學科，如心理學、社會學及人類學，在一般社
會化問題的研究上之進步所發生的影響，更使政治社會化的研究得
到了迅速而又成功的發展。

　　本文的目的，只是企圖就政治社會化在現代政治學中的涵義問
題、類型問題、理論問題，及其研究的途徑問題，提出一個綜合性
的及評論性的分析。

一、政治社會化的涵義

　　在現代政治學還沒有從事政治社會化的研究以前，其他行為科
學，如心理學、社會學及人類學，在1920年左右，已經使用社會化
(socialization)的概念，並從事經驗調查的研究工作。並且最先採政治
社會化一詞作為書名的海門，也是一位社會心理學者，而非政治學
者。無疑的，一般社會化現象的研究，在上述各種學科中的發展，
必是促進研究政治社會化的重要背景。因此，在尚未討論政治社會
化的涵義問題之前，對一般社會化的意義加以簡單的提示，是很有
必要的。

---

6 (Scribner, 1934).

❸　Herbert H. Hyman, *Political Socialization*: *A Study in the Psychology of Political Behavior* (The Free Press, 1959).

　　心理學在研究人格成長的問題時，曾發現了一個顯著的事實，那就是一個人孩童時期的生活經驗及學習過程決定了他的人格之形成。尤其養育孩童的方式與其成長後的人格特質，具有極密切的關聯❹。生活經驗及學習過程必發生於文化或社會的情境中，因此，一個人的人格，或多或少必然受到他依附的文化及社會之影響及決定。這一影響及決定的過程，即是心理學上所謂的社會化過程。社會學中使用社會化一詞時，具有兩種不同的意義。一種意義是指在社會生活中的人學習扮演各種角色以適應社會要求的經驗，決定了他的態度、動機、價值定向以及整個人格模式的基礎❺。另一種意義是指個人學習社會中既存的行為模式，並內化(internalized)到他的人格中，乃是社會結構形成的必需過程❻。換句話說，在社會學中，角色學習的過程與社會結構形成的過程，都可稱之為社會化的過程。人類學，除了類似社會學，認為個人學習適應社會以達成社會的整合與持續之過程，即是社會化的過程，它還特別強調了通過社會化過程是了解社會或文化的延續及變遷的重要途徑❼。

　　上述三種學科，在研究一般社會化現象上，所選擇的問題，所側重的要點，雖然各有出入，並非完全一樣，但是歸納起來說，它們肯定了三個方面：第一、肯定個人通過社會環境學習各種行為模式及文化價值，而決定其人格特質及行為定向的過程，即是社會化

❹　Irvin L. Child, "Socialization", in Gardner Lindzey, ed., *Handbook of Social Psychology*, Vol. 11 (Addison-Wesley, 1954), pp. 661–676.

❺　O. G. Brim, "Personality Development as Role-Learning", in I. Iscoe and H. Stevenson, ed., *Personality Development in Children* (University of Texas Press, 1960).

❻　M. J. Levy, *The Structure of Society* (Princeton University Press, 1952).

❼　D. F. Aberle, "Culture and Socialization", in F. L. K. Hse, ed., *Psychological Anthropology: Approaches to Culture and Personality* (Dorsey, 1961).

的過程；第二、肯定社會化過程是解釋個人人格及行為的基本前提；
第三、肯定社會化的了解，是解釋社會或文化之延續及變遷的基礎。

　　政治社會化，在現代政治學中的涵義，雖然是根據一般社會化
的概念而發展出來的。但是，二者究竟有所不同。一般社會化企圖
說明的人格及行為，是一般性的；政治社會化企圖說明的人格及行
為，是政治性的；前者研究的現象指涉一個較廣的範圍，後者研究
的現象指涉一個較狹的範圍；前者注重個人與社會之間的互動關係，
後者比較注重個人與政治社會之間的互動關係。

　　關於政治社會化的涵義，到目前為止，並沒有一個普遍公認的
說法，有關界說之多，也無法一一列舉。為了分析的方便起見，可
從各種不同的界說中，選擇三個具有代表性的界說，分別加以說明，
並作一比較。

　　第一個界說是由格林斯坦(F. I. Greenstein)所提出的，他說：「(關
於政治社會化) 的一個廣義了解，它涵蓋人生各種階段中的一切政
治學習，不論正式的或非正式的，計畫的或非計畫的，都概括在其
中。換言之，此種政治學習，不僅包括明顯的政治性學習，而且非
政治性的學習，如像有關政治的社會態度之學習及有關政治的人格
特質之獲取，只要具有影響政治行為的作用，也都包括在內。」❽依
據這一界說，政治社會化即指個人透過社會生活從事有關政治學習

---

❽　"A broader conception (of political socialization) would encompass all po-
litical learning formal and informal, deliberate and unplanned, at every
stage of life cycle, including not only explicitly political learning but also
normally nonpolitical learning that affects political behavior, such as the
learning of politically relevant social attitudes and the acquisition of politi-
cally relevant personality characteristics." F. I. Greenstein, "Political So-
cialization", in D. L. Sills et al., ed., *International Encyclopedia of the So-
cial Sciences* (The Macmillan Company and The Free Press, Vol. 14), p.
551.

的過程。至於政治學習的意義之辨別，則注重其是否影響學習者的
政治行為而定。凡是一種學習，從表面上看就是毫無政治意涵的，
但若對學習者的政治行為或政治人格發生了實質的影響，也應屬於
政治學習的範圍。在如此的意義之下，政治學習所指涉的範圍，實
在是非常寬廣的，甚至是無法列舉的。比如，向國旗敬禮，讀公民
課程，認識警察的權力，參加投票，從事競選，或者閱讀報紙上的
政治文告……固然無一不屬於政治學習。再如，過分嚴格的家庭教
育，博物館的參觀，鄰居的輕視，災區的旅行……這些生活經驗，
從表面上看，是與政治毫無關係的，可是它們可能成為極具深刻意
義的政治學習。因為，過分嚴格的家庭教育，可能使一個人形成威
權人格而傾向於獨裁政治；博物館的參觀，可能引發一個人醉心於
古代文化而激盪其愛國情緒；鄰居的輕視，可能使一個人受到自尊
心的挫折而傾心於無產階級的暴政；災區的旅行，也可能激起一個
人的悲憫之情而產生人道主義的政治理想。如此說來，非政治性的
生活經驗與政治性的生活經驗，在產生政治學習的效果上，在決定
或影響一個人的政治人格及政治行為上，並沒有任何差異；有時，
非政治性的生活經驗比政治性的生活經驗，還可能產生更深遠的影
響。甚至表面上完全屬於百分之百的政治學習，可能並不發生影響
政治行為的後果，而表面上毫無政治意味的生活經驗，卻又可能對
政治行為產生極深刻的影響。比如，在共產國家中，強迫學習馬列
主義的教條，當然屬於百分之百的政治學習，可是很可能對學習者
的政治行為不發生任何影響。相反的，一個人的失戀經驗，雖然是
毫無政治意味的，卻又可能使其產生仇恨世界的性格，而變成一個
典型的共產黨徒。這樣看來，政治性的學習與非政治性的學習，在
影響政治行為的作用上，不僅是一個程度上的差異，而且可能前者
完全沒有影響作用，而後者反而具有強烈的影響作用。

　　分析至此，我們不難看出，關於格林斯坦的界說，雖然與一般

社會化的意義相近，可是，由於它企圖區別政治性的學習與非政治
性的學習，反而產生了困境。此一界說，一方面既明白顯示，一切
政治學習的過程，即是政治社會化的過程，另一方面又指出，一切
非政治性的學習，只要具有影響政治行為的作用，也屬於政治社會
化的過程。既然肯定非政治性的學習，只要具有影響政治行為的作
用，即是政治社會化的過程，那麼政治社會化的基本要義，很顯然
的，不是在於學習的類別問題，而是在於學習是否發生了影響政治
行為的作用。因此，區分政治性的學習與非政治性的學習是不必要
的。同時，某些政治性的學習可能對政治行為不發生任何影響，某
些非政治性的學習，又可能對政治行為發生強烈的影響，更使此一
界說，陷於自相矛盾的困境。因為非政治性的學習，需要具有影響
政治行為的作用時，才可算是政治社會化的過程，為什麼政治性的
學習，不必具有影響政治行為的作用，也可算是政治社會化的過程
呢？在我們看來，如果既然肯定對政治行為是否發生影響，是政治
社會化的基本要義，又發覺政治性的學習不一定對政治行為產生影
響，則一切政治學習的過程即是政治社會化的過程之肯定，必然是
不當的。

　　因此，我們認為格林斯坦的界說若改為：凡足以影響人的政治
行為的一切學習過程，即是政治社會化的過程，更能簡單扼要的表
示其基本涵義。

　　第二個界說是藍敦(K. P. Langton)所提出來的，他說：「就最廣
泛的意義而論，政治社會化即指社會把它的政治文化從上一代傳遞
到下一代的過程。」❾依據藍敦的原意，政治文化包括的內容有三個
方面：即政治態度、政治認知及政治評價。傳遞政治文化的機構，

---

❾　"Political socialization, in the broadest sense, refers to the way society
　　transmits its political culture from generation to generation." K. P. Lang-
　　ton, *Political Socialization* (Oxford University Press, 1969), p. 4.

則是家庭、同伴團體、學校、成人團體及大眾傳播的媒介物❿。那麼所謂「社會把它的政治文化從上一代傳遞到下一代」，即等於說上一代人把他們已經持有的政治態度、政治認知及政治評價，去傳遞給下一代的人。因為社會只是一個集體名詞，它並不能從事傳遞的工作，傳遞工作必須依賴人的行為。如果這樣了解是必要的，則藍敦所謂的政治社會化現象，必然發生於上一代影響下一代的關係之中，沒有這一關係作為基礎，便無政治社會化現象出現之可能。但在我們看來，藍敦的界說之過分強調此一代間關係，正是其缺點之所在。政治社會化的現象，雖可能多發生於上一代人影響下一代的關係之中，可是也可能出現於非代間的關係之中。比如一個人的政治態度之形成，既非父母或親長的影響，也非師長或前輩的教育，而可能來之於同輩朋友的交往。同輩朋友的關係，當然不是一個代間關係，而只是一個代內的關係。又如一批移民進入一個新國度中，他們必定會向其他的人學習政治態度、政治認知及政治評價。這種學習當然也不可能稱為代間關係的學習。如果把政治社會化的現象，局限於代間關係的交互影響中，則某些重要的政治社會化現象，必被排斥在外，而使其失卻周延性。

　　因此，藍敦的界說應加以修正，使其只著重個人在社會生活中如何形成其政治態度、政治認知及政治評價的過程，而不必論及代與代間的關係。

　　我們企圖分析的第三個界說，是由伊斯登(D. Easton)與丹尼斯(J. Dennis)兩人共同提出的。這一界說如此說：「我們以嚴格的方式界定政治社會化一詞，它即是個人獲取政治的行為定向及行為模式之發展過程。」⓫構成此一界說的界定項中，幾個基本概念，如「個

---

❿　Ibid., p. 5.

⓫　"We shall define political socialization restrictively as those developmental processes through which persons acquire political orientations and pat-

人」、「獲取」、「政治的行為定向」、「政治的行為模式」及「發展過程」，都具有特殊的意涵。若就這幾個概念分別加以說明，即可顯示出來此一界說的優異處。

「個人」乃指社會生活中所有個別的人。在社會化的過程中，個人的地位可屬於主體方面，也可以屬於客體方面。不過，在這一界說中，所指的個人，只是居於客體地位的個人。明示被社會化的客體方面，則一切社會化的主體方面必然可以隱含在其中。因為，一個人的行為模式及行為定向之特點，可能來自於父母、教師、朋友、工會以及其他各種生活經驗。如列舉這些主體方面，必是很難窮盡的。而且每一個人的生活經驗與另一個人的生活經驗，絕不可能完全相同。因此，從被社會化一方面的個體，作為分析形成行為模式及行為定向的起點，是比較適當的。

「獲取」(acquisition)一詞，一般的用法，都指謂通過學習而得到知識、能力及習慣的行為。「獲取」與「學習」兩詞，雖然很相近，但是後者比前者的意義稍狹。人的政治行為或政治人格之形成，很多成分固然來自學習，但有些成分則可能來自無意識的影響、刺激及內化，而非正式的學習。因此，以「獲取」替代「學習」，可顯示出來，形成人在政治上的行為定向及行為模式的各種因素，除了意識的學習過程之外，還有其他的因素。

「政治的行為定向」與「政治的行為模式」，乃指一個人對政治性的事件、問題及活動，所持有的一般性的固定反應方式。一般有關政治社會化的界說，都習慣使用政治行為、政治態度、政治認知等等名詞。而政治行為、政治態度及政治認知，表現在一個人的身上，似乎只具有臨時性及短暫性的意涵傾向，太缺乏連續性及持久性的意味。比如，民意測驗中，一般人的政治態度、政治行為及政

---

terns of behavior." D. Easton & J. Dennis, *Children in the Political System: Origins of Political Legitimacy* (McGraw-Hill, 1969), p. 7.

治認知，其轉變之迅速，其變幻之無常，即可幫助我們意識到這一
點。因此，採用政治的行為定向及行為模式，以界定政治社會化的
涵義，是較為優異的❶。所謂行為定向及行為模式，並非一經形成，
就永無改變之可能。事實上，行為的定向及模式，也可能透過時間
的歷程，而有所改變。比較上說，一個人在政治上的行為定向及行
為模式，當其形成之後，對政治事件及政治問題，多少具有一套比
較固定的反應方式。在這種意義之下，如果通過政治社會化的研究，
而認識了一個人或民族的行為定向及行為模式，多少可以預測其政
治行為的發展傾向。在此，更顯出政治社會化的研究必須著重政治
的行為定向及行為模式，是很重要的。

　　至於「發展過程」，其涵義乃是企圖說明：政治社會化是一個長
期而累進的過程。從兒童時期到老年時期的各種學習經驗及生活經
驗，都是形成一個人的行為定向及行為模式的因素。同時，也企圖
說明當行為定向及行為模式形成之後，因為接受新的生活經驗之影
響，亦可能引起定向及模式的改變。因此，「發展過程」，不僅重視
政治社會化的形成，具有時間上的深度感，而且對「反社會化」(des-
ocialization)及「再社會化」(resocialization)的現象，也提供了說明的
基礎。

　　根據以上的分析，關於政治社會化的涵義，格林斯坦的界說，
由於過分重視區分政治性的學習及非政治性的學習，而使其陷入自
相矛盾的困境。藍敦的界說，又以太偏重代間的關係，而喪失其周
延性。比較上說，伊斯登及丹尼斯的界說，最為健全。也即是說，
根據個人獲取政治的行為定向及行為模式之發展過程，來說明政治
社會化的涵義，是較為適當並優異的途徑。

---

❶　Ibid., pp. 8–9.

二、政治社會化的類型

根據前面關於政治社會化涵義的討論，已經使我們認識到：人們透過社會角色的學習及社會行為的互動關係，而形成其政治行為的定向及模式，是所有的社會中都存在的現象。可是，每一個社會中的政治社會化現象，必各有其特點，與另外的社會比較起來，絕不可能完全一樣。比如，獨裁國家的政治社會化與民主國家的政治社會化，就很不相同。不僅相異的社會，各有其不一樣的政治社會化，而且同一的社會中，政治社會化的現象也是變化多端，品類不同。比如，民主國家中，每一個公民所接受的政治社會化，很可能隨著他的生活經驗及環境而有差異。為了對政治社會化的現象，作進一步的了解，我們可以繼續從事關於它的類型分析。政治社會化的類型劃分，與其他分類一樣，常隨著分類的標準之不同而有異。以下我們想提出三個不同的分類標準，然後根據每一個標準可能劃分的類型，分別加以討論。這三個標準就是：政治社會化的意識性；政治社會化的計畫性；政治社會化的形成關係。

第一個分類標準——政治社會化的意識性，即是指政治社會化的過程是否為人所意識。凡是為人所意識的，是一個類，可稱之為顯性的政治社會化(manifest political socialization)。反之，凡是為人所不意識的，又是另一個類，可稱之為隱性的政治社會化(latent political socialization)❸。一個人接受政治社會化，有其長久而複雜的過程。從兒童時期到老年時期，從家庭生活到社會生活，從閱讀報紙到研究哲學思想，或者從農民的閒談到國會中的旁聽，都可能對一個人在政治行為上的定向及模式，發生影響作用或修改作用。這

---

❸ L. W. Pye, *Politics, Personality and National Building* (Yale University Press, 1963), pp. 44ff.

些影響或修改的作用，有時是當事人可以意識得到的，有時是當事人意識不到的。這裏所指的「當事人」，包括被社會化者(the social-ized)及社會化者(the socializer)雙方。比如，在家庭中，父母的政黨認同常常影響到子女的政黨認同，子女即是被社會化者，父母即是社會化者。若父母與子女雙方都對這一影響是無意識的，則為隱性的政治社會化；若雙方對這一影響都是意識的，則為顯性的政治社會化。若社會化的一方，是有目的、有計畫的去影響對方，而對方根本不意識，或者被社會化的一方，是有目的、有計畫的去學習對方，而對方根本不意識，則此一政治社會化現象，對於不意識的一方來說，是隱性的；對於意識的一方來說，便是顯性的。因此，所謂隱性與顯性，根本是相對的。同一政治社會化現象，對某些人來說，是隱性的，對另外一些人來說，則是顯性的。

　　一般的講，學校裏的公民教育，政黨的宣傳，政治知識的學習……是顯性的政治社會化。家庭生活的過程，宗教信仰的孕育，同伴團體的參加……則多屬於隱性的政治社會化。對於一個人在政治行為上的定向及模式之影響，顯性的政治社會化與隱性的政治社會化比較起來，可能後者的影響力更強於前者。因為，在顯性的狀況中，為意識的活動，而不易在被社會化者的人格上產生內化作用。在隱性的狀況中，為無意識的活動，反容易在被社會化者的人格上生根。隱性的政治社會化，常常潛藏在一般社會文化的過程中，顯性的政治社會化，常常是由政治社會的領導階層計畫出來的。當其二者發生衝突時，則隱性的力量比顯性的力量更大。一個實際社會中，政治的穩定性之所以常常被文化的因素所決定，其理由之一就在於此。因此，一個有遠見的政治領導階層，在制定其公民訓練的方案時，不能不特別重視隱性的政治社會化。不然其公民訓練，則易流為教條，而徒勞無功。就是對於政治的研究者而言，也以探測隱性的政治社會化，最為重要。

　　第二個分類標準——政治社會化的計畫性，即是指政治社會化的過程是否為人所計畫。凡是為人計畫出來的，是一個類；凡不是為人計畫出來的，又是另一個類；前者叫做計畫的政治社會化(planned political socialization)，後者叫做非計畫的政治社會化(un-planned political socialization)。此一分類，比之顯性的與隱性的類型之劃分，雖有相似處，但亦有其不同。計畫的政治社會化，乃指通過人的預謀設計，去控制政治行為的定向及模式之形成過程。顯性的政治社會化，只認為在形成政治行為的定向及模式上是為人所意識的。前者既然要通過人的預謀設計，必然是人所意識的，後者只問是否為人所意識，當然不一定是預謀設計的。換言之，凡是計畫的政治社會化一定是顯性的，而顯性的政治社會化卻不一定是計畫的。顯性的政治社會化比計畫的政治社會化，所指涉的範圍要大。隱性的政治社會化，係指政治行為的定向及模式之形成過程是為人所不意識的。既為人所不意識，則必然屬於非計畫的。反之，非計畫的政治社會化，其過程卻可能為人所意識得到。這即是說，隱性的政治社會化一定是非計畫,非計畫的政治社會化不一定是隱性的。隱性的政治社會化比非計畫的政治社會化，所指涉的範圍要小。

　　由於影響一個人在政治行為上的定向及模式之形成，其因素是非常複雜的，甚至有些因素根本為人不可能意識得到的，所以任何社會中的政治社會化，不可能完全是有計畫的，必有其無計畫的成分。換言之，在一個實際的社會中，從事計畫的政治社會化之可能範圍，只限於對影響政治行為的因素可能了解的範圍。當其某些影響政治行為的因素尚不為人所了解時，當然無法利用這些因素去控制人的政治行為。

　　不過，從古至今，一切人類社會中，對於政治社會化的過程，或多或少都有人為計畫的一面。計畫的政治社會化，在人類歷史中，可說是極為普遍的現象。比如，西漢時代的中國，董仲舒倡導罷黜

百家獨尊儒術的政策；現代的蘇聯通過大眾傳播工具的控制及秘密
警察的監視，以保持馬列主義的絕對優勢，自然是計畫的政治社會
化之典型。其他，如像斯巴達及普魯士的軍事國民教育，英國及美
國的公民教育，以及一切尊君或愛國的思想之灌輸，也莫不屬於計
畫的政治社會化。此一類型的政治社會化，其共同的特點，是透過
人的預謀設計，以教育或宣傳作為工具，對個人的政治行為的定向
及模式，加以塑造的方式。換言之，計畫的政治社會化，是在既定
的政治理想之下，去塑造個體的政治信仰及政治人格，以適應此一
理想。因此，政治理想的選擇權及預謀設計的計畫權，是計畫的政
治社會化之關鍵，也是區別民主與獨裁的標準。凡是政治理想的選
擇權及預謀設計的計畫權，為一人或少數人所獨佔，即為封閉的政
治社會化，也是獨裁政治的基本特質。凡是政治理想的選擇權及預
謀設計的計畫權，其最後的基礎是大多數人通過自由討論的結果之
所在，即為開放的政治社會化，也是民主政治的最高特徵。

　　非計畫的政治社會化，乃指個人在獲取其政治上的行為定向及
行為模式時，是透過自然演化的社會過程而發生的，沒有任何外在
的人力去幫助他，也沒有一個既定的政治理想要求他去適應。比如
父母管教兒童的方式，如果過分嚴格，即可能使兒童成長之後，變
成一個趨向於獨裁政治的人，決定了兒童的政治定向。既然決定了
兒童的政治定向，當然發生了政治社會化的作用。但是這一後果，
既非其父母所願意，更非父母所預謀，乃是自然的，不知不覺之中
而發生的。因此，此種政治社會化，即屬非計畫的。再如，一個人
因為生長在一個自由的文化環境中，而使其養成了民主的人格。假
如自由的文化環境是自然而然產生的，並非透過預謀設計而造成的，
則此種政治社會化，亦屬於非計畫的。

　　在實際的社會中，計畫的政治社會化與非計畫的政治社會化，
都是普遍存在的。二者在影響人的政治行為上，都可能發生很大的

作用。不過，當其控制人類行為的相關知識及技術正在突飛猛進的時代中，計畫的政治社會化之發展，必會與日俱增。

第三個分類標準——政治社會化的形成關係，其義是根據形成政治社會化的關係來作為分類的標準。政治社會化的形成，必須有兩個不可少的方面。一方面是社會化者，另一方面是被社會化者。兩方面的關係，如果出現在上一代人與下一代人的關係之中，即是代間的政治社會化(intergenerational political socialization)。如果出現在同一代人的關係之中，則是屬於代內的政治社會化(intragenerational political socialization)。前一類可稱之為垂直的政治社會化(vertical political socialization)，後一類也可稱之為平行的政治社會化(horizontal political socialization) ⓮。

過去研究一般社會化的人，都直覺的認為：社會化的現象即是下一代人去學習上一代人的行為模式以適應社會的現象；社會化的現象，只在代間關係中才存在。因此，有些研究政治社會化的人，也受了這種觀點的影響，而認為政治社會化即是上一代人把政治文化傳遞給下一代人的現象。事實上，政治社會化的現象，並不一定完全屬於代間關係。同輩的關係，即同一代人之間，也可能互相影響其政治的行為定向及行為模式。比如，一個人因為參加某個同業團體，而決定了他的政治行為之定向，或者因為平輩同事的影響而改變了他的政治行為，都是很容易見到的現象。根據康波爾(A. Campbell)等人的研究，一個人的朋友們都是不去參加投票的，百分之九十的機會，他也是一個不投票者(non-voter) ⓯。即可證明一個人的政治行為，受到同輩的影響也很大。因此，關於政治社會化的現象，劃分成代間的及代內的兩類，我們認為有其必要。至少可使政治社會化的研究者，不至於忽略了應該研究的範圍。

⓮ D. Easton and J. Dennis, op. cit., p. 30.

⓯ A. Campbell et al., *The Voter Decides* (Peterson, 1954), p. 202.

以上，關於政治社會化的類型分析，我們已經根據三個分類標準，建立了六個類型。這六個類型，在任何時代的任何社會中，都可能被發現到。對每一個類型的認識，或多或少是可以增進我們對於政治社會化的了解的。

三、政治社會化的理論

現在，我們開始討論，關於政治社會化的一個比較更重要的問題，就是它的理論問題。一切的研究，必有一個理論興趣(theoretical interest)作為基礎。所謂理論興趣，簡單釋之，即是指研究的結果企圖解釋什麼現象，或說明什麼現象。政治社會化的研究，當然也不例外，一定有它的理論興趣。到目前為止，關於政治社會化，不論調查性的報告或評論性的作品，所顯示出來的理論興趣，是很不一致的。伊斯登(D. Easton)及丹尼斯(J. Dennis)，曾作了一個歸納的工作，將關於政治社會化的各種理論，分成三個類。第一類是分配理論(allocative theory)其義在指：政治社會化的研究乃是企圖解釋民主社會中的價值分配。第二類是系統維持的理論(system-maintenance theory)，其義在指：政治社會化的研究乃是企圖說明政治系統何以維持其穩定狀態的原因。第三類是系統持續的理論(system-persistence theory)，其義在指：政治社會化的研究乃是企圖說明系統的穩定及其變遷的原因❶。

本文關於政治社會化的理論問題之討論，除了以伊斯登及丹尼斯的分類作為主要背景之外，還準備在用語及劃分標準上略加變動。我們認為一切有關政治社會化的研究，所企圖解釋的現象，不論是明示的或隱含的，不外乎三個方面：第一是個體的政治行為，第二是政治系統的穩定現象，第三是政治系統的穩定及其變遷現象。對

---

❶　D. Easton and J. Dennis, op. cit., pp. 19–43.

於第一方面的解釋，可稱之為行為論。對於第二方面的解釋，可稱之為功能論。對於第三方面的解釋，可稱之為系統論。這三種理論，在現代政治學中都是被使用得很普遍的。我們只要對這三種理論稍加說明，再分析政治社會化與它們之間的關係，即可得知政治社會化的理論問題之所在。如此處理，也可說是將行為論、功能論及系統論，分別應用於政治社會化的研究之上。以下我們想要對這三方面的理論逐一的加以說明，並引申其涵義到政治社會化的研究上。

1. 行為論

政治學中的行為論，是從心理學的領域發展出來的，其主要目標乃在企圖說明形成政治行為的過程及其原因。心理學家列文(K. Lewin)對於人的行為之形成，曾以一個最簡單的公式表示出來。這個公式即是：$B=f(PE)$。B代表行為，P代表人，E代表環境，f代表函數。這一公式的意義，用一句話說，即指行為是人與環境之互動關係的函數 ❶。列文所指的行為，泛指一切行為，當然也包括政治行為。若以此一公式作為基礎，加以引申，亦可說明政治行為的形成原因。這個公式，指出人的行為包括兩個構成因素：一個是人，另一個是人所面臨的環境。兩個之中的任何一個有所改變，則產生行為的變化。這即是說，同一個人在不同的環境中可能產生不同的行為，同一環境之中，不同的人也可能產生不同的行為。比如，同一個人，當早上參加葬禮時，他感到悲傷，晚間出席喜宴時，他感到愉快；在不同的環境中，他有不同的行為出現。這是一般正常的成人，在文明的社會中，必然有的行為模式。可是，一個年幼無知的孩童，很可能在靈堂裏微笑，在喜慶時哭啼。一般成人與孩童之間所以有如此的差異，是因為成人與孩童的認知圖案(cognitive map)各不相同。一個人腦海中的認知圖案，代表他學習知識、評價標準、

---

❶　K. Lewin, *Principles of Typological Psychology* (McGraw-Hill, 1936), pp. 12, 30–36.

行為模式以及一切生活方式的總和。他對外在世界的刺激而產生的反應，莫不以其認知圖案作為根據。刺激所引起的反應，即是行為。因此，人的行為恆決定於他的認知圖案。若能支配他的認知圖案，就一定能支配他的行為；能了解他的認知圖案，就一定能預測他的行為。研究人的行為或者解釋人的行為，首要的是去探究這一認知圖案的形成過程及形成因素。探究一個人的認知圖案的必然途徑，就是去了解這個人的整個過去，包括一切學習過程及生活經驗。這種解釋人類行為的理論，其基本律則，是人在生活過程中先在的經驗決定了後現的行為。

　　對於認知圖案的形成過程及形成因素從事研究，即是研究學習過程及生活經驗如何決定了人的行為定向及行為模式。根據我們前邊對一般社會化涵義的了解，這種研究，當然就是社會化的研究。因此，我們可以說，在心理學中，社會化的理論即是解釋人類行為的理論。

　　政治社會化是一般社會化的一個次類。政治社會化的研究，也受到一般社會化理論的影響，而採納了行為論的理論設計。假定一個人的政治行為，與其他行為一樣，決定於他的認知圖案，只要了解一個人的認知圖案，即可解釋他的政治行為。控制了一個人在政治方面的認知圖案，即可支配他的政治行為。比如當南宋面臨亡之際，宋朝的大臣所面臨的環境完全一樣，但有的大臣順敵甚至投降，有的大臣，如文天祥及張世傑等，則寧死不屈，這兩類大臣在同一的環境下，具有不同的行為，其原因即在他們的認知圖案不同。投降者與忠義者，各有一幅不同的認知圖案。忠孝節義、民族正氣的觀念，對投降者的認知圖案發生的作用很淺，甚至根本不發生作用，對忠義者的認知圖案發生的作用很大，甚至內化到人格之中。因此，一個忠義觀念很深的人，當其面臨大難之際，必然不惜一死以安其心。再如一個選民的朋友都患有政治的冷感症(political apathy)，他

很可能是一個不投票者。因為他的認知圖案，通過朋友的影響，變成了不熱心於政治的人，而懶於去投票。這兩個例子，已經可以幫助我們了解到，一個人的政治行為之定向，是被其認知圖案所決定的。

一個人的認知圖案決定他的政治行為，同時一個人的認知圖案，又是通過他的學習過程及生活經驗而建立的，因此，政治的認知圖案，必決定於政治社會化的過程。政治認知圖案既是依賴政治社會化的過程而建立的，那麼政治社會化的研究，必然是解釋政治行為的先決條件。

政治社會化的行為論，即是肯定解釋人的政治行為，必須先了解人接受政治社會化的過程。根據此種理論，而從事政治社會化的研究者很多，其中最具有代表性的，即是格林斯坦(F. I. Greenstein)及海門(M. H. Hyman)。他們的基本假設，乃是人的政治行為係通過學習過程而獲取的。

2.功能論

政治社會化的行為論，只強調對個體的政治行為之解釋，至於政治社會化與政治系統之間，是否有關係？有什麼關係？則略而未論。因此，另外一些政治學者，如像亞蒙(G. A. Almond)、賽格(R. Sigel)及埃格斯坦(H. Eckstein)等，便採用了功能論的觀點，企圖以政治社會化來說明政治系統能否保持穩定的原因，而建立了政治社會化的功能論 ⑱。

---

⑱　G. A. Almond, "Introduction: A Functional Approach to Comparative Politics", in G. A. Almond and J. S. Coleman, ed., *The Politics of Developing Areas* (Princeton University Press, 1960), p. 27; R. Sigel, "Assumptions about the Learning of Political Values", *The Annals of the American Academy of Political and Social Science*, Vol. 361 (1965), p. 1; H. Eckstein, "A Perspective on Comparative Politics, Past and Present", in H.

　　功能論，在社會科學中的涵義，是相當分歧的。大體上說，所謂功能，乃指一個特定的整體活動(the total activity) S中的局部活動(a partial activity) X，對於整體活動S所產生的整合作用或依存關係⓳。比如，一個社會是一個特定的整體活動，社會中的宗教對社會而言即是局部活動。宗教對社會產生整合作用，即是宗教產生了社會功能。

　　依照此一關於功能論的簡單說明，便可推論到政治社會化與政治系統之間，亦可能具有功能關係。因為，政治系統是特定的整體活動，政治社會化是政治系統中的局部活動；假如政治社會化，對政治系統產生整合作用或維持作用，那麼，二者之間，必然具有功能關係。政治社會化的功能論，其基本假設就是根據一般功能論的觀點，而肯定政治社會化與政治系統之間有關係，而且是功能關係。這一基本假設是真或假，必須證明政治社會化對於政治系統是否產生整合作用或維持作用。如果證明政治社會化對於政治系統的確具有整合作用或維持作用，則這一基本假設就是真的；政治社會化的功能論亦隨之得以建立。

　　政治系統是社群系統的一個次級系統。它是以比較強制性的手段來達成社群系統的整合。政治系統對於社群系統而言，當然也是一個功能關係。不過，任何強大的政治系統，不可能完全靠武力，而長期維持其社群系統的整合。甚至於政治系統的自身，也不能純粹靠武力以維持其存在。遍察古今一切政治系統能得到比較長期的存在，莫不依賴於人心的歸順。所謂人心的歸順，若用政治社會化的術語說，即是社會中所有的構成分子，在政治上的行為定向及行

Eckstein and Apter, ed., *Comparative Politics* (The Free Press, 1963), p. 26.

⓳　A. R. Radcliffe-Brown, "On the Conception of Function in Science", *American Anthropologist*, Vol. 37 (1935), p. 397.

為模式，具有大致相同的傾向。「人心的歸順」，其義既是如此，那麼形成「人心的歸順」之動力，又必依賴於政治社會化的過程。因此，政治社會化對於政治系統的存亡關係至大。一個政治系統中，其政治社會化如果是成功的，則呈現穩定的現象，如果失敗，則呈現混亂，甚至解體的現象。在這樣一個通則的肯定之下，不僅使我們不能不承認政治社會化與政治系統之間具有功能關係的假設是真的，而且也使我們認識到政治社會化乃是解釋政治系統之所以穩定或解體的基本前提。

用一句話說，政治社會化的功能論，是一個肯定政治社會化與政治系統之間具有功能關係的理論，同時也是解釋政治系統其所以能夠穩定的理論。

3. 系統論

系統論與功能論，由於二者都重視系統概念，很容易引起一種錯覺，認為是二而一的。事實上，二者頗有差異。現舉兩個方面來幫助我們說明其差異之所在。第一方面是分析所涉及的範圍。功能論分析的對象，只限於系統的局部活動與整體之間的功能關係，系統之外的環境關係則非其對象。但是系統論，對系統內外的各種因素，都納入其理論的指涉之中，尤其重視環境因素與系統之間的關係。換言之，功能論涉及的範圍比較小，系統論涉及的範圍比較大。第二方面是解釋的範圍。功能論所企圖解釋的，只限於系統是否穩定的現象，而系統論，除此之外，還企圖解釋系統為何發生變遷的原因。因為不穩定的現象不一定就是變遷的現象。變遷的發生，可能由於不穩定而引起，但變遷常常是克服不穩定，而使其恢復正常的過程[20]。由於二者的既有差異，若以系統論的觀點應用到政治社會化上來，當可產生另外一種形式的理論化(theorizing)。倡導政治社

[20]　D. Easton, *A Framework for Political Analysis* (Prentice-Hall, 1965), pp. 88–89.

會化的系統論者，即是伊斯登及丹尼斯**㉑**。

　　系統論的基本理論型模，假定系統是在特殊時空中被約定的一個範圍，它有內在的功能關係及外在的環境關係，而且系統的內在與外在之間，具有輸入與輸出的互動作用。就一個政治系統而論，其系統的內在有三個主要的構成部分，第一是政治社會的成員，第二是制度化的統治機構，第三是政治權力的執行者。系統的輸入方面有兩類：一類是需求，另一類是支持。系統的輸出方面也有兩類，一類是決策，另一類是法案。輸入與輸出，即是系統內在與系統的環境之間的關係。輸出在環境中發生影響之後，亦可反饋而成為新的輸入成分，使需求與支持對於決策與行動的關係構成一交互影響的狀態。這一政治系統的型模，可以下圖表示出來**㉒**。

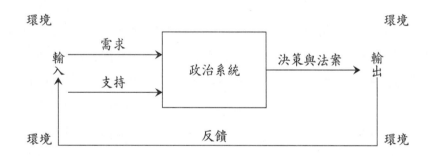

　　在這個型模裏，政治系統中的權力執行者，通過制度化的統治機構所作的決策與所採取的行動，必須配合社會的需求，才能得到社會的支持。社會對政治方面的需求，乃是依賴一般人在政治上的行為定向及行為模式而產生的。因此，政治系統的決策與法案，必須配合一般人在政治上的行為定向及行為模式，才可能得到普遍的支持。能夠得到普遍支持，政治系統則呈現穩定，反之，則呈現不

㉑　D. Easton and J. Dennis, op. cit., Chapter 3.

㉒　D. Easton and J. Dennis, op. cit., pp. 48–49; see also D. Easton, *A Framework for Political Analysis* (Prentice-Hall, 1965), pp. 111–112.

穩定。在不穩定的狀況達到相當程度，政治系統必然產生變遷，甚至發生革命。在如此的了解之下，政治系統的穩定或變遷的問題，即是政治系統的決策與一般人在政治行為上的定向及模式是否配合的問題。凡是配合的，必然是穩定，凡是不配合的，則發生變遷。既然政治行為上的定向及模式，對解釋政治系統的穩定與變遷，有如此重要的關係，那麼，形成政治行為的定向及模式的社會化過程，也必然是了解政治系統穩定及變遷的基本前提。因此，我們可以說，政治社會化的系統論，除了要求解釋政治系統的穩定現象之外，也企圖解釋政治系統的變遷現象。

關於政治社會化的三種理論，我們已經分別加以說明。大體上說，三者的解釋對象及解釋幅度，雖然不同，但有兩個方面，是三者共同肯定的。一方面是人的政治行為，必然受其政治的行為定向及行為模式之支配，另一方面是政治的行為定向及行為模式之形成，即是政治社會化所產生的結果。只有肯定了這兩方面，政治社會化，對個體的政治行為或政治系統的穩定變遷之解釋，才有其可能性。因此，這三種理論，不僅不是彼此排斥的，而且它們是建立在一個相同的基礎之上的。若根據此一相同的基礎，繼續作一理論的整合工作，必然可為政治社會化的研究帶來進步。

四、政治社會化的研究途徑

如何去研究政治社會化，也是很困擾人的問題。廣泛的講，政治社會化的研究途徑，與政治社會化的界說、分類及理論，必然具有不可分的關係。不同的界說、分類及理論，即會帶來不同的研究途徑。比如，當一個人界定社會化即為兒童學習如何適應社會的過程，則其研究的途徑便會集中在兒童。當一個人接受了代間的與代內的政治社會化之分類，則其研究便不會局限於上一代與下一代的

關係之中。對一個絕對的功能論者來說，政治社會化與政治系統變遷的關係，一定不是他的研究對象。如此說來，本文已經討論了的三個方面，無一不與政治社會化的研究途徑具有極密切的關係。但是，在此所要討論的研究途徑，只是就從事政治社會化的經驗調查時必須考慮的問題而言，並從廣泛的角度而著眼的。

政治社會化的研究途徑，恆隨著研究者考慮問題的角度而變。若對政治社會化的有關問題作一套有用的選擇，即自然而然的會帶來一套有用的研究途徑。關於政治社會化的有關問題，即是通過學習以形成政治的行為定向及行為模式之有關問題。這些有關問題之選擇，藍敦認為，可以完全借用拉斯威爾(H. D. Lasswell)為研究政治溝通(political communication)時所選擇的一套問題❷。這一套問題包括五個方面：一、誰學習？二、向誰學習？三、學習什麼？四、在什麼情況下學習？五、學習的效果是什麼？這五個問題所指涉的範圍，可以概括研究政治社會化的所有方向。若對這五個問題，分別作一說明，政治社會化的研究途徑自然會顯現出來。

1. 誰學習的問題

誰學習的問題，是企圖確立誰是被社會化者。在社會生活中，每一個人無時無刻不處於一種被社會化的地位。因此，被社會化者可泛指一切的個人，包括兒童及成人。比如當一個人從父母、師長、朋友以及一切可能的生活經驗，學習其政治的行為定向，他即處於一種被社會化者的地位，他即是學習者。政治社會化的研究，首要的就在研究這個具有學習者身分的人。只有從學習作為起點，才可能引發向誰學習、學習什麼、學習情狀以及學習效果的相關問題出來。學習者不僅僅指兒童或年輕的人，凡透過社會生活而改變了政

---

❷　F. I. Greenstein, "Political Socialization", in David Sills et al., ed., *International Encyclopedia of the Social Science*, Vol. 14 (Macmillan and Free Press, 1968), p. 552.

治的行為定向者，都是學習者。比如一個八十歲的老人，因為目睹
一次激烈的革命，而改變了他在政治方面的行為定向，即等於他向
這次革命作了學習。在政治社會化的研究上，學習者的涵義，既然
包括如此之廣，所以研究者在選擇學習者作抽樣調查時，所取的幅
度必須能代表一切的學習者。除了年齡、性別、宗教信仰、經濟生
活……一般因素之外，特殊的生活經驗或閱讀報紙的習慣，也必須
考慮到。

2.向誰學習的問題

廣義的講，足以影響人的政治定向及政治人格的一切因素，都
可視為被學習的對象。被學習的對象即是社會化者的一方。它可能
是人，可能是其他的事物，也可能是生活的經驗。它代表社會來同
化或影響人的行為定向及行為模式。像父母、師長、朋友、鄰居或
同牢的犯人……固然常常是被學習的對象。電影、博覽會、報紙、
書籍、革命情境……也無一不可成為被學習的對象。換言之，人們
獲取政治行為的定向及模式，有的是從別人的行為定向及模式摹擬
而來，有的是由於生活經驗的刺激而來，有的是接受正規的教育而
來的，所包括的範圍既不固定而又非常寬廣。政治社會化的研究者，
欲探究人的政治行為定向的可靠來源，只有就其現有的行為去追溯
他的整個生活史，才是取得可靠答案的唯一途徑。

3.學習什麼的問題

在分析了誰學習及向誰學習的問題之後，學習什麼的問題，便
比較容易了解。在前邊我們討論政治社會化的理論時，曾提到支配
人的行為的樞紐，是他腦海裏的認知圖案。這張認知圖案的構成成
分，都是通過學習過程而得來的。政治的認知圖案中，其構成成分
有兩個主要的部分：一是政治的行為定向，另一是政治的行為模式。
形成行為定向及行為模式的因素，又包括一個很寬的範圍，如像政
治知識、評價標準、意識型態、政治信仰……都屬於這一範圍。探

究這些因素，怎樣通過認知圖案而影響人的行為，是政治社會化研究的主要目標。

4.學習情況的問題

學習情況的差異，是從兩個方面而產生的，一是時間的因素，另一是意識的因素。政治的行為定向之學習，可能發生在兒童時期，也可能發生在成年以後。兩種不同時間的學習，即造成學習情況的差異。兒童時期的學習，雖然可能被後來的新學習所否定，但一般的情形，兒童時期的學習是根深蒂固，影響其行為定向很長遠的。除了時間的差異之外，意識的因素也會造成不同的學習情況。有一類的政治學習是明示的，學習者知道是屬於政治性的學習，另一類的政治學習，學習者並不意識其政治性，只隱含在其他文化學習之下而進行的。前者的學習情況是有意識的，後者的學習情況是無意識的。在無意識的情況下比在有意識的情況下所從事的學習，常常具有較高的效果。一個研究者，對政治社會化的探討，若能顧及學習情況的因素，必可選擇到更多的相關資料。

5.學習效果的問題

研究政治社會化的人，對學習效果的問題，最容易感到興趣。因為學習效果的問題，事實上即是政治社會化的效果問題。所謂學習效果問題，即指早期的生活經驗及學習經驗，對後期的行為傾向所發生的影響程度。影響的程度大，即是效果大，影響的程度小，即是效果小。研究學習效果的問題，就是把學習經驗與行為傾向之間的關聯性，作一經驗的調查。

通過上面五個問題的簡單分析，或多或少可以幫助我們了解到：從事政治社會化的研究途徑，所應顧及的因素，所應強調的重點，是寬廣而又複雜的；只有對於各種因素及重點，都加以密切注意，才可能對政治社會化從事有效的經驗調查工作。

結　語

　　政治社會化，在現代政治學中，是一個新的研究領域。1959年以後，關於這方面的調查報告或研究作品，雖然相當的多，但是，到目前為止，不論政治社會化的涵義問題、類型問題、理論問題、或研究途徑問題，沒有一個問題得到了普遍公認的答案。本文只是根據各種有關政治社會化的著作，對上述的幾個方面，作了一澄清的工作。在澄清的過程中，或多或少也提出了處理這些問題的新方向。

　　從學術的觀點看，關於政治社會化的研究，不僅對個人在政治上的行為定向及行為模式可以提供解釋的前提，而且為政治社會的穩定與持續之原因，亦可供給可靠的答案。從實際的觀點看，研究政治社會化所得到的通則，當可為實際的政治社會如何達成整合、統一及持久不墜，尋找到可以遵循的途徑。如此說來，政治社會化的探討，不論就理論方面或實際方面講，在未來的政治研究領域中，遲早會佔有一個重要的地位。

陸、心理研究法與政治分析

前　言

　　根據心理的觀點，從事政治現象的分析，有其很古老的起源。在西元前五世紀時，柏拉圖(Plato)認為人性中有理性、勇氣及慾望三種基本成分。當一個國家中理性成分強的人居於統治階級的地位，勇氣成分強的人居於輔助階級的地位，慾望成分強的人居於生產階級的地位，各適其所，則這個國家便是一個理想的國家。此種以人性分析作為基礎，對政治問題從事較具系統性的研究，可以說是使用心理研究法從事政治生活的分析之最早的範型。自柏拉圖之後，如像亞里斯多德(Aristotle)、馬基維利(N. Machiavelli)、霍布士(T. Hobbes)、洛克(J. Locke)、休謨(D. Hume)、穆勒(J. S. Mill)等最著名古典政治思想家，莫不重視人性與政治的關係。不過，十九世紀末期以前，由於心理的知識或人性的了解，太缺乏經驗的印證，其科學的可信度當然很低。因此，古典的政治分析中，雖不乏採用心理研究法的作品，但其內容與根據現代科學的心理知識而產生的政治分析比較起來，是相差得很遠的。作為一個獨立的學科看，心理學與政治學的起始時間很相近，二者都是在十九世紀末期才建立起來的獨立學科❶。當二者成為獨立學科之後，其間發生的科技關係才

---

❶　W. A. Robson, *The University Teaching of Social Sciences*: *Political Science* (Leiden: Published for UNESCO by A. W. Sijthoff, 1954), p. 22; R. L. Watson, *The Great Psychologists* (L. B. Lippincott Company, 1963), pp. 246–247.

是心理研究法在政治分析中扮演重要地位的階段。在本文中所要特
別討論的，也是這一階段。至於本文討論的幾個主要方面：乃是就
心理研究法在現代政治分析中的重要性、應用狀態、可能發展及其
困難之所在，分別作一系統的說明。

一、心理研究法在政治分析中的重要性

凡是根據心理的觀點，作為選擇問題及材料的標準，去研究人
及人的社會生活，即等於採用了心理研究法。心理研究法適用的範
圍是很寬廣的，不僅只有政治生活的分析才能適用。這裏所謂「心
理的觀點」，也包括了一個大幅度的選擇範圍。比如，霍布士(T.
Hobbes)以人的恐懼感及安全感兩個概念作為中心，來說明政府權威
之所以能產生的根源，固然是採用了心理觀點來分析政治現象的例
證。邊沁(J. Bentham)以趨樂避苦的心理習向，來說明建立政治社會
的基本原則，也是從心理觀點而出發的。拉斯威爾(H. D. Lasswell)根
據佛洛伊德的心理分析學(*Freudian Psychoanalysis*)解釋政治行為的
特點，當然更是屬於心理觀點的採用。其他如政治領袖的人格分析，
選民的動機分析，民族性的探討，極權社會的心理根源……這一類
的政治研究，也莫不是根據心理觀點而立論的。心理的觀點，其涵
義既然如此寬，心理研究法一詞的適用範圍，當然也會很寬廣。因
此，我們可以說，凡是運用心理的概念，如人性、人格、動機、態
度、自我中心……或依據心理學中的理論，如行為學派的理論、完
形學派的理論、分析學派的理論、學習理論、人格理論……去選擇
有關政治現象的問題及材料，而從事系統的研究，即是政治學中所
謂的心理研究法。在如此的意義之下，心理研究法在政治分析上的
應用，不僅有其悠久的歷史，而且有其特殊的重要性。

關於心理研究法在政治分析中的重要性，如要作一比較深入的

說明，必須先要對政治研究的題材有所了解。依照當代著名政治學家伊斯登(D. Easton)的論點，政治研究的題材可以分成兩大類。一類是根據制度的標準(institutional criteria)而選擇的題材，這一類的題材又可分成政府及國家兩個次類。另一類是根據功能的標準(functional criteria)而選擇的題材，這一類題材又可分成權力及決策兩個次類❷。換句話說，政治研究的題材，雖然涉及到一切人類的政治生活，可是從事研究時，必然是有選擇性的。已有的政治分析中，所選擇到的題材，大概不出乎上述四個方面：㈠政府，㈡國家，㈢權力，及㈣決策。對於這四個方面中的任何一方面從事研究，心理研究法都是不可忽略的。以下我想就這四個方面與心理研究法的關係，分別加以說明，並企圖顯現出心理研究法對政治分析的重要性。

1. 政　府

格拉賽亞(A. De Grazia)為界定政治現象一詞的涵義，曾如此說：「『政治的』即指圍繞政府決策中心所發生的事件而言。」❸從這句話中，可以幫助我們充分了解到政治現象與政府是不可分的，甚至是二而一的。因此，政府當然即是政治分析的主要題材。無論政府的意義如何分歧，我們認為所謂政府「即是為一個特定社會制定及執行法律的一群人及一套機構之組織體」❹，必可得到相當普遍的同意。政府一詞指謂的意義若是如此，那麼組成政府的最後單元必然是人，政府的過程必然是人們制定及執行法律的制度化行為。分

---

❷　D. Easton, "Political Science", *IESS*, Vol. 12, pp. 283–285.

❸　"Political, includes the events that happen around the decision-making centers of government." See A. De Grazia, *The Elements of Political Science* (Knopf, 1952).

❹　Government may be defined "as a body of people and institutions that make and enforce laws for a particular society." See A. Ranney, *Governing: A Brief Introduction to Political Science* (Holt, 1971), p. 183.

析政府的整個活動過程，如要稍微深入而觸及到問題的核心，便不能不探索到組成政府的人及這些人的行為。對人及人的行為作任何角度的分析時，必然的會強調人格的因素或心理的條件。根據這一簡單的推論，我們可以充分的看出，對政府過程的有效研究，或者政治現象的深入分析，絕對脫離不了人格因素或心理條件的探討。換言之，以政府作為政治分析的主要題材時，心理研究法的採用不僅是重要的，而且是不可避免的。如果政治分析，只是就政府在制度上的結構，或者規定在憲法及法律上的形式，作一些比較性的分類及條文性的討論，雖然也不失為一種研究，但是對政府的根本性質及實質影響則無從了解。事實上現代政治分析，在研究政府時，制度研究法固然未完全排除，無論如何，很顯然的也強調了其他各種研究法。這些研究法中，心理研究法便是很重要的一個。

　　2. 國　家

　　國家之成為政治分析的主要對象，在政治學中有其悠久的歷史。某些政治學家甚至認為政治學徹頭徹尾的即是研究國家的科學[5]。國家在實際的存在中究竟指的是什麼？有各式各樣不同的說法。在這裏我們只引述一個比較為一般政治學家所接受的界說，來幫助我們對於國家的了解。這個界說是由著名社會學家韋柏(M. Weber)所提出來的。韋柏說：「國家是一個特殊的組織，它的政府，在固定的領土範圍中，可以成功的要求合法使用物質力量之獨佔。」[6]此一簡單的界說，已經蘊涵了所謂國家的四個基本要素（人民、政府、領

---

[5]　R. G. Gettell, *Political Science* (Ginn, 1949), p. 19; J. W. Garner, *Political Science and Government* (American Book, 1928), p. 9.

[6]　M. Weber, *Essays in Sociology*, trans. & ed. by H. H. Gerth & C. W. Mills (Oxford University Press, 1953), p. 78. "A state is an organization whose government successfully claims the monopoly of the legitimate use of physical forces within a given territory".

土、主權）在其中，且清楚的顯示出國家之不同於其他人類社會的
特點，當然可以說得上是一個相當健全的界說。在這一界說中顯示
出，國家乃是以人作為組成單元的，而且它是人類社會中極富於強
制性關係的組織體。此種強制性關係是一種命令與服從的關係，當
其命令得不到服從時，命令的一方可以合法的使用物質性力量去強
迫的得到服從。這裏所謂「合法」，即是主權的表現，也即是服從的
一方面對命令的一方面行使權力時在心理上的認同而已。如此說來，
關於國家的現象，追根究底，不過是人際關係中，表現在命令與服
從之間的一種極富於強制性的互動行為。對此種極富於強制性的互
動行為作分析時，必然要透過人格的或心理的因素，才可能得到深
切的了解。過去有許多討論國家的研究，有時是把國家看成一個倫
理上的概念，有時是把國家看成一個公法上的概念，有時是把國家
看成一個制度化的機構，而根本忽略了國家是人際關係中的一種強
制性的互動行為，使我們對實際中存在的國家反而認識不清了。這
樣看來，以國家作為政治分析的主要題材，同時又肯定國家是人際
關係中的一種特殊的互動行為過程，則政治分析便脫離不了心理研
究法。

　　3.權　力

　　以權力作為政治分析的題材，在政治學中也是曾經被不少政治
學者所提倡。這些政治學家中，以卡特琳(G. E. G. Catlin)及拉斯威爾
(H. D. Lasswell)兩人最為著名 ❼。他們認為政治現象即是人際關係
中的權力現象，政治學的目標即是研究權力的形成、保持及分配。
關於權力的意義，道列(R. H. Tawney)曾如此說：「權力可被界定為
一種力量，此種力量即指一個人或一個團體，可以依照其自身的願

---

❼　G. E. G. Catlin, *A Study of the Principles of Politics*: *Being an Essay to-
　wards Political Rationalization* (Macmillan, 1930); H. D. Lasswell, *Poli-
　tics*: *Who Gets What, When and How* (McGraw-Hill, 1936).

望，去支配其他的人或團體。」❽此一權力的界說，在政治學中已經
得到相當普遍的同意。根據此種說法，權力即是人際關係中的支配
現象，它依賴人與人之間的互動行為而存在，並表示在互動行為之
中。沒有人際關係的存在，便無所謂權力之一物。權力的分析，事
實上即是在分析支配者（人或人組成的團體）與被支配者（人或人
組成的團體）之間所存在的一種心理狀態。因此，以權力作為政治
分析的主要題材時，心理研究法更是不可缺少的，也是很重要的。

　　4. 決　策

　　以決策作為政治分析的主要對象，乃是比較晚近的主張。此種
主張在現代政治學中已形成後來居上的地位。「政治即是制定政府政
策的過程」❾這一類的研究定向，已為二十世紀中葉的政治學界相
當普遍的採用。政治既然是指制定政府政策的過程，那麼政治分析
的主要題材也必然是政府的決策過程。政府的決策是一種權威性的
決策(authoritative decision-making)，其不同於一般性的決策，在於此
種決策既可約束整個的社會，又具有極高度的強制性。這即是說，
此種決策的約束力，其廣度及強度均比一般性決策要寬得多、高得
多。但是，政府的決策與一般性決策，在基本的特性上，則並無二
致。任何一個決策的形成其因素固然是多方面的，但是決策者的人
格及價值取向，決策者對現在所面臨的環境之了解，以及對未來事
物變化的想像，卻是最主要的因素。這些因素的研究與分析，便是
以決策作為主要對象的政治分析，所不可避免的。也即是說，以決
策作為政治分析的對象，人格因素的分析，心理條件的了解，是非
常重要的；心理研究法也是不可缺少的。

　　根據以上四個方面的簡單說明，政治分析的主要題材，不論是

❽　R. H. Tawney, *Equality* (Harcourt, 1931), p. 120.

❾　"Politics is the process of making government policies". See A. Ranney, op. cit., p. 5.

政府、國家、權力或決策，若稍加探究，每一個方面必脫離不了人及人的行為。對人及人的行為作任何分析時，也必然脫離不了心理的觀點。因此，任何類型的政治分析，稍一深入，或多或少必然需要採用心理研究法；心理研究法在政治分析的進行過程中，自有其不可忽視的重要性。

二、心理研究法在政治分析中的應用狀態

如上文所述，從古至今，採用心理觀點研究政治現象是很普遍的。如要對政治學中根據心理觀點研究政治現象的各種方式，在本文中加以全面的討論，當然是不可能的。在此，我們只想選擇兩個途徑來對心理研究法在政治分析中的應用，加以說明。一個途徑是心理學中重要學派的理論應用在政治分析中的狀態，另一個途徑是根據心理研究法分析政治現象的基本方式。

依照第一個途徑，心理學中重要學派的理論應用在政治分析中的狀態，大體上可分三個方面來說明。第一個方面是行為心理學派的應用，第二個方面是完形心理學派的應用，第三個方面是分析心理學派的應用。

行為心理學派的理論，是以巴夫洛夫(I. P. Pavlov)及華生(J. W. Watson)等人為代表。他們的基本假定是：一切行為的反應都是由刺激（包括驅使、暗示、懲罰、獎賞……）而引起的，如果將刺激加以條件性的控制，即可形成一種習慣性的行為反應模式。所謂人格，不過是透過學習的歷程而形成的持久的反應模式而已[10]。將此理論加以推演，政治人格，乃可根據人為的方式來塑造，使不同的人具有同一的政治人格，而產生同樣的政治行為。此種理論已由極權國家應用在控制人民政治行為的實際方面，或應用在思想清算及洗腦

---

[10]　R. E. Lane, "The Study of Political Personality", *IESS*, Vol. 12, pp. 15–16.

的控制活動中❶。最近十年來，政治社會化的研究也或多或少受到
學習理論的影響，並假定人的政治行為是從學習過程中得來，而非
天生的。更進而認為有計畫的政治教育，對一個人的政治人格之形
成多少會產生某些影響❷。

　　完形心理學派的理論在政治研究中的應用，比行為心理學派更
為普遍。完形心理學派是由衛特邁(M. Wertheimer)、柯夫卡(K. Kof-
fka)及柯勒(W. Kohler)三人所共同創建的。隨後即為列文(K. Lewin)
發揚光大。列文的理論對政治或社會的研究發生了巨大的影響。完
形心理學派最基本的假設，乃是認為一個擴展的事件，不論是經驗
或行動，皆不能用其部分事件的總和來說明❸。根據此一基本假設，
後來列文進一步發展出所謂場地論(field theory)，而提出生活空間
(life space)之說。所謂生活空間，包括了兩個構成部分，一個是人，
另一個是心理的環境。心理的環境，並非真實的環境，它只是人對
其真實環境所作的主觀上的了解及想像。人的行為，是人與其心理
環境之間互動關係的一個函數。換言之，當其對人與其心理環境的
互動關係有所確知，便可確知甚至預測這個人的行為❹。一個人的
一般行為既是如此形成，他的政治行為當然也是一樣而形成的。根
據列文的理論來分析政治行為，已有多方面的發展，其中最有成就
的研究有以下幾方面：如拉沙斯費爾及柏爾孫(P. F. Lazarsfeld & B.
Beralson)對投票行為及民意形成的研究，便是透過家庭、學校、衝

---

❶　R. C. Tucker, *The Soviet Political Mind* (Praeger, 1963).

❷　R. E. Dawson & K. Prewitt, *Political Socialization* (Brown, 1969), pp. 76–77.

❸　S. E. Asch, "Gestalt Psychology", *IESS*, Vol. 6, pp. 153–156.

❹　R. Lippitt, "Lewin, Kurt", *IESS*, Vol., pp. 268–269. See also K. Lewin, *Principles of Typological Psychology* (McGraw-Hill, 1936), pp. 12, 30–36.

突的認同、壓力團體、社會化過程等等複雜的人際關係，來說明選民的投票行為及公共意見的形成因素❶。康波爾(A. Campbell)等研究「美國選民」，也是根據選民與其心理環境的關係，來了解選民投票行為的定向❻。其他如政府的決策行為，政治意識型態，也不乏採用完形心理學派理論為分析工具的例證❼。

分析心理學派在政治分析中的應用，也是很普遍的。佛洛伊德的心理學或心理分析學，有前期與後期之分。前期的常稱之為佛洛伊德學派，以佛洛伊德為代表。後期的則常稱之為新佛洛伊德學派，可舉佛洛姆(E. Fromm)為代表。佛洛伊德的理論，主要是肯定人性中的「物我」(id)、「自我」(ego)、「超我」(superego)之間的衝突，這一無意識的過程，決定了早期的人格特性。並認為若要對人格作任何改變，必須追溯到早期的生活經驗。這種理論，在政治學中，早為拉斯威爾用來分析政治人的形成。拉斯威爾以為一個政治人，是先有其私人的動機，再將其私人動機轉化成為一個公眾的目標，然後再把公眾目標加以合理化，以期掩飾其私人動機❽。除此之外，應用來分析個別政治領袖的行為或人格，則更為普遍。新佛洛伊德學派，強調人際關係的情境，決定了人格的特性，並認為社會中的既存價值標準或行為模式可內化到人格之中。人格與社會的關係極為密切，當社會發生劇烈變遷時，個人的人格也隨之改變。依照佛

❶ P. F. Lazarsfeld et al., *The People's Choice*: *How the Voter Makes up His Mind in a Presidential Campaign* (Columbia University Press, 1944); B. Berelson et al., *Voting*: *A Study of Opinion Formation in a Presidential Campaign* (University of Chicago Press, 1954).

❻ A. Campbell et al., *The American Voter* (Wiley, 1960).

❼ R. C. Snyder et al., *Foreign Policy Decision-Making* (Free Press, 1962); R. E. Lane, *Political Ideology*: *Why the American Common Man Believes What He Does* (Free Press, 1962).

❽ H. D. Lasswell, *Psychopathology and Politics* (Glencoe, 1930), pp. 75–76.

洛姆的看法，現代人之逃避自由，或對社會及政治產生疏離感(alien-
ation)，完全是社會發生了劇烈變遷的後果 **⑲**。由於新佛洛伊德學派
本身很重視政治及社會生活的分析，故其在政治分析領域中發生的
影響，也比較大。現代政治學中，關於威權人格的研究 **⑳**、政治冷
感的研究 **㉑**、政治文化的分析 **㉒**，也常常是根據個人與社會或文化
之間的交互影響而立論的。

　　根據心理研究法分析政治現象的基本方式，是本文了解心理研
究法在政治分析中的應用狀態，所採取的第二個途徑。依照這個途
徑，也可分為三個方面來說明。第一個方面是個案分析的方式(sin-
glecase analysis)，第二個方面是類型分析的方式(typological analy-
sis)，第三個方面是總體分析的方式(aggregative analysis) **㉓**。

　　個案分析的方式，是以個別的政治行動者作為分析的對象。就
個別的政治人，不論選民或政治領袖，在其生活歷程中足以影響他
本人政治行為的因素，加以全面調查，以了解他在政治行為上的定
向及模式，進而認識他的整個政治人格。此種調查常常是對個別政
治人所屬的家庭、教會、學校、同伴團體、職業團體以及特殊的生
活經驗各方面從事了解，當了解這些生活經驗之後，再找出這些經
驗與他的政治行為定向及模式的因果關聯。進而形成解釋及預測其
政治行為的普遍假設。從事此種個案分析，有時是就一個特殊的政

⑲　　E. Fromm, *Escape from Freedom* (Holt, 1941).

⑳　　T. Adorno et al., *The Authoritarian Personality* (Harper, 1950).

㉑　　O. Riesman, *The Lonely Crowd*: *A Study of the Changing American Char-
acter* (Yale University Press, 1950).

㉒　　L. W. Pye, *Politics-Personality, and Nation-Building* (Yale University
Press, 1962).

㉓　　F. I. Greenstein, *Personality and Politics*: *Problems of Evidence, Infer-
ence, and Conceptualization* (Markham, 1969), pp. 14–25.

治人物作研究，如像喬治(A. L. George)研究威爾遜(W. Wilson)總統的政治人格❷，即屬於此類。有時是一個大量調查中對個別政治活動者的研究，如像藍茵(R. E. Lane)研究「政治意識型態」❷，及史密士(B. M. Smith)等人研究「民意與人格」❷，皆屬於此類。

　　類型分析的方式，是就一般政治活動者的一個或幾個心理因素加以強調，而建立起來的類型。此種類型可以幫助從事政治心理的研究者，在觀察、分類及解釋諸方面的推進上得到新的途徑。由於政治心理或政治人格，所涉及的因素過於繁多而又複雜，很難於從事直接的觀察而把握其特點或歸納其通則，若透過此種類型分析的過程，則比較容易得到有效的結果。類型分析在政治心理研究上的應用是相當普遍的。比如，亞多洛(T. W. Adorno)等人的「威權人格」之研究❷，羅卡奇(M. Rokeach)研究「開放的及封閉的心靈」❷，拉斯威爾區分「煽動家─行政家─理論家」的三類型❷，及克乃史泰(C. Christie)等研究「馬基維利主義」❸，莫不採用了類型分析的方式。

　　總體分析的方式，其分析對象，一方面是個人群集的總體在特殊的文化系統、社群系統及政治系統中，所表現出來的共同心理傾向及團體人格特質，另一方面是群體的心理需要與行為轉變對文化特性、社會結構及政治組織，所發生的影響及作用。換言之，總體

❷　A. L. George & J. L. George, *Woodrow Wilson and Colonel House*: *A Personality Study* (John Day, 1956).

❷　R. E. Lane, *Political Ideology* (Free Press, 1962).

❷　B. M. Smith et al., *Opinions and Personality* (Wiley, 1956).

❷　T. W. Adorno et al., *The Authoritarian Personality* (Harper, 1950).

❷　M. Rokeach, *The Open and Closed Mind* (Basic Books, 1960).

❷　H. D. Lasswell, *Psychopathology and Politics*, op. cit.

❸　R. Christie and F. Geis, *Studies in Machia Vellianism* (Academic Press, 1970).

　　分析乃是在企圖分析群體的政治人格與政治社會之間的交互影響。此種分析的基本假設是團體的政治人格與個人的政治人格具有區別，團體的政治人格並不等於個別人的政治人格之總和。總體分析的技術，多採用巨型現象的分析方法。這一類型的分析方式，多用在民族性的研究或群體的政治運動之研究上❸。

　　以上幾種分析方式，應用在政治心理或政治人格的研究上，彼此之間雖有差異，但並非各不相關。比如，個案分析在研究個別的政治行動者，而其中某些行動者有其相似之處，則自然的導向到類型分析，反之，一個既經建立的類型，又可幫助研究者尋找到有意義的個案，並發現個案的特性。這即是個案分析與類型分析可以彼此為用，相得益彰。類型分析，對於巨型現象的研究而言，常常是必然不可少的工具。因巨型現象無法作直接的有效觀察，可藉類型來作為比較的工具而達到觀察的目的，甚至可幫助巨型現象的分類。這即是類型分析對總體分析的幫助。團體的政治人格雖不等於個體的政治人格之總和，可是個體的政治行為常常可能對巨型的政治現象發生重大的影響，比方說卓越的領袖人物對一個國家所引起的變化，便是一例。由於這個原因，個案分析必有助於總體分析。反之，總體分析在研究文化系統、社會結構及政治組織與群體之間的交互影響時，其結果亦可幫助了解「文化－社會－政治」的環境對個人及類型所發生的影響。這又是總體分析對個案分析與類型分析的貢獻。總括起來講，三種分析方式，既各有其獨特性，又可互為工具而增進研究的效果。

---

❸　R. Benedict, *The Chrysanthemum and the Sword* (Houghton, 1946); G. Gorver, *The American People* (Norton, 1948); G. Gorver & J. Rickman, *The People of Great Russia: A Psychological Study* (Norton, 1950); J. O. Y. Gasset, *The Revolt of the Masses* (Allen & Unwin, 1930); W. Kornhauser, *The Politics of Mass Society* (Free Press, 1959).

三、政治人格的研究

　　根據以上有關心理研究法在政治分析上的重要性，及心理研究法在政治分析中的應用狀態，兩方面的討論中，我們可能或多或少的已經觸及到心理研究法與政治分析的關係，其中最重要的一個焦點，即是政治人格。不論採用什麼心理觀點，或借用什麼心理學派的理論，來分析人類的政治生活，都不能不通過政治人格這一焦點。換一個方式說，心理研究法在政治分析的應用上，只有以政治人格的概念，才能有效的整合各種心理觀點，而納入一個系統性的分析網之中。政治人格一詞在政治學中的出現雖然是最近的事，可是它很可能在政治學中的心理研究法之發展中，得到極為重要而又極為鞏固的地位。甚至政治人格的研究，也許在不久的將來就完全代替了政治學中的心理研究法。

　　政治人格一詞，依照藍茵的界說，乃指一個人「對政治刺激在習慣上所掀起的一套持久的、有組織的、動力的反應組合」 ❸❷。在這種意義下，政治人格可透過對於政治刺激的反應而得到觀察。既然可以觀察，當然適宜從事經驗性的研究。一個人對政治刺激的反應，即等於他的政治行為。因此，對某個人的政治人格之觀察，事實上就是對他所表現的政治行為作觀察。至於政治刺激，包括了人們面臨的整個政治場合，任何政治事件以及其他人的政治行為，都屬於政治場合的構成因素。同樣的政治刺激，對不同的人或同一人在不同的時間中，皆可能產生不同的反應。其所以有如此的現象，常常是由於社會的文化或政治的先在環境所決定。一個人對某一類政治刺激，作持久性的習慣性的相同反應，其根本原因必須追溯到他的生活歷程，以及文化環境、社會環境及政治環境對他所發生的

---

❷　R. K. Lane, "The Study of Political Personality", op. cit., p. 13.

影響。這些影響便是政治社會化的過程。也即是說，政治人格的研究，必須研究形成人格的社會化過程。分析至此，我們已經可以看出，政治人格的研究，密切關聯著政治行為、政治文化及政治社會化各方面。如以政治人格作為中心，當可形成一面分析網而作為分析政治現象的有效工具。同時，亦可看出以政治人格作為焦點的心理研究法，在政治分析上有其優異的地位。

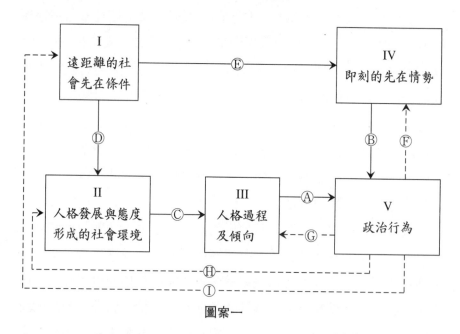

圖案一

　　政治人格的研究雖然如此重要，可是，經驗的系統的政治人格之研究，到二十世紀的中葉才算進入啟蒙的創始階段。其研究的途徑及戰略，也僅處於探索的狀態中。各式各樣的討論裏，1968年美國政治學家史密士(M. B. Smith)在〈人格與政治的分析圖案〉一文中，所提出的策略性設計，也許是最值得重視的途徑❸。

　　史密士提出的分析圖案，共有四個。以下根據每一個圖案，分

❸　M. B. Smith, "A Map for the Analysis of Personality and Politics", *Journal of Social Issues*, Vol. 24, No. 3 (1968), pp. 15–28.

別加以說明，來表現出人格分析與政治分析的關係。

　　「圖案一」是一個比較簡單的圖案，共分五區。第I區代表遠距離的社會先在條件，第II區代表人格發展與態度形成的社會環境，第III區代表人格過程及傾向，第IV區代表即刻的先在情勢，第V區代表政治行為。區與區之間的實線箭頭代表由因推果的途徑，虛線箭頭代表從果溯因的途徑。

　　第III區居於最中心的地區，產生政治行為的決定因素，與人格過程及傾向有極密切的關係。要了解人格過程及傾向，必須透過政治行動者所說所行的各種行為始可達到目的。要了解人格過程及傾向的成因，又必須透過社會的近因、遠因及其所面臨的情勢。因此，第III區在分析過程裏佔有中心的地位。

　　第V區代表政治行為的產生，即是指政策的制定、投票的決定，以及政治行動者的各種行為取向，其直接的決定性因素乃是人格因素及其面臨的情勢，而間接的因素則是影響人格的社會環境及影響即刻情勢的社會背景。對政治行為的分析必須涉及到另外四區，才會達到充分有效的地步。也即是說，必透過圖中A、B、C、D、E五個方面加以了解，才能得到政治行為的解釋。也只有透過對A、B、C、D、E五個方面狀況的了解，才能有效的預測政治行為的發生。不過，對政治行為從事解釋或預測，政治人格的因素都是很重要。第V區對其他四區的虛線箭頭F、G、H、I，則代表行為發生之後，追溯其成因的途徑。

　　在「圖案一」中，從心理研究法的觀點看，必然重視第III區，以及第III區對其他各區的關係。因此，還需要「圖案二」及「圖案三」，再作補充說明。

　　在「圖案二」中，乃是對第III區及第IV區作比較詳細的說明，並就第III區與第IV區的關係作進一步的分析。第IV區代表面臨的先在情勢，這一情勢中包括情勢場合中的規範條件，及其他情勢場合中

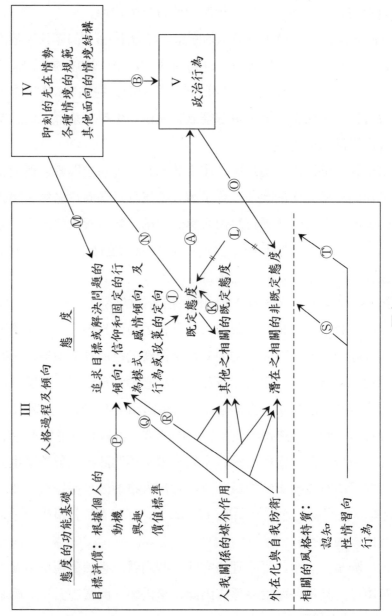

圖案二

的結構特點。所謂規範條件，即指一個產生行為的場合中，行為者常代表某種身分，並必須遵守某些規則。比如在政治行為的場合中，國會議員、行政官吏、選民……常係行為者所扮演的角色，每種角色也必須遵守一套行為的規則。議員立法、行政官吏執行法律、選民投票，這些行為都發生於不同的一組規則之中。這些限制行為的規則，就是面臨情勢中的規範條件。至於情勢場合中的結構特點，涉及的範圍更為寬廣，其變化的程度也更大。它包括了經濟的條件，地域的條件，競爭或合作的狀況……比如一個人競選市議員，他的財力，他的籍貫，他的競爭者及合作者，他必須先行考慮到。

　　在「圖案二」中的第III區裏，屬於人格過程及傾向的範圍，包含了兩個主要方面，一方面是態度，另一方面是態度的功能基礎。態度是人對於追求的目標或待決的問題所表現的傾向，如像信仰、固定的行為模式、情感傾向、政策或行動的定向，都屬於態度。這些態度，經常存在於人格之中，對於產生某一行為的「既定態度」，略有距離。一個產生行為的既定態度是對這一行為而言，它對行為的產生有直接的關係。而經常存在的態度，對既定態度雖發生影響力，但對行為的產生則非直接的。一個行為的產生，其既定態度可能不只一個，常常有多個相關的既定態度相隨而行，比如一個選民選舉總統，對他支持的總統候選人所持的態度，是既定態度。對其他總統候選人所持的態度，是相關的既定態度。對各總統候選人所屬的黨持有的態度，也是相關的既定態度。這個選民的投票並非單純靠一個既定態度而決定的，乃是同時根據相關的既定態度之參考而決定的。除此之外，一個行為的產生，還有一種潛在的非既定的相關態度，也可能發生影響。這種態度是行為者自身不意識的，但影響他的行為。比如一個選民去選舉總統，他對某個總統候選人之所以支持，除了他意識的原因之外，還可能是因為這個總統候選人的外貌像他的父親，而使其不知不覺的發生好感。這種不知不覺的

好感即是潛在的非既定的態度。

第III區中的另一方面是態度的功能基礎。態度的形成，常常被人格內在的因素所決定。這些決定性的因素即是態度的功能基礎。在「圖案二」中顯示的態度功能基礎，有四個方面：第一方面是目標評價，第二方面是人我關係的媒介作用，第三方面是外在化與自我防衛，第四方面是相關的風格特質。目標評價是指一個人選擇其行為的目標時，常常是根據他個人的動機、興趣及價值標準而作判斷的。很顯然的，一個人的態度之所以產生必定是為了滿足他的目標評價。而目標評價常因人而異，因此各人對事物所持態度也就隨之不同。人我關係的媒介作用，是指人們生存在各種社會情境中，接觸到各種團體生活，如家庭、學校、同伴團體、職業團體，所產生的各種人我關係。人在產生態度時，常常受到這些人我關係中的社會壓力之影響。比如，一個同伴團體中的朋友都對甲黨持友善態度，惟自己一人對乙黨持友善態度，則會受到很大的社會壓力。因此，一個人在形成其態度時，必然的會考慮到他的人我關係。此種考慮即是人我關係發生了媒介作用。人我關係的媒介作用，在政治態度的形成上，經過調查已證明是有相當大的影響力的❸。外在化與自我防衛，根據佛洛伊德的心理學，對於人的態度形成，也有其決定性的影響。比如一個政治人，他把他的私人動機隱藏起來，而化為公眾目標，並說了一套理由來支持此種目標，即是外在化及自我防衛的行為❸。人們要求外在化及自我防衛的心理滿足，也是決定態度形成的因素。相關的風格特質，是一個人在認知、性情、行為上長期培養成的獨特習向。此種習向對於態度形成，也有某種程度上的影響。比如，一個自大的人，在政治態度上，常有誇大或標新立異的可能；一個經驗論者，在政治態度上，則容易傾向現實

❸ A. Campbell et al., *The Voter Decides* (Peterson, 1954), p. 202.

❸ H. D. Lasswell, *Psychopathology and Politics*, op. cit., pp. 75–76.

主義。

在整個「圖案二」中，*M*、*N*、*O*三個箭頭代表第Ⅲ區與第Ⅳ區的因果關係，也即是說，面臨的先在情勢條件對態度的形成具有影響力。*P*、*Q*、*R*、*S*、*T*五個箭頭，代表態度的功能基礎與態度形成之間的因果關係。*J*代表常存態度與臨時的既定態度之間的因果關係。*K*代表既定態度與其他相關的既定態度之間的因果關係。*L*代表潛在的非既定的相關態度與既定態度之間的因果關係。「圖案二」主要是在說明人格內在各種因素影響態度形成的過程，並兼及第Ⅲ區與第Ⅳ區之間的關係。

以下再根據「圖案三」來說明第Ⅲ區與第Ⅱ區之間的關係。

從「圖案三」看，其主要的對象，在表示社會環境與人格之間的關係。社會環境的各種因素，對人格內在形成態度的功能基礎，具有決定性的作用。*U*箭頭代表社會環境中實際目標的特性，以及社會環境中足以改變人們之興趣、動機及價值觀念的情報，對於目標評價的影響。一個人的價值判斷、興趣或動機，並非天生的，乃是在有形無形中受到社會知識、社會習慣及社會文化的感染而形成的。*V*箭頭代表社會中重要參考團體所遵守的各種行為規範，決定了功能基礎中人我關係的媒介作用。這即是說，一個人態度的形成，常以他所屬團體中的規範作為重要參考。*W*、*X*、*Y*、*Z*四個箭頭，代表生活空間及社會化過程的經驗對態度的功能基礎所發生的影響。由於生活空間與社會化過程，包括整個生命歷程，故其影響遍及於態度的功能基礎之各方面。

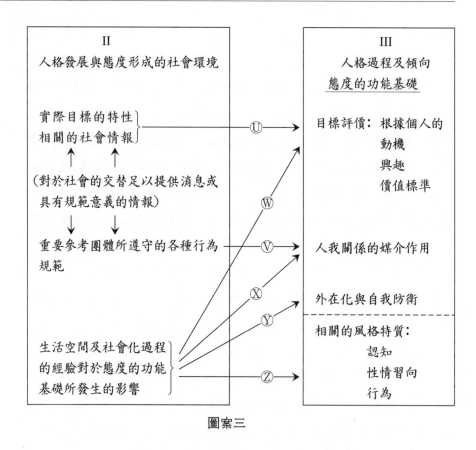

圖案三

當了解以上幾個圖案所代表的意義之後，再把「圖案二」及「圖案三」放進「圖案一」之中，則可變成新的「圖案四」：

「圖案四」裏面揭示的各區，其涵義已在「圖案一」中說明。所不同者是除了第V區之外，其他四區都有補助性的細節說明。從這整個圖示而論，根據政治人格的角度研究政治行為，所涉及的範圍及因素，實在是非常複雜而又難於把握的。如果依靠心理因素來解釋政治行為，抑或是借用文化或社會的因素來說明政治人格，都很容易犯錯，而且也很容易過分強調某一方面，而造成以偏概全。由此，無論是研究政治人格或發展心理研究法，在政治學中仍是一個需要長期努力的目標，這個圖示只不過指出了一個方向而已。

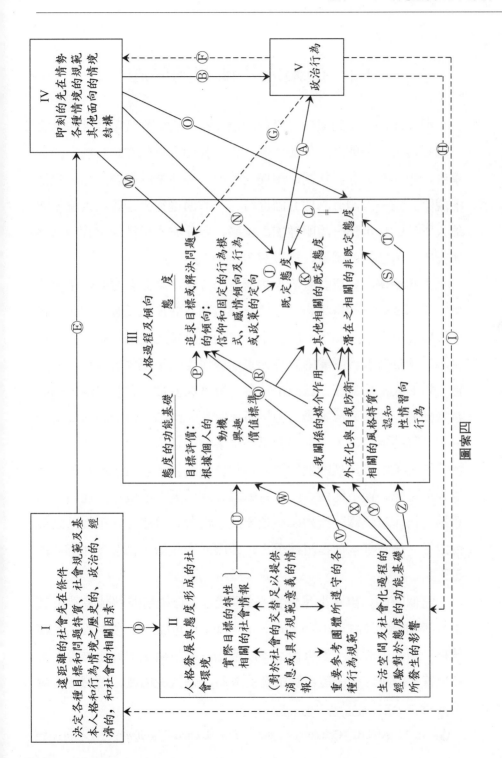

圖案四

四、政治人格研究的問題

關於政治人格的研究，對於政治分析的必要性及重要性，本文一直都持肯定的態度。無論如何，否定政治人格研究之意義的政治學者，也大有人在。在此，準備就政治人格研究的問題，作一澄清的說明。這一說明分兩個方面進行，一方面是從否定政治人格研究的人所持的理由作一說明並加以反駁，另一方面是經肯定政治人格研究的人所感到的困難，加以說明。

在政治學中，反對政治人格研究的立論，來自多方面。格林斯坦(F. I. Greenstein)曾把這些立論分為五類，並加以反駁❸。而在各種反對研究政治人格的立論之中，有兩種立論比較值得重視。一種立論是懷疑個人或團體的人格因素能夠決定政治現象的行程。持這種立論的人，認為歷史或政治社會的發展與變遷，有其自身形成的客觀動力，非個人或團體的力量所能左右。比如一個帝國的沒落，一次大戰的爆發，人為的努力是不可能發生任何阻止作用的。人影響政治現象的可能性既然趨於零，那麼，人格因素與政治現象之間的因果關係，便不能成立。二者的因果關係既不能成立，從而，以政治人格作為解釋政治現象或預測政治現象的可能性，也就隨之被否定了。這一基本前提已被否定，那麼研究政治人格還有什麼意義呢？

這個問題，事實上是個古老的問題。「英雄造時勢或時勢造英雄」，宿命論與意志論(determinism-voluntarism)之爭，在本質上就屬於這一類型的問題。如果從玄學的觀點，來討論這類問題是得不到任何答案的❸。從經驗事實的角度來看，個人的態度、理想、行為

---

❸　F. I. Greenstein, op. cit., pp. 34–62.

❸　E. M. Albert, "Causality in the Social Sciences", *Journal of Philosophy*

定向對整個歷史或社會發生的作用，有時是很有限的，有時卻相當大。比如列寧(V. I. Lenin)對蘇聯十月革命，就產生決定性的作用❸。希特勒(A. Hitler)對於第二次世界大戰的情勢，也發生了決定性的影響❹。一個單獨的政治行動者，對政治情勢的影響力，決定於政治社會的穩定或不穩定。穩定的社會中，個人的影響力小，不穩定的社會中，個人影響力大。同時個人的地位，在社會中所扮演的角色也很有關係，居要津的人影響力大，普通人影響力小。因此，個人或團體的力量是否可左右大局的問題，要視各種情狀而定，不可以偏概全。進而言之，所謂歷史或政治社會，如加以分析，它們也只是人及其行為交互影響的結果。歷史或政治社會的變遷，追根到底也是人們所作的各種決定而造成的。比如，第一次世界大戰之後，威爾遜以及其他許多政治家，都曾努力來避免再一次大戰的爆發，可是第二次世界大戰終究沒有被阻止。這只能說威爾遜及這些要求和平的政治家之理想、信念及努力，皆遭失敗。不能因此否定人的因素與政治事象無關。因為第二次大戰的爆發，也是希特勒、墨索里尼、張伯倫……以及其他許多政治人物的各種決定而造成的。分析第二次世界大戰爆發的因素，也一樣不能不追溯到當時那些政治人物的決定。對人們的決定作分析，便不能不涉及到人格因素。再如，一個帝國的沒落，常非人力所能挽回，在歷史上也的確屢見不鮮。但分析一個帝國沒落的原因，卻又不能不推及一批昏君庸臣的決策。這些昏君庸臣的決策或行為，也是人的因素，因此，不能否定帝國的沒落與人的因素毫無關係。討論到此，可以充分看出，任何政治現象或任何歷史事件，都是依賴人的行為及決定而產生的。脫離了人根本無所謂政治現象及歷史事件。分析政治或歷史必然涉

(1954).

❸　S. Hook, *The Hero is History* (John Day, 1943).

❹　A. Bullock, *Hitler: A Study in Tyranny* (Harper, 1960).

及到人的因素，對涉及到人的因素有關係的問題作深入討論，便不能不憑藉人格的了解。所以政治人格的研究，必然是政治分析的先決條件。不然，政治分析是不可能深入的。

　　另一個否定政治人格研究的立論，認為政治行為乃是社會環境及社會情勢的因素所決定的。因為政治行為的主體固然是人，而人的人格之形成都是社會環境所決定的。人格既為社會環境所決定，那麼直接從人所處的社會環境及情勢條件，即可推及他的行為，用不著去研究人格因素。

　　此種立論，根據前邊政治人格的分析圖案看，似乎頗有道理。心理學中早期行為學派的理論，也與此種說法相近。在"$S-O-R$"這一公式中，早期的行為心理學派，只就可觀察的"S"及"R"作研究，對"O"則略而不論，因為"O"是不能作觀察的。但是，當他們發現相同的刺激加諸於不同的有機體而產生不同的反應時，又覺得對於有機體的內在實有研究的必要。不然，對行為就無法作充分說明。這裏所謂的「有機體」，如果是人，則「有機體的內在」，即是指的人格。比如兩個人所處的社會環境、經濟地位完全一樣，當同時面臨一個革命爆發時，一個表示歡迎，而另一個卻表示厭惡。這即等於兩人所受的刺激雖相同，而反應卻不一樣。不一樣的原因，乃在二人的人格結構不同所致。因此，社會環境雖是決定人格形成的成因，可是社會環境的特性與人格結構的特性，並不是完全相同的。同樣的社會環境，對不同的人格結構所發生的影響，並不一樣❹。可見，解釋政治行為依然需要透過人格過程的了解，不能僅僅靠人們所處的社會環境及情勢條件，去求得解釋。

　　除了前邊所討論的兩個問題之外，另有一些政治學家雖然肯定政治人格研究的必要，可是他們卻認為在研究政治人格過程中可能遭遇到的技術性困難，是無法克服的。他們的理由是：在政治人格

---

❹　F. J. Greenstein, op. cit., pp. 36–39.

的分析圖案中，如態度、價值、信仰、自我防衛……這些人格特徵，都是不能觀察的項目。不能觀察的事物乃是科學拒絕作研究的對象。因此，政治人格的科學研究便沒有可能性。

　　這個問題，即是對價值從事科學處理的可能性問題，在社會科學中曾引起歷時甚長的爭論。到目前為止，一般社會科學家逐漸同意：價值、態度、信仰之類的人格特徵，雖然不能直接觀察，但是可作間接的觀察。所謂間接觀察，即通過人的行為及語言，可以間接了解到他所持有的價值、態度及信仰。比如，現代社會學及心理學中的許多研究方法，如訪問法、問卷法、局內觀察法以及人格或性向的測驗技術，都可用來幫助研究者從事觀察人格的特徵。至於現代心理學中的投射技術，深度訪問之類的方法，對潛在意識中的狀況，也或多或少的可以獲取到經驗的資料。因此，人格特徵的觀察問題，雖然困難，並不是沒有可能，隨著研究技術的進步，其可能性也會與日俱增。也即是說，政治人格的科學研究是有其可能性的。

結　語

　　心理研究法在政治分析中的採用，雖然歷時已久，可是此一研究法是否適用於政治現象的分析，在二十世紀的中葉依然處於爭論的狀態中。同時，經過長期的應用，此一研究法究竟產生了多大的效果，也有不少的政治學者仍持懷疑的態度。本文的基本論點有兩個。第一個論點是強調心理研究法在政治分析中的重要性，並認為此一研究法在現代政治學中已廣泛的被應用，其應用的效果雖不很大，而發展的可能性卻很強。第二個論點是第一個論點的延伸。在政治學中發展心理研究法，其關鍵決定於政治人格的有效研究是否可能。如果政治人格的有效研究是可能的，則心理研究法就有成功

的發展，反之，則很難有成功的發展。因此，本文特別著重政治人格的研究途徑及研究技術的討論。

　　政治人格的研究，在現代政治分析中，已漸漸得到重視。其研究的方向，也日趨顯明。如果政治人格的研究，一旦能達到相當高的程度，符合科學知識要求的水準，那麼政治現象的有效解釋，甚至政治行為的有效預測，便有實現的可能。提高政治人格研究的水準，除了需要政治學者的努力，還得強調科際研究的方向，因為政治人格的研究，必須涉及各有關學科的知識。這些知識要求政治學者完全具備，幾乎是不可能的。

柒、社會科學中的歷史解釋

前　言

　　關於歷史解釋的問題，就時間說，可以從當代追溯到古代的希臘；就範圍說，它同時屬於哲學、歷史學及社會科學諸領域。不過，對歷史解釋作深入的科學分析，乃是1936年以後的事。也可以說，關於歷史解釋的現代批評，是由於一位著名的科學哲學家波卜爾(Karl R. Popper)教授批評傳統歷史哲學及社會哲學而起端的 ❶。隨著他的批評，有許多史學家、科學哲學家及社會科學的方法學家，都逐漸對歷史解釋的科學分析發生了興趣,而形成了一個批評運動。這一運動，在進展的過程中，雖然也曾掀起不少的爭論，但一般人都承認歷史解釋的問題已經逐漸擺脫玄學的泥沼，而進入了新的科學階段。一般的講，這一運動，對玄學的歷史解釋之批評，是成功的；對科學的歷史解釋之發展，卻還有待不斷的努力。

　　本文乃以上述批評運動作為背景，企圖從社會科學方法論的角度，就歷史解釋的性質、類型及邏輯，作一系統的分析。並希望此一分析的過程能顯示出來兩個方面：一個方面是肯定唯有採用科學的解釋型模才可能發展出來真的歷史解釋，另一個方面是強調科學的歷史解釋有其高度的可能性。

---

❶　K. R. Popper, *The Poverty of Historicism* (London: Routledge & Kegan Paul, 1961), p. IV; J. W. N. Watkins, "Historical Explanation in the Social Sciences", in P. Gardiner, ed., *Theories of History* (Oxford University Press, 1959), pp. 505–506.

一、歷史研究與社會研究

從廣泛的意義說，凡一事物通過時間延續的變化即構成了它的歷史。如像英國的憲政，南非的種族迫害，古樹的成長，黃河的改道以及地球的形成，……透過時間的延續看，它們都有它們自己的歷史。這些無窮無盡的歷史事實中可以分成兩大類：一類是與人的行為有關的，即所謂社會史或文化史，另一類是與人的行為無關的，即所謂自然史(natural history)。雖然自然史已有不少的科學家從事研究，並且建立了有關的高度科學知識（如地質學、古生物學），但是，人類從事歷史研究的主要對象依然是社會史或文化史。因此，歷史一詞，在習慣的使用上，常常是指人類社會生活的過去；也即是指人類行為通過時間延續而構成的變化歷程❷。當歷史一詞，縮小了範圍，僅指謂人類社會生活的過去時，歷史研究與社會研究的對象是同一的，不可分的；它們都在研究人類的社會生活。不過前者的研究題材比較難於作人的直接訪問及事的直接觀察而已。我們用「比較上」來加以形容，乃因現代史學中所使用的「口述歷史法」及「實物鑑定法」，或多或少，與社會科學中的「問卷法」及「局內觀察法」有其相似處。如果再將「過去」一詞的界說擴至極端，昨天國會中的演說，甚至一秒鐘以前的訪問談話都屬於過去，那麼過去與現在之間便失卻了明確的界線，我們更可說歷史研究與社會研究的對象是同一的，不可分的。

歷史研究與社會研究，在題材選擇的對象上，是沒有差異的，它們的差異是由於它們的目的及它們陳述的方式不同。歷史研究的

❷　J. H. Randall, "History and the Social Sciences", in P. P. Wiener, ed., *Readings in Philosophy of Science* (New York: Charles Scribner's Sons, 1953), pp. 310–311.

目的是描述歷史事實，並指出某一特定時空發生的歷史事實有一些
什麼前因和後果；社會研究的目的是從各種不同的時空搜集某一類
相同的社會事實（包括歷史事實），抽離其特點，以建立通則(gener-
alization)或定律(law)。歷史研究是從個別歷史事實的因果關聯去「重
建過去」(the reconstruction of the past)的一種工作；社會研究是從人
類行為的觀察去建立通則的一種工作。歷史研究注重特定的時空，
因此歷史的著作中，幾乎全都是單稱陳述(singular statement)，行文
之間充滿了人名、地名及年代；社會研究強調普遍的通則及定律，
因此社會科學的著作中，多屬於全稱陳述(universal statement)，就是
偶然提到特定的人物、地點及年代，也少而又少❸。

　　歷史研究與社會研究，雖有目的及陳述上的不同，但不論在題
材的選擇、處理及解釋各方面，二者都有相同處及互相依賴的層面。

　　社會生活或人類行為的交互影響是歷史研究及社會研究共同的
對象，已如前述。而社會生活包括了一個廣大的領域，不論社會研
究與歷史研究都不可能研究有關社會生活的一切事實，都只能選擇
一部分，甚至極有限的部分來從事研究。因此二者的研究起點必然
都是選擇性的。

　　這裡導引出另一個問題，那就是選擇的標準。在實際的狀況中，
一個史學家或社會科學家選擇題材可能基於多方面的原因，也許是
民族的光榮、社會的壓力、政治的使命，甚至個人的偏見。但是，
他的選擇也常常是被既存的社會理論所決定，甚至被自然科定的理
論所影響。比如達爾文的進化論，佛洛伊德的心理學，人類學中的
功能分析，行為學派的理論，都曾在社會或歷史的研究領域中發生
了巨大影響。這些理論都曾使歷史的研究者或社會的研究者，揚棄
了某些舊的題材，增進了某些新的題材，甚至發現了某些從來不曾

❸　E. Nagel, "The Logic of Historical Analysis", in H. Feigl and M. Brod-
　　beck, ed., *Readings in the Philosophy of Science* (Appleton, 1953), p. 696.

想像得到的題材。社會理論如何影響了社會科學家或史學家，有許多例證可述。這裡讓我們舉一兩個，就可想見一般了。過去的史學家，不論中國的或外國的，他們都只強調社會生活中的政治現象，似乎朝代史或帝王家譜史即等於歷史的全部，但民主學說及經濟理論在社會研究中日益得勢之後，他們強調的題材也就面目全非了。老式的社會科學家只注重制度的結構，法律的條文或者思想家的言論，在心理學的理論或行為學派的理論日益普遍之後，社會科定選擇題材的範圍便擴大到人的行為方面，甚至用「深度訪問」(depth interview)或「投射技術」(projective technique)的方法，從人們的潛意識中去索取資料。

　　理論決定題材，不僅在社會或歷史的研究中如此，就是在自然科學中也是一樣。自然現象的研究也非研究一切的事實，而只是根據研究者的興趣及觀點選擇其中的一部分來從事研究。不過研究者的觀點常常被他所接受的科學理論所決定，研究者的興趣也或多或少被既存的理論所左右❹。因此，事實一詞，在科學的領域中，有其特定的意義。我們可以說:「事實乃是根據理論的興趣對真實的一個特殊安排。」❺如此說來，又逼出了另外一個問題，那就是一面肯定理論決定事實，一面又不得不承認一切經驗科學的理論必須依賴事實才可能建立，其中必存在著一個問題──究竟是誰先決定誰?這個問題是很難答覆的，類似雞與蛋的先後問題。普通稱為科學研究過程中的循環。不過，我們可以說，理論在選擇事實的過程中所扮演的角色只是一個假設的地位，有時選到的新事實可用來支持既存理論的發展，有時選到的新事實卻否定了既存的理論。在沒有系

---

❹　K. R. Popper, *The Open Society and Its Enemies* (The Princeton University Press, 1945), pp. 443–445.

❺　"A fact is a particular ordering of reality in terms of a theoretical interest.", D. Easton, *The Political System* (Knopt, 1953), p. 53.

統的理論之先，這一假設的地位乃由常識性的通則來替代。因此，一般科學家都承認，最高的科學理論的最早起點依然是常識，便是這個道理。

　　沒有理論或常識性的通則作為選擇事實的憑藉，不論自然研究、社會研究或歷史研究，便不可能選擇到有意義的事實，也不可能從混亂的個別事實中整理出秩序來，甚至還可能面對重要的事實也如盲人一般。如此說絕非誇大，一個物理學史上的平常例證，就可說明這個道理。觸發牛頓想到地心引力原理，據說是由於他看到一枚熟蘋果自然從樹上墜落的事實。但是，千千萬萬生長在蘋果園中的人，都可能無數次的看到熟蘋果自然落地的事實，為什麼唯有牛頓能把握這一事實，並發現這一事實的重大意義呢？這就是因為牛頓對古典物理學及天文學的理論具有高深的了解。而且我們也可以斷言，如果牛頓沒有這些理論作為憑藉，他也只可能像其他千千萬萬的人一樣，看到蘋果落地，只視為當然，或者因而聯想到人生的無常，作一些詩意的情緒反應而已。

　　題材的選擇或事實的建立是社會研究及歷史研究的一個重要步驟，但絕不等於一切的研究過程。發現事實與事實之間的因果關聯，或者解釋事實為何發生的原因，是另一個重要的步驟。

　　但我們常常發現一個很奇異的現象，那就是有些歷史學者認為史學只是純粹的描述學科，並不需要解釋。如果此一說法為真，史學與真實的新聞報導或可靠的年鑑編造便沒有什麼區別了。題材的選擇及事實的考據在歷史研究中固然重要，有其不可或缺的地位，但純粹的考據工作所得的結果必須加以發展，才可能成為完整的史著，才可能達成歷史研究的目的。比如十七世紀法國的大考據家戴列蒙(Le Nain de Tillemont, 1637–1698)曾搜集許多有關羅馬帝國各位皇帝的資料。先通過考據工作選擇了其中最可靠的一部分史料，然後編成羅馬帝國的年表。此一年表當然是一種歷史研究，但卻非

完整的史著。到了十八世紀英國著名史學家吉朋(E. Gibbon, 1737–
1794)根據戴列蒙的考證，加上他自己的解釋設計，敍述羅馬衰亡的
原因及其演變的因果關聯，才算發展成為完整的史著❻。這一例證
即充分說明了考據學與歷史學在歷史研究中的地位及關係，也說明
了解釋是歷史研究的重要步驟。

　　僅以純粹的考據工作而論，也不是絕不需要解釋。比如考據家
使用古文字學、錢譜學或注疏學，先製作假設，從一個字或一枚古
錢去考證歷史事實。這種考證過程與科學上的解釋並無差異。

　　從另外一個角度看，任何一部歷史著作中，都使用「因此」、「由
於」、「所以」、「結果」、「原因」……這類字彙。這些字彙代表的意
義，就正說明歷史研究中已經使用因果法則，所研究的正是事實與
事實或行為與行為之間的因果關聯。納格(E. Nagel)在〈歷史分析的
邏輯〉一文中也曾明白指出：「由於史學家不情願做一個往事的編錄
者，並企圖根據往事的因果去了解及解釋已經被紀錄的人類行為，
很顯然的，他們必須借用信以為真的因果法則作為依據。簡單說來，
史學並不是純粹的紀事學科。」❼

　　不僅有些史學家不承認歷史研究需要解釋工作，就是在社會研
究的範圍內也有不少忽略解釋的例證。一位著名的政治學家浦萊士
(J. Bryce, 1838–1922)便是事實主義者(factualists)的一個代言人。他
曾說：「研究所需要的第一是事實，第二是事實，第三還是事實。只
要事實一經到手，我們任何人都會從事作推論。」❽他所說的「推論」
即等於解釋的意義。其實解釋是一切經驗科學很重要的一個目標。

---

❻　G. Salvemini, *Historian and Scientist: An Essay on the Nature of History and Social Sciences* (Harvard University Press, 1939), Chapter II.

❼　E. Nagel, "The Logic of Historical Analysis", in H. Feigl and M. Brodbeck, op. cit., p. 689.

❽　J. Bryce, *Modern Democracies* (Macmillan, 1924), 2 Vols., Vol. I., p. 21.

從事解釋也不如浦萊士所想像的那麼容易。對一個事物從事解釋，不僅要以既存的通則及相關的先在條件作為解釋前提，而且還要去檢查解釋是否可能及解釋前提是不是具有經驗的內容。不如此，便會鑄成錯誤或者成為假解釋(pseudo explanation)。

根據以上的討論，我們已經可得到兩個了解。一個是歷史研究與社會研究的相異處，即前者以描述事實及建立事實與事實之間的因果關聯為目的，後者以抽離相關事實的特點並建立通則或定律為目的。另一個是歷史研究與社會研究的相同處，即二者都屬於經驗研究的領域，不論在研究的對象上、題材的選擇上、解釋的需要上及理論的依賴上都是一樣的，都與一般經驗科學的研究具有某些共同的基礎。

如果從歷史研究與社會研究的相異處及相同處，作進一步的分析，更可發現二者具有某些依存關係。

歷史研究在題材的選擇及因果解釋的建立上脫離不了理論（包括通則、定律及原理），而歷史研究又不以建立理論為目的。因此，歷史研究不能不借助於社會研究的結果。這便是歷史研究必須依賴社會研究的方面。反過來說，社會研究之建立理論乃在企圖解釋不同時空中的人類行為，而理論的建立必須依賴事實，沒有社會事實的驗證，便不可能建立社會的理論。因此，社會研究不能不憑藉歷史的事實。這便是社會研究必須依賴歷史研究的方面。同時，一個既存的社會理論，當歷史學家用來作為解釋歷史事實的前提時，常常就是此一理論的考驗。一個解釋力(explanatory power)強的理論就是鞏固的理論，一個解釋力弱的理論就是脆弱的理論。社會理論可以提高歷史解釋的水準，歷史解釋亦是修改社會理論的途徑之一。

歷史研究與社會研究既有如此密切的依存關係，而且歷史解釋，不論在歷史研究或社會研究中，都佔有一個重要的地位。如果從社會科學方法論的角度，繼續對歷史解釋的問題作更深入的分析，也

許對歷史研究及社會研究都可能產生某種程度上的幫助。

二、經驗科學中的解釋型模

　　歷史解釋一詞，在英文中既可用"interpretation in history"，也可用"explanation in history"，而且常常沒有限制的互用。其實二者的用法可以作如下的劃分：前者要求了解整個歷史的意義與價值，富於玄學氣氛，與普通所謂的歷史哲學同義；後者只企圖說明個別歷史事實之間的因果關聯，與一般經驗科學中所謂的解釋相同 ❾；前者在本文中相當於「玄學的歷史解釋」或「全體論的歷史解釋」，乃是要批評的一種對象。後者在本文中相當於「科學的歷史解釋」或「個體論的歷史解釋」，乃是要發展的一種對象。不論「批評」或「發展」，都必須先建立一個標準。這個標準就是在一般經驗科學（如物理學、化學、生物學、地質學……）中已經使用得很有成就的解釋型模(explanatory model)。

　　其所以採用這一標準，乃基於接受一項假設。即人理科學（以研究人和人的社會為對象，如歷史研究、社會研究都歸屬此類）及物理科學（以研究自然為對象）都是經驗科學的次類。二者研究的對象雖然不同，但他們企圖根據科學方法以建立科學知識並無二致。皮耳遜(K. Pearson, 1857–1936)就曾說過：「科學的範圍是無限的；它的題材也是無窮的，自然現象的每一個組，社會生活的每一個面，歷史發展的每一個階段，無一不是科學研究的題材。科學的統一性是成於它的方法，而非它的題材。」❿皮耳遜的這段話，一方面肯定

---

❾　C. Frankel, "Explanation and Interpretation in History", in P. Gardiner, ed., op. cit., pp. 408–427; C. G. Hempel, "The Function of General Law in History", ibid., p. 345.

❿　"The field of science is unlimited; its material is endless, every group of

自然現象、社會生活及歷史事實都可以作為科學研究的對象，另一
方面指出人理科學與物理科學都是以同樣的科學方法為基礎的。到
了1934年之後，由於維也納學派的推動，最近三十年，出現了各式
各樣的「科學統一」(the unity of science)會議❶。每次會議都是當代
各門學科具有代表性的科學家或哲學家所組成。經過這些會議的討
論，經驗科學之具有共同的基本方法❷已得到一致公認，而且並肯
定人理現象之適合應用經驗科學的基本方法與物理現象並無不同。
如果皮耳遜及當代「科學統一」運動的論斷不錯，那麼，我們利用
一般經驗科學的解釋型模來衡量那一類歷史解釋是真的，那一類歷
史解釋是假的，便是很可採行的方式。

　　經驗科學的解釋型模是根據各種經驗研究的實際狀況中而抽離
出來的。為著了解的方便，可把此一解釋型模分成兩個層次來說明。
低層次的說明比較簡單，高層次的說明比較複雜，先通過低層次的
說明，再進入高層次的說明，了解起來便容易得多。

　　從常識看，「解釋型模就是以『因為』性的答案去回答『為何』
性的問題之形式(the form of a "because" answer to a "why" ques-
tion)」。比如當我們散步時，看見張某打王某。我們心目中可能浮現
一個問題：「張某『為何』打王某？」如果我們對張某未開始打王某
之前的狀況及其彼此之間的關係一點也不知道，我們便不可能回答
這個問題。也就是說不可能對這發生的事件有所解釋，頂多只是猜

---

natural phenomena, every phase of social life, every stage of past or
present development is material for science. The unity of science consists
alone in its method, not in its material." K. Pearson, *The Grammar of Sci-
ence* (London: A. & C. Black, 1911), p. 78.

❶　R. Y. Grinker, ed., *Toward a United Theory of Human Behavior* (Basic
　　Books, Inc., 1957), Preface.

❷　A. Wolf, *Essentials of Scientific Method* (Macmillan, 1945), pp. 10–15.

測一些原因。如果我們在張某打王某之前，已看到二者吵架並且聽到王某辱罵張某，我們便可能立刻對我們心目中的問題有個回答：「『因為』王某辱罵張某。」這個回答即是對所發生的事件有了解釋。

這個例子的解釋顯然符合上述的解釋型模。不過，這一解釋不一定充分或健全，即「王某辱罵張某」不一定是「張某打王某」的充足原因。第一、因為張、王二人的先在關係，我們並不充分了解。比如，當「王某辱罵張某」時，若不是張某同時想到王某也曾欺騙過他，他便可能不會打王某。第二、因為我們以「王某辱罵張某」是「張某打王某」的原因，我們已經無意識的引用了一項常識性的通則，即「罵人者人恆打之」。這一通則顯然經不起證明，一個信奉「唾面自乾」的宗教家，當一個人罵他時，他就不會去打那個人。既然這一通則有例外，便不可能從「王某辱罵張某」邏輯的推論到「張某打王某」。

如果要使這一解釋變得更充分更健全，我們必須對這一發生事件的先在條件及同在條件，加以補充的說明，並對解釋所依賴的全稱假設有一個可靠的經驗的檢證；後者尤其重要。科學的解釋其所以比常識的解釋健全，主要的原因是科學解釋所依賴的全稱假設常常是經過反覆驗證的科學定律，而非常識性的通則。

到此，關於經驗科學中的解釋型模，從低層次的說明看，即是對於一個已經發生的事件，尋找它為什麼會發生的原因。這一「找尋」的過程中，有兩個主要的方面最重要。第一就是發生事件的先存條件，第二就是解釋所依賴的全稱假設。這裏所謂的全稱假設，在科學的解釋型模中，常常即是指的通則、定律或原理。本文以下用的「全稱假設」一詞，即指解釋過程中所引用的通則、定律或原理。

上述例子只是一個非常簡單的事件，但照著解釋型模來從事解釋時，已經看到困難重重。可能有人會認為此一解釋型模不能用到

歷史上，因為歷史事件太複雜。採用科學的解釋型模到歷史研究上，的確是不容易的。比如「1917年4月2日美國對德宣戰」是一個歷史事件的發生。企圖解釋這一歷史事件的發生其所以難，一方面是不易引用通則，另一方面是先在條件太複雜。就是一般史學家以「德國無限制的使用潛艇政策」去解釋美國宣戰的原因，我們也很難對這一解釋根據解釋型模重建一個解釋論證。但我們認為某些自然現象也並不一定比社會現象更簡單，自然現象可以適用的解釋型模，也有適用於社會現象的可能。而且解釋型模的性質不同於望遠鏡或顯微鏡之類的技術方法，其應用的範圍當不受技術方法一樣的限制。再進一步說，兩個國家之間的戰爭與兩個人的互毆，在性質上是完全一樣的現象，既可解釋兩人互毆的現象，就可解釋兩國戰爭的現象。至於複雜程度的差異只帶來難易問題，而不產生能不能的問題。

　　當我們對科學的解釋型模，從低層次的說明方式，作了一理解之後，以下再從高層次的說明方式來作一個較深入的理解，使我們對解釋的性質及邏輯有更進一步的認識。

　　經驗科學中，自然科學的解釋最有效準。但自然科學之有今日的光景，也是從黑暗的歲月中才掙扎出來的。據十九世紀一位英國科學史家惠衛爾(W. Whewell, 1794–1866)的研究，近代自然科學從近代以前的自然科學區別出來，是1600年以後的事。此一區別的關鍵是：近代以前的自然科學，以一個沒有經驗基礎的一般原理(general principle)去解釋個別事實(single facts)。近代的自然科學卻以感覺經驗歸納而成的一般原理去解釋新出現的個別事實❸。在這兩個不同階段的科學中，解釋雖然都用一般原理，但前者的原理是先驗的，後者的原理才有經驗上的可證性。也可說前者是玄學性的解釋，後者是科學性的解釋。可見真正科學性的解釋是在近代才出現的，

---

❸　W. Whewell, *History of the Inductive Sciences* (London, 3rd ed., 1857), Chapter 1.

經過三個多世紀的發展才有今日的成就。科學愈進步，關於科學的結構及特性的探討，也會日新月異。經驗科學中的解釋型模，在二十世紀的中葉，是很受一般科學哲學家注意的問題之一。這些科學哲學家中，有四位最具代表性，即波卜爾(K. R. Popper)❶、納格(E. Nagel)❶、漢培爾(C. G. Hempel)及布賴斯維迪(R. B. Braithwaite)❶。本文希望用最簡單的方式來說明科學的解釋型模，因此只以漢培爾及阿本海門(P. Oppenheim)合著的〈解釋的邏輯〉一文❶作為基礎。以下所介紹的解釋型模，就是根據〈解釋的邏輯〉一文而來的。

　　一個科學的解釋由兩個部分所構成：一個是解釋項(explanans)，另一個是被解釋項(explanandum)。解釋項又包括兩個類：一類是一組先在條件的陳述 $C_1, C_2, ..., C_k$；另一類是一套普遍定律（即全稱假設）$L_1, L_2, ..., L_r$。被解釋項是企圖解釋的經驗現象之描述 E。從解釋項可以邏輯的演繹到被解釋項。

　　以上所說，可用下列圖示表明：

❶　K. P. Popper, *The Logic of Scientific Discovery* (Hutchinson, 1959), pp. 59–77; *The Open Society and Its Enemies* (Princeton University, 1945), pp. 445–452.

❶　E. Nagel, *The Structure of Science*: *Problems in the Logic of Scientific Explanation* (London: Routledge & Kegan Paul, 1961).

❶　R. B. Braithwaite, *Scientific Explanation* (The Press of Cambridge University, 1953).

❶　C. G. Hempel and P. Oppenheim, "The Logic of Explanation", in Herbert Feigl and May Brodbeck, ed., *Readings in the Philosophy of Science* (New York: Appleton-Century-Crofts, Inc., 1953), pp. 319–352; cf. C. G. Hempel, "The Function of General Laws in History", in P. Gardiner, op. cit., pp. 344–356.

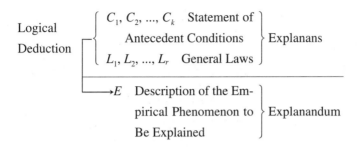

這一圖示代表科學解釋型模的一個高度抽象。下面幾條是對此一型模的輔助說明：

⑴被解釋項必須是特定時空中具有經驗意義的事物之描述；它是某一類事物中之一。

⑵解釋項中的先在條件之陳述必須是真的，具有經驗的內容。

⑶解釋項中的普遍定律（也可用經驗的通則或原理來替代）是一個全稱假設，具有經驗上的可證性。

⑷被解釋項必須是解釋項邏輯演繹的結果。

⑸此一解釋型模只適用於某一時空範圍中的解釋，它得不到所謂最後的或絕對的解釋。因為所謂普遍定律只是從可經驗的事實中建立起來的，而且定律的自身也有被修正或推翻的可能。

至此，我們還須指出，在科學研究中，所謂預測的型模與解釋的型模在結構上非常類似。科學預測乃是科學解釋的逆轉。解釋是從已經發生的事件，依憑全稱假設，去回溯它的先在條件。預測是從已知的先在條件，依憑全稱假設，去推定尚未發生的事件。換句話說，解釋是從已現的果去回溯其因，預測是從已知的因去推定其果。解釋和預測都必須依賴因果普遍法則才有可能⓲。而且同一定

⓲　K. R. Popper, *The Poverty of Historicism* (London: Routledge & Kegan Paul, 1961), pp. 133–134; *The Logic of Discovery*, pp. 56–62; see also C. G. Hempel, "The Function of General Laws in History", in P. Gardiner, op. cit., pp. 347–348.

律或通則，其預測力愈高則其解釋力也愈強；反之，其解釋力愈強則其預測力也愈高。

在社會科學中，雖然有時也使用預測，如民意測驗及經濟不景氣的推斷，但究竟因為這一範圍缺乏可以反覆印證的通則或定律，就是有定律也是建立在統計基礎上的，預測成功的或然率並不高。至於解釋，在社會科學中，雖然使用得非常普遍，但常常把有關現象併入根本無從訴諸經驗驗證的籠統概念，而使解釋變成一個假解釋。因此，在社會研究中，要估量一個解釋是否有效時，必須先得根據解釋型模重建它的被解釋項及解釋項，然後察考下列各方面：

⑴被解釋項是否為特定時空中某一類事件之一？如被解釋項是整個人類史則不可能作解釋。

⑵全稱假設是否有經驗上的印證性？如以「天佑善人」或「歷史必然進步」作為全稱假設必為假解釋。

⑶先在條件的陳述是否有經驗上的印證性？如想像一個「自然狀態」為人類社會未出現的先存條件必為假解釋。

⑷是否能夠邏輯的從解釋項推論到被解釋項？

如果根據型模重建解釋論證，尚難判斷某一解釋是否有效，可逆轉此一解釋以從事預測。如果預測有效，則解釋必然有效。

在我們對經驗科學中的解釋型模作了一概括性的了解之後，我們希望：一方面利用此一型模作為標準，來檢討社會科學中的歷史解釋，另一方面也根據此一型模作為尺度，來分析社會科學中歷史解釋的困難性及可能性。

三、歷史解釋的類型及其批評

從方法論的角度看，社會科學中的歷史解釋，可分成兩個大類。一類是從方法論上的全體論(methodological holism)出發的，可稱之

為全體論的歷史解釋(holistic interpretation of history)。從柏拉圖的型相論，亞里斯多德的目的論，波賴比亞斯(Polybius)的循環論，聖奧古斯丁(St. Augustine)的天國論，到近代的唯心史觀(idealistic interpretation of history)、唯物史觀(materialistic interpretation of history)、形態史觀(morphological interpretation of history)、以及有機類比論(theories of organic analogy)，都屬於這一類。另一類是從方法論上的個體論(methodological individualism)出發的，可稱之為個體論的歷史解釋(individualistic explanation of history)。從德莫克里塔斯(Democritus)及伊比鳩魯的原子論，通過霍布斯及休謨的經驗論，直到現代以波卜爾及海耶克(F. A. von Hayek)所代表的批評學派，都可以歸入這一類 [19]。

　　無論是全體論的歷史解釋或個體論的歷史解釋，其內在的宗派大可不同，每一個宗派在理論建構的形式上也儘可各殊。但是，凡屬全體論者都一致假定：歷史是一個不可分的整體並有其自律性，它決定人類行為的行程；只有了解歷史的法則才可能解釋一切歷史的現象。凡屬個體論者則有一個不同於全體論者的假定：歷史不過是人類行為的產物，它的自身並無法則；只有從人類行為的了解並建立經驗性的通則才可能解釋歷史的事實。

　　在全體論與個體論的基本假定之下，二者所謂的歷史解釋，其涵義與性質根本不同。為要繼續扼要的說明二者的差異，可根據下列幾個方面，分別作一個高度抽象的說明。

　　1. 歷史實體(historical reality)

---

[19]　J. W. N. Watkins, "Ideal Types and Historical Explanation", in H. Feigl and M. Brodbeck, op. cit., pp. 723–743; J. W. N. Watkins, "Historical Explanation in the Social Sciences", in P. Gardiner, op. cit., pp. 503–514; cf. E. Gellner, "Holism versus Individualism in History and Sociology", in P. Gardiner, op. cit., pp. 488–502.

　　有的全體論者認為歷史實體是歷史事象與歷史精神的合一。因此，歷史實體是不可分的整體(the inseparable whole)。在沒有人類之先，歷史精神已經存在，人類行為不過是實現歷史精神的工具或素材。所謂歷史精神，在柏拉圖看來，即是變易世界(the world of becoming)背後的本體世界(the world of being)；在黑格爾的心目中，乃指絕對精神或絕對理性❷。也有的全體論者以為歷史實體即社會實體。而社會有如一個有生命的有機體，它是一個有機的聯帶關係(organic solidarity)所組成的整體，因此歷史也必然是一個不可分的整體❷。歷史既然是不可分的整體，分析歷史則不可能。就是要了解部分，也只有認識了全體才有其可能。

　　個體論者拒絕歷史實體是不可分的論點。他們認為歷史實體不過是人類社會生活中已經出現了的各種事實之總和。這些事實可能是人的行為，也可能是人類行為交互影響所產生的結果。歷史中出現的各種事件，既非一個先驗的歷史精神所規定，也非一個有機的不可分的整體。個別的歷史事件之間是否有因果關聯，只有通過因果法則從經驗上去證明才可能知道。對歷史的認識與了解，不僅可以通過個別歷史事件或個別人物的行為去了解，而且唯有通過許多個別事件的了解才可能獲得某一段歷史過程的印象。歷史實體固然充滿了無窮的歷史事實或人類行為，但絕不需要先了解了一切的歷史事實才可能客觀的了解歷史。正如同自然現象也是無窮的，但自然科學家並不需要了解了一切的自然現象才可能客觀的了解自然完全一樣。總之，歷史實體絕非先驗的定律所規定的一個整體，它只是許多歷史事件的總稱。我們可以根據經驗的法則去分析這些個別的歷史事件，也可根據因果的法則去證明這些事件之中的因果關聯。

---

❷　K. R. Popper, *The Open Society and Its Enemies*, op. cit., pp. 32–33, 231–244.

❷　K. R. Popper, *The Poverty of Historicism*, op. cit., pp. 39–11.

個體論者認為全體論最大的錯誤，便是把抽象概念具體化(reifica-tion)。如像「社會」、「國家」或「歷史實體」都是抽象的概念，它們只代表人的行為及行為互動關係的總稱，它們的自身並非一個具體的東西。如果沒有人或人的行為，根本無所謂社會、國家或歷史實體。這些概念既然依賴人的行為而產生而存在，當然只有從人的行為去分析它們去了解它們，才可能獲致可靠的經驗知識❷。

2. 歷史法則(historical law)

在全體論的系統中，有的全體論者認為歷史法則是先於經驗而存在的普遍法則(a priori universal law)，它決定歷史發展的方向，它證明歷史中萬事萬物的存在及其合理性。至於歷史法則的自身則是絕對的、自證的❸。另外也有一些全體論者自我宣稱他們的歷史法則是「科學」的，是經過社會或文化的調查才建立起來的。因此，他們的歷史法則不僅可以解釋一切社會或文化（當著整體）的發展，具有高度的普遍性，而且還可以預測一切社會或文化的發展，具有與自然科學一樣的精確性❹。比如馬克思(K. Marx)肯定一切的歷史都是階級鬥爭史，一切的社會都是以它的生產力(the force of produc-tion)與生產關係(the relation of production)之間的矛盾作為發展動力而逐步演化的。他自認為這是經過社會研究才建立起來的真理。又如史賓格勒(O. Spengler)及湯恩比(A. J. Toynbee)以為他們研究過許多不同的文化系統，發現每一個文化系統都有氣候一樣的季節性或個體生命一樣的生死律。因此，推斷一切文化的歷史必為一個普遍法則所控制。當其一個文化進入冬季或者瀕於死亡階段時，絕非人力所能挽救於萬一。

個體論者認為把文化或者社會作為整體時必無普遍法則可言。

---

❷　Ibid., pp. 76–83.

❸　K. R. Popper, *The Open Society and Its Enemies*, op. cit., pp. 257ff.

❹　K. R. Popper, *The Poverty of Historicism*, op. cit., pp. 39–41.

　　所謂先驗的自證的普遍法則，固然毫無經驗的意義，就是貌似經驗歸納的歷史法則，也無異自欺欺人。因為社會或文化乃是一個抽象概念，不可能作經驗上的直接觀察，不是科學研究的對象。研究人類文化或社會的唯一有效途徑，只有根據人的行為從事系統的觀察。可是，文化或社會蘊涵著無窮的人類行為，要觀察一切的人類行為又必不可能。因此，從人類行為觀察所獲得的經驗通則只可能解釋個別的社會事實或文化事實，不可能解釋整個的文化或社會。既然要建立以解釋一切文化或社會的經驗通則在事實上沒有可能性，凡宣稱建立了普遍的歷史法則者，必為自欺欺人❷。同時，這一類型的全體論所建立的歷史法則，不僅不可能解釋整個的文化或社會，而且就是解釋個別的社會事實或文化事實也頗成問題。因為他們建立法則的方式不合科學方法的準則。他們存有一個先入為主的觀念，證明法則時，常常只是搜集一些於自身觀點有利的事實。這樣的法則當然經不起經驗的反證。至於全體論者採取類比的方法，把人類文化比作自然或生物。自然界有春、夏、秋、冬的時序，生物有生、老、病、死的現象，因此人類文化也一樣的會有春、夏、秋、冬或生、老、病、死。除非這類全體論者能證明文化現象必然隨著自然現象變化，則採用此種類比法的歷史形態學便與玄學無異。個體論者雖然徹底否定了解釋一切文化或社會的歷史法則之可能性，但是，他們認為，通過個人的願望及有關的社會情狀或條件，可能建立起來具有經驗基礎的通則。不過這類通則只能解釋個別的歷史事實或社會事實，絕不可能解釋整個文化或社會的歷史。換句話說，個體論的經驗通則是根據歷史、文化或社會領域中的個別事實之觀察及證明而建立的，也只能解釋個別的歷史事實❷。

❷　J. W. N. Watkins, "Ideal Types and Historical Explanation", in H. Feigl and M. Brodbeck, op. cit., pp. 729–732.

❷　Idem.

3.歷史預測(historical prediction)

全體論者建立先驗的普遍法則或者貌似科學定律的歷史法則，其主要的目的也許就在企圖預測歷史的發展。他們愈想要預測歷史的發展，愈需要肯定他們的普遍法則之絕對性或者愈需要宣稱他們的歷史法則是科學研究的結果。聖奧古斯丁認為「天國」(The City of God)代表善，「塵世」(The Earthly City)代表惡。二者之間的鬥爭即歷史的發展，並且他還預測前者一定戰勝後者，前者永存，後者一定歸於消滅❷。馬克思也曾肯定的預測：凡是資本主義的社會其生產力發展到某一程度，必定突破舊的生產關係，而發生革命；推翻舊的生產關係，而進入到社會主義的社會。又因生產力必然是不斷進步的，非人力所能阻止，因此，資本主義的社會一定會被社會主義的社會所取代❷。

但是，個體論者認為全體論的普遍法則毫無經驗上的基礎，解釋歷史既不可能，當然也不可能預測歷史。因為預測需要更鞏固的普遍法則。聖奧古斯丁的預測，固然是神話。就是馬克思的預測，也被事實所否定。因為照馬克思的邏輯，一個生產力愈高的資本主義的社會，必定會最先發生革命，而變成社會主義的社會。歷史事實證明，社會主義的革命並未發生在生產力進步的西歐國家，而偏偏發生在生產力大為落後的俄國。馬克思的預測顯然是失敗了。在個體論看來，整個社會發展的預測，幾乎沒有任何可能。第一是因為需要知道的先在條件太多，不可能一一列舉。第二是因預測所依賴的全稱假設無法得到經驗上的證明。關於第二方面，已在歷史法則的項目中討論到。但個體論也承認個別的社會事件及個別的人類行為，只要有一個相關的可驗證的經驗通則，並對已知的先存條件可作經驗上的陳述，在原則上是可以預測的。比如，一個正常的人，

---

❷　G. H. Sabine, *A History of Political Theory* (Holt, 1961), pp. 189–190.

❷　Ibid., pp. 766–771.

無論他如何貪財，當其在沙漠中旅行沒有飲水而瀕於死亡的邊緣時，突然有一個二者不可兼得的機會讓他選擇——在黃金一斤及飲水一瓶中任擇其一。我們可以預測他必定要飲水而不要黃金。不過，任何一個社會事實，所涉及的人類行為，都比上述例子複雜得多。因此，關於個別社會事實的預測雖在原則上有其可能，而困難性依然很高。所以純正的社會科學是不輕易談及預測的。

從歷史實體、歷史法則、歷史預測三個不同的方面看來，全體論的歷史解釋與個體論的歷史解釋之間的對比顯現出來了幾個重要的差異：前者所企圖解釋的對象是文化或社會的整體，後者所企圖解釋的對象是個別的文化事實或社會事實；前者所依憑的全稱假設有時是先驗的歷史法則，有時是貌似經驗的通則，後者所依憑的全稱假設是從個別的人類行為或個別的社會事實歸納出來的經驗通則；前者化為預測形式時沒有驗證性，後者化為預測形式時在原則上是有驗證性的。

如果我們引用前述經驗科學的解釋型模，來對全體論的歷史解釋及個體論的歷史解釋，作一個總結性的察考，也許可能對二者的差異得到一個較深的了解。

全體論的歷史解釋，其被解釋項是整個的社會或文化。此一被解釋項便非「特定時空中的經驗事物之描述」，與經驗科學的解釋型模不合。就假定一個社會或文化，對宇宙而言，也是特定時空中的事物，而且也可通過一群人的極複雜的行為互動得到經驗上的認知，使一個社會或文化變成「特定時空中的經驗事物之描述」。也即是說假定全體論的歷史解釋有一個符合解釋型模的被解釋項，但解釋項中的先在條件及全稱假設依然頗有問題。(1)解釋項中的先在條件，必須在文化或社會以外去尋找。當一個文化或社會的整體成為被解釋項時，這一文化或社會以內任何事實都不能作為先在條件，因為被解釋項如在解釋項中出現即構成邏輯上的循環論證。解釋項中的

先在條件既要到文化或社會以外尋找，其先在條件只可訴諸自然人及自然條件。⑵解釋項中的全稱假設，如為先驗的普遍法則，當然無經驗上的可證性，與解釋型模的要求不合。如為經驗的通則或定律，只有從不同的文化或社會（當著整體）去觀察才能建立。可是，當文化或社會作為整體看待時，只是一個抽象的概念，不成為可觀察項，非科學的研究對象。也即是說，建立企圖解釋整個文化或社會的經驗通則根本上不可能，假如使用所謂「巨型現象的觀察法」(the observation of macrophenomena)，從各個不同的文化系統或社群系統比較其異同而歸納出來通則，也可稱做經驗通則。那麼，以此種經驗通則作為全稱假設再加上自然人及自然條件作為先在條件，而構成的解釋項，其最大作用也只能解釋文化或社會的發生起點，絕不可能解釋文化或社會的發展歷程。

根據我們的分析，無論怎樣放寬尺度，為全體論者的觀點著想，以建立一個符合經驗科學解釋型模的全體論歷史解釋，都沒有可能性。全體論的歷史解釋，以科學的解釋型模衡量，只是玄學的解釋或假的解釋。

至於個體論的歷史解釋，由於它只企圖解釋個別的歷史事實或社會事實，而且肯定歷史事實或社會事實乃由人的行為所構成，也可通過人的行為去觀察。因此，它的被解釋項能夠作成「特定時空中的經驗事物之描述」。在個體論的歷史解釋中，被解釋項既是文化或社會內在的個別事實，其解釋項中的先存條件，便可從文化或社會內在的先於被解釋項而出現的歷史事實中去尋找。而且其解釋項中的全稱假設，也可通過不同時空的社會事實或文化事實而得到經驗的證明。因此，在我們看來，個體論的歷史解釋符合科學的解釋型模，是一種值得發展的類型[29]。

---

[29]　J. W. N. Watkins, "Ideal Types and Historical Explanation", in H. Feigl and M. Brodbeck, op. cit., pp. 727–729.

　　關於歷史解釋的類型及其批評,在這裏我們可得到以下的結論。如果歷史解釋只希望成為一種意識型態,以安慰人的情緒,鼓舞革命的動力,強化民族或種族的意志,指引群眾的行動方向,或建立宗教性的信仰,無論選擇什麼方式去解釋「不會說話的歷史」,都沒有值得批評的地方。如果希望歷史解釋符合科學解釋的型模,並獲取逼近真理的知識,那麼,歷史解釋只有朝著方法論上的個體論去發展才是一條可行的路。總之,以科學解釋型模作為標準,不論在歷史研究或社會研究的領域裏,全體論的歷史解釋乃是一種錯誤的道路;個體論的歷史解釋才是一種可以發展成為科學解釋的途徑。

四、科學的歷史解釋之困難性及可能性

　　科學的歷史解釋,雖然可根據方法論上的個體論去發展,但也面臨著不少的困難。以下我們希望就科學的歷史解釋所遭遇的困難及其克服的可能性,從理論的觀點,分四個方面加以說明。

1. 歷史的獨特性

　　有的人認為,每一個歷史事實都出現在特定的時空中,具有獨特的個性(unique individuality)。它不屬於那一類,也不能歸於那一型,它是獨一無二的。而且任何一個歷史事實都沒有重現的可能。比如,「西元前221年秦始皇完成統一天下的工作」及「1066年諾曼人征服英國」是兩個歷史事實。它們既不可能重現,也沒有任何的事實與它們完全相同。因此,每一個必有其絕對的獨特性(uniqueness)。歷史事實既具有如此的獨特性,便不可能使用分類或歸納的方法。不能使用分類或歸納的方法,建立科學的通則即無可能 ❸⓿。可是,科學的解釋型模,一方面要求被解釋項必是某一個類中的個

---

❸⓿　P. Gardiner, *The Nature of Historical Explanation* (Oxford University Press, 1952), pp. 40–42.

別事件，另一方面又要求以經驗的通則作為解釋項中的全稱假設。那麼歷史的獨特性顯然不適合成為科學研究的對象，科學的歷史解釋怎麼可能呢？

　　史學家所描述的歷史事實，的確多數是單一性的。史學家的興趣也在強調單一性的事實之描述。但不可因之否定歷史解釋便不能使用科學的解釋型模。秦始皇在特定時間統一古代的中國，固屬於單一性的事實，而以「秦始皇」作為一個人看便非單一性的，「統一天下」的事實也不是唯一的。諾曼人在特定時間征服英國，固然舉世無雙，而一個國家侵入另一個國家卻是屢見不鮮的事實❸。因此，任何獨特的歷史事實，仍可抽離其中某些特點與其他歷史事實歸入一類。既可分類又何嘗不可建立通則。正如同生物現象，每一株樹或每一頭羊，絕不可能與另一株樹或另一頭羊完全一樣，但仍可抽離它們某些特點加以分類而建立有關的通則。生物科學可以從具有獨特性的個別生物作科學研究，為什麼具有獨特性的歷史事實不能作科學研究呢？而且在自然科學中，如天文學、地質學、古生物學，所研究的事實也是既不能作控制的實驗，亦不能使其重現。可是，它們卻能從不同時空的事實作長期觀察，而建立有關通則；並用這些通則去解釋火山的爆發，去預測颱風的來臨。天文現象的研究或地質現象的研究，可以使用科學解釋。歷史現象的研究，在理論上說，也可使用科學解釋❸。事實上，社會科學一向以人類的歷史視為實驗室，並已經從歷史事實中抽離出來不少通則。這些通則的精確程度，雖不能與天文學的定律或地質學的通則相比，但不可因之否定從歷史事實建立通則的可能性。只要歷史事實的分類及通則化的可能性成立，則個別歷史事實的科學解釋便一定可能。

---

❸　Ibid., pp. 43–44.

❸　C. G. Hempel, "The Function of General Laws in History", in P. Gardiner, ed., *Theories of History* (Oxford University Press, 1959), pp. 344–346.

2. 歷史的延續性

另外一個關於歷史解釋的難題，也常常被人提出。歷史的特點在於它的延續性，任何一個歷史事實與已往的歷史事實之間的關聯，有一個無窮的鏈鎖。一個歷史事實的因，常常是另一個歷史事實的果。任何一個歷史事實，既在一個無窮的因果鏈鎖之中，欲解釋某一歷史事實，必然牽涉到先於此一事實出現的許多事實。比如，「1945年8月6日美國使用原子彈轟炸廣島」是一歷史事實，欲要尋找這一事實的原因，必須追溯到新大陸的發現，科學文明的興起，甚至種族的起源。因為這些事件缺乏任何一個，便不可能有「美國使用原子彈轟炸廣島」的事實出現。歷史的延續性既然是如此的特殊，怎麼可用科學的解釋型模來解釋呢？

這種想法乃是基於兩個錯誤的假設而造成：一個是以為解釋必須追溯到最後原因，另一個是認為除非知道一切，便不可能有真知。科學只是一套追求知識的方法，但一個科學家的野心無論怎樣大，也不曾想用這套方法去尋找萬事萬物的最後原因，而且科學的有效解釋也並不需要知道最後原因。自然現象中的個別事物之間，有時亦與歷史現象一樣，具有鏈鎖的因果關係。如地球的存在與太陽系統有關聯，太陽系統又與銀河系統有關聯。而地質學家有效的解釋某一個地質現象並不需要追溯到太陽系統的原因。天文學家憑藉萬有引力原理和有關太陽系統先在條件的資料，即可有效的預測一行星的未來位置，他並不需要追溯太陽系統先在條件的成因，更不必追溯到銀河系統的成因❸。至於「除非知道一切，便不可能有真知」的論點，實等於除非知道全體便不可能知道部分之玄學理論的翻版。如果此說為真，則等於否定了一切的歷史知識，甚至一切的科學知識。因為沒有一種科學不是選擇宇宙中的部分現象而從事研究，而

❸　E. Nagel, "The Logic of Historical Analysis", in H. Feigl and M. Brod-beck, op. cit., p. 693.

從事解釋。在我們肯定了上述疑問所植基的假設是錯誤的，是對於科學的誤解，那麼就是承認歷史的延續性，個別歷史事實依然可以從事科學的解釋。

從另外一個角度分析，「1945年8月6日美國使用原子彈轟炸廣島」，這一歷史事件所牽涉的問題是多方面的。每一個問題都可能構成一個被解釋項。比如，⑴美國為何能有原子彈轟炸廣島？⑵美國為何要使用原子彈轟炸日本？⑶美國為何選擇廣島作為轟炸目標？⑷美國為何在1945年8月6日才使用原子彈轟炸日本？這些問題是很不相同的問題。問題⑴也許與問題⑵、⑶或⑷全不相關。解釋問題⑴所需要的解釋項，也許與解釋問題⑵、⑶或⑷，所需要的解釋項也完全不同。一個歷史事件的出現，無論可引發出多少可能的被解釋項，只要每一個被解釋項具有經驗的意義，都可使用科學的解釋型模去從事解釋。而且每一個問題的解釋都代表著知識的增進。總之，解釋並不需要通過因果鏈鎖的關係把問題窮究到底，只要根據一個「果」，依憑可證的全稱假設，去尋找到直接的真的「因」，便是一個成功的解釋，一個具有科學效應的解釋❸❹。

3.歷史解釋與價值

對於歷史事件從事科學解釋的困難,還有一個最困惑人的問題。那便是歷史、價值與科學三者之間的關係。

歷史是人類行為的產物，人類行為不像地質學或天文學所研究的現象,那麼無情無慾,那麼單純。比如蘇格拉底及文天祥都是人,可是他們捨生好義的行為，卻與一般人迥然不同。白種人都是一樣的人，但是有的白種人不惜犧牲生命去為黑人爭取權利；有些白種人卻以消滅黑人為人生最大樂事。有的人認為「殺一無辜」以得天下，亦是一種莫大的恥辱；有的人卻用迫害、清算或「毒氣室」(gas chamber)毫無憐恤的殺害同類，以維持一己權力。這些人類行為上

---

❸❹　Ibid., pp. 692–693.

的差異性，常隨著他們的價值觀念而不同。人類行為既與價值觀念具有如此密切的關係，而歷史又是由人類行為所形成，那麼歷史事實必然是充滿價值色彩的。可是科學只問事實而不問價值，是一般科學家的信條。如此說來，科學豈不是注定不能研究歷史事件嗎❸❺？

這一難題涉及兩個方面。一方面是歷史事實的研究是否必然涉及價值。另一方面是科學能否處理價值問題。如果否定前一方面的問題，後一方面的問題即不需要；如果肯定後一方面的問題，前一方面的問題即消失。

無可否認，社會或文化的歷史是人類行為的產物，人類行為也與價值觀念具有密切的關聯。但一切有關歷史事實的問題，卻不一定要依賴價值觀念才能解決。正如像，一切生物必須保持體內某種程度的水分才能生存，但卻不能以水分的缺乏去解釋一切生物死亡的原因。當我們以希特勒具有不同的價值觀念，去解釋為何他迫害猶太人的原因，不僅是不健全的，而且幼稚得可笑。同時，當價值觀念與人類行為不可分是一個真的命題時，並不就推論到凡研究人類行為一定要研究價值。正如像，人是一個有價值感的動物，但研究人的生理學並不需要研究價值。在我們看來，從事人的行為或歷史事實的解釋工作，有時必須涉及價值問題，有時並不一定要涉及價值問題。在如此的結論下，就假定科學不能處理價值，科學的歷史解釋也還是有一個可能從事活動的範圍❸❻。

不過，依照社會科學的最近發展，科學只問事實而不問價值的古典信條，似乎正在發生動搖。過去之所以認為價值不是科學研究的對象，乃以科學方法只能研究可觀察的及可驗證的事物，而價值是不能觀察的對象，因此，科學不能研究價值。但是，在現代的社

---

❸❺ E. Nagel, *The Structure of Science*: *Problems in the Logic of Scientific Explanation* (London: Routledge & Kegan Paul, 1961), pp. 473–475.

❸❻ Ibid., pp. 475–476.

會科學中，價值觀念正在從玄學的領域搬到科學的領域。這一搬動的途徑是：先給價值一個運作的界說，再通過此一界說的運作指標(operational indices)，從人類行為去間接的觀察或驗證價值。也即是說，價值雖非直接的可證項及可觀察項，卻可從人驗行為得到間接的觀察及驗證 ❸。比如克勞孔(C. Kluckhohn)及康乃爾大學的價值研究小組(the Cornell value study group)都曾使用現代的技術方法，如「深度訪問」及「局內觀察」，從人的所行所言去間接的觀察和驗證價值之存在 ❸。他們的研究雖非絕對成功，但是，以科學方法處理價值問題的可能性，卻使「科學只問事實不問價值」的古典信條發生了動搖。如果科學與價值並非絕緣的，如果科學方法也是可以處理價值問題的，那麼充滿價值色彩的歷史事件不能作科學研究的理由，也就隨之消失。

4. 歷史解釋的客觀性

　　價值能否成為科學研究的對象是一個問題，研究者的主觀價值判斷能否從研究過程中加以免除，也是另一個問題。這兩個問題在性質上並不相同，前者得到解決，後者並不因之也隨著解決。一切研究都需要避免主觀願望而保持高度的客觀性，不然便不可能獲取科學的知識。這乃是一般科學家已經公認的一項原則。不過，有些懷疑論者認為，歷史是人類行為的過去，它與研究者的關係比自然現象要密切得多。因此，當從事歷史事實的研究或解釋時，企圖免除研究者的主觀價值判斷，則比較困難，甚至根本不可能免除。近幾十年來，由於知識社會學的興起，肯定一切思想與研究都不能在

---

❸　M. Albert, "Laboratory of Social Relations", *Journal of Philosophy* (January, 1954).

❸　C. Kluckhohn, "Value and Value-Orientations in the Theory of Action", in T. Parsons and E. A. Shils, ed., *Toward a General Theory of Action* (Harvard University Press, 1954), pp. 395–397, 403–409.

文化的真空中進行，都必然受其發生的社會條件之影響及控制。一個研究者的人生觀、社會地位及所持的價值標準必然影響到他的研究。如此說來，自然科學的知識之效準性尚在被懷疑中，至於社會研究或歷史解釋，當然更談不到客觀性了 ❸。

不可否認的，在任何研究過程中，題材的選擇與事實的解釋，的確很難免除研究者價值觀念之影響。尤其在題材的選擇上，就是自然科學的研究者也難於擺脫價值觀念的影響。比如，核子研究之成為現代物理學的主要工作，癌細胞之成為許多病理學家、生物化學家及生理學家的主要研究對象，不可諱言的，乃是特殊的社會情勢及研究者的價值觀念所決定。不過，選擇題材雖受到研究者個人的或社會的價值判斷之影響，但並未因之否定了知識的客觀效準。核子知識仍可得到普遍的公認。美國人研究出來的核子知識，蘇聯人也不得不承認。而且任何一個科學研究者選擇題材時，雖然不可能完全擺脫價值觀念的影響，但他也必須要以既存理論作為標準。與既存理論無關的題材，或者為既存理論認定不能作研究的題材，便很少人去選做研究對象。比如，「永生不死」是絕對多數人所欲求的目標，是具有絕大價值的，可是至今卻沒有科學家去研究。因為「永生不死」的可能性不為既存的理論所支持，就是從事研究，也會徒勞無功。理論既可或多或少的決定選擇題材的範圍，那麼題材的選擇無論如何也有一個最低限度的客觀標準 ❹。

至於事實的解釋，在科學的研究上，常可設立一些客觀驗證的準則及消除偏見的技術程序，來避免主觀願望的影響。比如科學的解釋型模便是一個客觀的準則。任何解釋，不論其「理論系統」如何雄偉，只要把它加以分析，並根據解釋型模重建一個解釋的論證，

❸　E. Nagel, *The Structure of Science*, op. cit., pp. 485–490.

❹　K. R. Popper, *The Open Society and Its Enemies* (Princeton University Press, 1945), pp. 443–445.

就可判斷此一解釋是真或是假。

　　一般的講，在自然科學中，免除研究者的價值觀念之介入，比在社會研究或歷史研究中容易得多。但是社會研究的客觀性的確在日益提高中。而且在社會科學中，關於題材的選擇與事實的解釋，如何杜絕研究者的價值觀念之滲入的技術知識，也正在日益增進中。長此以往，社會研究者也必能保持高度客觀性的研究態度，而避免主觀的價值判斷影響研究過程。

結　語

　　在通過以上各方面的討論之後，關於社會科學中的歷史解釋，我們已經肯定了幾個方面：第一是歷史研究與社會研究具有相互依存的關係，社會理論是歷史解釋的依據，歷史解釋也是提高社會理論的一種途徑；第二是歷史研究與社會研究都屬於經驗研究的範圍，只有採用經驗科學中的解釋型模作為標準，才可能判斷一個歷史解釋的真或偽；第三是以科學的解釋型模作為標準時，全體論的歷史解釋顯然不合標準，必須放棄；個體論的歷史解釋乃是合於標準的一種途徑，可以發展；第四是科學的歷史解釋，雖遭遇到多方面的困難，但是這些困難，並非不能克服。

　　另外需要在此指出，本文的論證隱含了兩個假設，第一是假定一切經驗科學的基本方法必有其共同性，第二是凡具有感覺經驗（直接的或間接的）的題材，都可採用經驗科學的方法去從事研究。這兩個假設具有重大意義。唯有這兩個假設是真的時候，我們以上的「肯定」才不會錯。不過，因為這兩個假設已經獲得一般科學家的公認，當然不需要本文去作證明即可採用。

　　社會科學中的歷史解釋牽涉到一個很寬廣而又複雜的範圍，本文只是從社會科學方法論的角度，所作的一個分析。主要的在說明，歷史解釋必須採用科學方法，而且採用科學方法也是可能的。

捌、社會科學中的功能分析

前　言

　　功能觀念或功能一詞的使用，在社會科學中有其很複雜的涵義。本文所要討論的功能分析，乃指由生物科學的創始，經社會人類學及社會學的發展，而漸漸影響到整個社會科學的一種理論模式。討論的主要方面是：澄清功能一詞的意義；描述功能分析在社會科學中的發展狀態；並對功能分析的基本觀念及一般特性，作一綜合性的說明。

一、功能一詞的意義

　　社會科學中的名詞缺乏統一而明確的意義，是一個很普遍的現象。功能一詞便是被使用得非常混亂的名詞之一。為要明確的了解功能分析在社會科學中的基本涵義，對功能一詞的意義先加以簡單的澄清，也許是必須要做的工作。英文中"function"一字，在不同的學科或不同的論文系絡(context)中，常常被約定為各種不同的意義。這些不同的意義，可以粗略地分成五類 —— 「常識上的意義」、「數學上的意義」、「經濟學上的意義」、「政治學上的意義」、「社會人類學及社會學上的意義」 —— 來分別加以說明❶。

　　1. 常識上的意義

---

❶　Cf. R. K. Merton, *Social Theory and Social Structure* (Glencoce, Illinois: The Free Press, rev. ed., 1957), pp. 20–23.

當一個人說：「火柴對於抽煙是具有功能的。」或「旅行對於鬆弛神經是具有功能的。」這兩個句子中「具有功能的」，顯然可以用「具有效用的」或「具有用處的」來替代。「功能」意義與「效用」是相等的。如再就這兩個句子，作另一分析，「火柴」是手段，「抽煙」是目的，「旅行」是手段，「鬆弛神經」是目的；「具有功能」則是手段可能達成目的的一種有效的狀態。功能一詞在這種常識層次的約定意義中，只是假定人為主體，利用個別事物A去達成另一個別事物B時，所呈現的效用關係或目的與手段之間的關係。A與B之間並無有機的關聯性(organic connection)，A也不是B的次級系統(sub-system)。

但是，社會科學中功能論者(functionalists)所謂的功能，乃指一個特定的整體活動(the total activity) S中的局部活動(a partial activity) X，對於整體活動S所產生的「整合作用」(integrating)或「依存關係」(interdependent relationship)❷。X是S的次級系統，X與S之間具有特殊的關聯性。比如一個社會是一整體活動，其中的某一制度(institution)是一局部活動，此一制度是此一社會的次級系統，制度對社會常常發生整合作用。此種整合作用即是制度對社會的效用，也即是制度對社會的功能。

因此，常識上所用的功能與功能論者所用的功能，有類似處，即是二者所用的功能都具有效用的意義；但也有其不相同處，即是前者假定人為主體，對於兩個個別事物之間的效用關係而言；而後者則預設了一個系統(system)的存在，只有在此一系統中局部與整體之間的關係才是功能關係。

2. 數學上的意義

德國數學家萊布尼茲(G. W. von Leibnitz)最先把"function"一詞

---

❷　A. R. Radcliffe-Brown, "On the Conception of Function in Social Science", *American Anthropologist*, Vol. 37 (1935), p. 397.

介紹到數學上來，其意義比較明確。我們可用一個方程式「$3+X=Y$」來加以說明。在這個方程式中，「3」是常數(constant)，「X」和「Y」都是變數(variables)。當X的值有改變，則Y的值也必然相應的隨著改變；反之，當Y的值有改變，X的值也必然相應的隨著改變。X與Y在這一方程式中具有"functional relation"，在中文的數學書中"functional relation"一詞譯為「函數關係」而不譯為「功能關係」，當可減少許多誤會。但是，社會科學中，當其使用「功能關係」、「功能依存」(functional interdependence)或「互惠關係」(reciprocal relation)，有時的確是從數學上的函數關係引申出來的❸。尤其索洛鏗(P. A. Sorokin)的著作中使用"function"一詞時多半是與數學上的函數觀念接近的。因此，當我們討論社會科學中的功能分析時，對數學上的函數觀念加以簡單了解，也許可以幫助我們免去某種誤解。

3.經濟學上的意義

　　經濟學雖是社會科學中的一種，但是經濟學中使用功能一詞，有時與社會科學中功能論者的用法完全不同。「功能」一詞在經濟學中的特定用法，常常與「職業」(occupation)一詞的意義相同。比如「一個團體的功能分析」(the functional analysis of a group)，在經濟學上即是指的「一個團體的職業分析」(the occupational analysis of a group)。其意義與我們所要討論的功能分析完全不同。為著要使二者不致混淆，有的經濟學家❹建議，在經濟學中使用功能一詞如與職業的意義相近時，即應用「職業」(occupation)而不要用「功能」(function)，以免含糊不清。

4.政治學上的意義

---

❸　A. Lesser, "Functionalism in Social Anthropology", *American Anthropologist*, Vol. 37 (1935), p. 392.

❹　P. S. Florence, *Statistical Method in Economics* (New York: Harcourt, 1929), pp. 357–358.

　　功能一詞在政治學中的使用，有時與功能論者所謂的功能是一致的。也有不少的政治學家使用功能一詞時，與功能論者所指謂的，根本不同。其不同的情形有兩種，一種情形是受了經濟學的影響，即是「功能」與「職業」的意義相同。比如政治學中有時稱職業代表制(occupational representation)為功能代表制(functional representation)，即是一個例子。另一種情形是把具有官職的人稱為一個功能，比如稱一名小官為「小功能者」(a petty functionary)。官職在一個政府的系統中，可以視為具有功能關係的部分。但不能把具有官職的人視為功能關係的部分。比如一個政府系統中，各級立法代表、行政官職及司法官職，對於一個政府的整體活動具有功能，或者說警察具有阻止犯罪的功能，都符合功能論者的要求。但如說一個具有官職的人為一個功能，則期期不可。第一是因為官職在一政府系統中雖可能扮演功能的角色，但個別的官吏所作所為則可能與官職所要求的相異。比如警察有阻止犯罪的功能，而警察王某不僅不做到他的職務上應達成的功能，反而放縱流氓擾亂社會，做出與他的職務要求相反的活動。官職與充任此一官職的人，對於一個政府系統來說，具有不同的意義，不可混為一談❺。第二是因為功能論者認為：只有常存的風俗、習慣、制度化的行為或信仰系統(belief-system)對於一個社會生活發生整合作用時，才可稱為功能。至於個別的人，他隨時可能去職，也隨時可能死亡而脫離社會，當然不可視為社會功能。

5.社會人類學及社會學上的意義

　　社會科學中的功能論，是根據社會人類學借用生物學中的功能觀念而逐漸發展出來的。因此，社會人類學上及社會學上的功能觀念，才是本文所要討論的對象。為要了解社會人類學上使用的功能

❺　S. I. Benn & R. S. Peters, *Social Principles and the Democratic State* (London: Allen & Unwin, 1959), p. 239.

觀念，我們不能不先對生物學上的功能觀念或功能分析，加以簡單
說明。

　　生物學或生理學中的功能分析的基本假設，乃是一個生命的有
機體中任何局部的器官活動必然在於維持此一生命有機體的持續與
發展。也就是說，一個獨立的生命體中，任何局部的存在都在滿足
此一生命體的需要，並在此一生命體中保持一個調和而有用的地
位❻。根據許多生物現象的觀察及生理控制實驗的驗證，使這一基
本假設已成為生物科學中重要的理論模式。

　　社會人類學上功能分析的創始人，如馬林羅斯基(B. Malinows-
ki)或拉底克里夫・布朗(A. R. Radcliffe-Brown)，他們使用功能一詞
時，顯然是受了生物學中功能分析的影響。1940年拉底克里夫・布
朗在一次英國皇家人類學會的演說（講詞後來發表在*The Journal of
the Royal Anthropological Institute of Great Britain and Ireland*）中曾
如此說：

　　當一個社會中標準化的行為模式或思想模式對於這個社會結構
貢獻出維持其繼續存在的作用時，即是此一行為模式或思想模式產
生了「社會功能」。類比的說來，在一個具有生命的有機體中，心臟
跳動或胃液內分泌的「生理功能」，即是它們與這個有機體的結構之
間所發生的關係❼。

　　根據這段文字稍加分析，即可發現社會人類學中所用的「功能」
與生理學中所謂的「功能」具有相同的意義。「社會」或「有機體」
是系統，「行為模式」、「思想模式」、「心臟跳動」或「胃液內分泌」

❻　W. M. Bayliss, *Principles of General Physiology* (London, 1915), p. 706.

❼　A. R. Radcliffe-Brown, "On the Structure", *The Journal of the Royal An-
thropological Institute of Great Britain and Ireland.* 70 Pt. I. (1940), pp.
9–10.

是系統中的局部活動；「行為模式」或「思想模式」對「社會」發生
的作用即是「社會功能」，「心臟跳動」或「胃液內分泌」對「有機
體」發生的關係即是「生理功能」，此二種功能雖解釋兩類完全不同
的現象，但功能一詞可以被約定在更抽象的模型中，即「功能」是
指一個系統中的局部活動對於此一系統的關係。事實上，生物學中
的功能分析與社會人類學中的功能分析，雖然成就不同，但實為同
一分析模式在兩類不同現象上的運用。

依照馬林羅斯基的觀點，一個社會事實的功能解釋，必須顯示
此一事實的存在價值。任何社會制度之所以存在，必由於它是滿足
人類需要的條件。凡是違反人類需要的制度，尤其是生物性需要(bi-
ological needs)，必不可能常存。此外，一個社群系統或文化系統中，
局部的事實必對於整體發生整合作用；局部事實的價值決定於它對
於整體的功能 ❽。馬林羅斯基的功能觀念比較強調社會制度的存在
是為了滿足人類的需要，與拉底克里夫・布朗著重社會結構之持續，
雖略有不同，但二者都肯定功能關係即是一個系統中的局部活動與
整體之間的關係，卻完全一致。

在十九世紀的社會學中，即有少數社會學家使用功能觀念解釋
社會現象，其意義與現代功能論相當接近。可是現代社會學中的功
能分析，乃是以社會人類學上的觀念為主要成分。李維(M. J. Levy)，
派生斯(T. Parsons)及墨登(R. Merton)的結構功能論，雖然名詞不同，
而基本觀念與社會人類學上的功能分析，依然是一樣的。他們對功
能分析的貢獻不在創新，而在開拓與發展。

根據以上的討論，已經可以充分看出功能一詞在常識上及各種
學科中的意義，的確用得非常混亂而又不易了解。不過，社會科學

---

❽ B. Malinowski, "The Functional Theory", *A Scientific Theory of Culture*
(McGraw-Hill, 1944), pp. 147–176; and see also Malinowski's article
"Culture", in *The Encyclopedia of the Social Sciences*, Vol. 4, 1935.

中，現代功能分析所根據的基本觀念，乃是由生物學創始，經社會
人類學而介紹進來的功能觀念。

二、功能分析的背景及發展

現代社會科學中的功能分析，最先是由社會人類學根據生物學
中功能的分析而介紹進來的，已得到一般社會學家及方法學家的公
認，成為不移的定論。有的人甚至認為1922年即是功能分析在社會
科學中的起點。他們的根據是在1922年同時有兩本社會人類學的巨
著，都是運用功能分析而寫成的。一本即是馬林羅斯基的《西太平
洋的亞哥船員》(*Argonauts of the Western Pacific*)。另一本是拉底克
里夫・布朗的《安得曼島人》(*Andaman Islanders*) ❾。任何一種思想
或任何一個學派都不是偶然的產物，它必然是長期不斷累積的結果。
硬性決定某一年是某種學派的起點，便不無牽強之處。不過，我們
認為以1922年作為功能分析在社會科學中的關鍵年代，未始不可。
因為我們可用它來作為劃分界線的標準，凡是1922年以前社會科學
中的某些功能觀念都是現代功能分析的背景；凡是1922年以後社會
科學家根據社會人類學所確立的範型而使用功能分析並擴充其理論
者，即為現代功能分析的發展。以下讓我們先追溯它的背景，再討
論它的發展。

現代功能分析的主要來源是生物學，我們在前邊已提到，但在
社會科學的範圍內，功能觀念也有很長的歷史。它像其他的學問一
樣，可以追溯到古希臘時代。亞里斯多德的目的論(teleology)，有時
即被視為功能觀念的最早起源。亞里斯多德假定任何事物之所以存
在，都在實現一個高於其本身的目的，一切事物的本身都不是目的，

---

❾　W. G. Runciman, *Social Science and Political Theory* (Cambridge University Press, 1963), p. 110.

都是實現最高之善(the highest good)的手段。此種假設，與現代功能觀念的確有相似之處，但也有極顯明的不同。第一、目的論企圖解釋無限的宇宙現象，而功能論只是預設一個系統的模式，去觀察有限的社會現象，範圍上很不相同。第二、目的論假定任何事物的存在和發展都受一個先驗的非經驗可認知的目的之支配，而功能論卻認為一個特定系統中部分與全體之間的功能關係是可以通過經驗來證明的。很顯然的，前者屬於形上學的意義，後者只是一個經驗解釋的前提❿。但由於亞里斯多德在生物學上的貢獻，近代生物學的功能解釋或多或少可能受了目的論的影響。在科學史上，某些科學理論的確是從形上學的理論通過削減或化約而出現的。因此，我們仍可接受目的論是現代功能論的古老背景之一。

除了古代的目的論外，法國社會思想家聖西蒙(H. de Saint-Simon, 1760–1825)是近代最先提出功能觀念的人。聖西蒙分析工業革命以後的社會，認為一個國家裏知識分子和工商階級才具有重要功能，因為沒有他們，則無以立國。地主、僧侶和官吏都是不事生產的階級，對一個國家不具任何功能(non-function)，他們的存在與否對於國家並不重要。而且他還肯定「有功能則是善，無功能則是惡。」⓫聖西蒙是一個古典的社會主義者，其觀點難免有所偏，但他卻是使用功能觀念來分析社會問題的先驅人物之一 ⓬。

社會學的開創人孔德(A. Comte, 1798–1858)認為社會是一個具有聯帶關係的有機體(solidary organ)，普遍的和諧與合作乃是社會秩

---

❿ G. Gibson, *The Logic of Social Enquiry* (Routledge & Kegan Paul, 1960), pp. 37–38.

⓫ "to be functional is good, to be non-functional is bad...", H. de Saint-Simon, *Selected Writings* (Oxford: Blackwell, 1952), pp. 72–73.

⓬ Cf. S. S. Wolin, *Politics and Vision*: *Continuity and Innouation in Western Political Thought* (Allen & Unwin, 1961), pp. 386–389.

序的基本事實。社會的部分與部分或全體之間永遠具有有機的關聯。
此種觀念與功能觀念，當然具有某種程度上的相同❸。斯賓塞(H.
Spencer, 1820–1903)在社會學上的地位很難評定，他是一個野心很
大的進化論者，也是一個著名的個體論者。個體論與功能論原不甚
相容，但由於他的有機類比論(organic analogy)認為各種複雜的社會
制度在一社會中都各自擔負功能，正如像各種複雜的器官在一個有
機體中都各自擔負一種特定的功能一樣❹，因此，他的理論也可以
被視為功能論的背景之一。此外，一個義大利的社會學家派拉托(V.
Pareto, 1848–1923)及一位美國社會學家顧理(C. H. Cooley, 1864–
1929)，也都是現代功能分析的先驅人物。派拉托的均衡論，假定「社
會是一個均衡的系統」(Society is a system in equilibrium.)。在這個系
統中，「內在的動力」都在達到一個目的：保持系統的均衡❺。此種
理論，即是肯定「內在的動力」與「保持系統的均衡」的功能關係；
比之現代功能觀念，的確很有相似之處。顧理的有機論不同於斯賓
塞的有機論。他一方面主張個體與全體一樣的重要，另一方面他認
為二者是互相依存的，甚至是合一的❻。他肯定部分與全體的有機
關係，也是影響功能觀念的一個因素。

　　至於涂爾幹(E. Durkheim, 1858–1917)可說是早期功能論者中最
具系統的一位人物。他假定社會是由「集體表象」(collective represen-
tation)或「集體良心」(collective conscience)所建立的一種社會聯帶
關係(social solidarity)，社會中的個人或個別的制度，都必須依附並

❸　Cf. N. S. Timasheff, *Sociological Theory: Its Nature and Growth* (Double-
day, 1955), p. 23.

❹　H. Spencer, "Society Is an Organism", *Principles of Sociology.*

❺　N. S. Timasheff, op. cit., p. 160.

❻　C. H. Cooley, *Human Nature and the Social Order* (New York, rev. ed.,
1922), pp. 36–37.

支持這個聯帶關係。尤其他的宗教社會學，通過了許多「社會事實」的調查，來說明宗教的基本功能即是社會聯帶關係的創造、加強及維持。如果宗教沒有此種功能，則不可能在社會中出現，如果宗教的確有此種功能，任何社會便不可能免除宗教或類似宗教的信仰系統，因為免除宗教則社會本身即會解體。社會解體，個人必陷入精神上的無秩序(anomie)，甚至走向自殺之路 ❼ 。涂爾幹的功能論，雖然影響不小，但因其假定「集體良心」或「集體表徵」是脫離個人的獨立存在，無法作經驗上的認知，亦遭受到不少批評。由於涂爾幹的影響，如公法學家狄驥(L. Duguit, 1859–1928)及克拉勃(H. Krabble, 1857–1936)亦曾用涂爾幹的「社會聯帶關係」來解釋政治及法律的社會基礎。他們推論出來的結論是：一個社會中的政治制度或法律結構必須對社會聯帶關係發生功能作用，才可能存在或持續。

　　以上提到的這些早期的功能觀念，與現代功能分析比較，它們的理論根據比較缺乏經驗上的認知。類比推論的前提沒有明確的限度，以人的主觀願望混雜在功能關係中的成分也比較多。但是這些早期的功能觀念，都肯定了一個社會的局部活動與全體之間的整合關係，卻與現代功能論有類似處。因此，有的社會學家認為這些早期的功能觀念，亦是現代功能分析的先河 ❽ 。而且了解它們也可幫助我們對現代功能分析得到更多的認識。

　　1922年之後，因為馬林羅斯基及拉底克里夫·布朗頗具規模的使用功能分析的理論模式，來從事原始社會的研究，使功能分析發展到一個嶄新的階段，隨著便漸漸的影響到整個社會科學的領域。這些根據功能分析的概念架構(conceptual framework)而從事研究的作品中，比較著名的有林德夫婦(R. S. & H. M. Lynd)合著的《中鎮：

---

❼　E. Durkheim, *Sociology and Philosophy*, trans. by D. F. Pocock (The Free Press, 1953), p. 52.

❽　N. S. Timasheff, op. cit., p. 221.

關於現代文化的一個研究》(*Middletown: A Study of Contemporary Culture*, 1929)及《轉變中的中鎮》(*Middletown in Transition*, 1937)。其研究設計是通過社群系統及文化系統與居民的基本需要之間的關係，以及特殊社會結構也承擔的社會功能，去觀察和分析美國的城市所代表的文化。其次有瓦勒(W. I. Warner)所主持的「美國城市研究」(Yankee City Series)，也是關於美國文化的選樣(sampling)研究，曾提出了四種報告。他們的研究設計也是根據功能分析而擬定的，其觀察現象及選擇資料的指涉架構是：社會互動所形成的社會結構是規範個體行為的基本模式。再有亞蒙(G. A. Almond)及柯勒曼(J. S. Coleman)合編的《開發區域的政治》，亦是一本以功能分析來研究政治現象，較具代表性的著作，其基本假設是：政治系統是社群系統的一個次級系統(subsystem)，它的功能是以比較具有強制性的手段，去合法的達成社會整合及社會適應的要求❿。此外如亞倫斯保(C. M. Arensberg)及金波(S. T. Kimball)合著的《愛爾蘭的家庭及其社區》(*The Family and the Community in Ireland*)及德門(Y. B. Damle)的《近代觀念與知識在印第安村民中的傳播問題》(*Communication of Modern Ideas and Knowledge in Indian Villages*)，也都是功能分析的理論模式運用在實際研究上的重要範本。

　　這裏提到的幾個例子，只代表功能分析用在實際研究上的發展。至於最近四十年來，關於功能分析的理論，出現了更多的著作，從各種不同的觀點，來加以支持或反對。這些著作中，有的是想推進和強化功能分析的理論，有的是想修正或反對它的理論。其中最具代表性的人物，除了馬林羅斯基及拉底克里夫‧布朗外，有社會學家（如T. Parsons, R. K. Merton, M. J. Levy, K. Davis, D. Lockwood），

---

❿　G. A. Almond, "Introduction: A Functional Approach to Comparative Politics", in G. A. Almond and J. S. Coleman, ed., *Politics of the Developing Areas* (Princeton University Press, 1960), p. 7.

政治學家（如G. A. Almond, W. G. Runciman），科學的哲學家（如E. Nagel, C. G. Hempel）❷。支持功能分析的理論，固然增加了它的聲勢。反對它的理論，有時也幫助了它的發展。

在四十年的發展過程中，所謂結構功能分析(structural-functional analysis)的出現，象徵了一個新階段。不過，結構功能分析並沒有增進新成素，因為拉底克里夫·布朗的理論模式中即已強調了社會結構❷，是功能分析的關鍵。以李維、派生斯及墨登爲代表的結構功能分析，其中心意義是社會結構在社會實體中的運作過程對社會系統的整體必然發生功能關係；社會結構是可觀察的行爲模式。他們的努力，雖沒有根本上改變功能分析的理論架構，但對功能分析的推進及強化，的確有很大貢獻。

功能分析由於承繼了長遠的傳統，並經過幾十年的發展，它在社會科學中顯然佔有鞏固的地位。到了二十世紀的五十年代，它儼然成爲社會科學中的最大學派之一。社會學家戴瑪錫夫(N. S. Timasheff)在1955年出版的一本書中曾說：「……最近幾年來，由於它（功能研究法）已有的迅速進步，也許我們可以合法的稱它爲功能學派……無論如何，設若功能論者繼續增進他們的聲勢，這一學派極可能取代新實在論的地位，而成爲當代社會學中最強大、最具影響力的學派」❷。

三、功能分析的基本觀念

在澄清功能一詞的過程中及說明功能分析的歷史發展裏，我們也許對現代功能分析的性質得到了一個粗淺的印象。但也很可能使

---

❷ H. Fallding, "Functional Analysis in Sociology", *American Sociological Review*, Vol. 28 (Feb., 1963), pp. 5–13.

❷ A. R. Radcliffe-Brown, "On the Structure", op. cit., pp. 8–9.

❷ N. S. Timasheff, op. cit., p. 219.

我們體會到功能分析的理論實在是不容易了解的。難於了解的原因，一方面是由於功能分析的基本觀念並無確定不移的統一性，另一方面是它的背景和發展牽涉到一個廣泛而又複雜的範圍。

為要有一較明確的了解，對功能分析的基本觀念繼續作一綜合性的說明，依然有其必要。我們想先引證幾位著名功能論者的話，來導引一般性的說明。

馬林羅斯基曾說：

（一個文化的功能分析）其目的乃在於對人類社會生活的事實作一系列的解釋。解釋這些事實是以它們的功能為準則。判別一個文化系統中的個別事實是否對這個文化產生功能，不外乎根據以下幾方面：它們在這個文化系統中扮演的角色；它們在此一文化系統中彼此間的關係所構成的狀態；以及此一文化系統與物質環境間的關係所構成的狀態。……因此，文化的功能觀(the functional view of culture)所堅持的原則，乃是風俗、觀念、信仰以及物質上的欲求，在一文化的模式中，必然都為這一文化的整體履行某種功能，達成某種目標，並代表著不可或缺的地位。❷❸

拉底克里夫・布朗也曾有另外一段文字，可以代表他對功能分析的基本觀念：

生命的有機現象與社會生活的現象頗有相似之處。若把非洲或澳洲的原始民族作一社區研究，我們可以發現到這些民族中有一社會結構的存在。在如此結構之中，個人是構成社會的基本單位，他們被一套固定的社會結構聯繫在一個整體的社會組織中。至於社會結構的持續性，很像有機結構的持續性一樣，並不因為個體的變化

❷❸　B. Malinowski, "Anthropology", *Encyclopedia Britannica*, Suppl. Vol. I (New York & London, 1936), pp. 132–133.

而被摧毀，社會結構的持續性是由一個社會過程來維繫的，社會過程乃由個體與團體之間的活動及互動關係所構成。社區的整個生活即等於社會結構的功能。比如犯罪的懲罰，葬禮的儀式以及一切常現的社會活動，在一個社會整體生活中，都扮演了角色，而發生某種功能作用。此種功能的貢獻即在於維持社會結構的持續性。❷

另外一位人類學家克勞孔(C. Kluckhohn)也曾為功能分析作了一個不同的說明：

一個文化的任何因素，只要它形成了一種反應的模式，以配合個體的需要，並適應社會的要求，它即在這個文化系統中具有功能作用。❷

以上三位都是人類學家，我們可另舉兩位社會學家對功能分析的基本觀念，來幫助我們的了解。派生斯是一位在理論建構上最具規模的社會學家，關於功能分析他曾有如此的話：

為社會的動力因素(dynamic factors)及動力過程(dynamic processes)，在社群系統中具有的重要性，提供一個評價的標準，即是功能分析的主要任務。……社會過程或一套社會條件，當其對於整個社群系統產生維持作用，即具有「正功能」(eufunction)；反之，發生損壞作用，即等於「負功能」(dysfunction)。❷

---

❷　A. R. Radcliffe-Brown, *Structure and Function in Primitive Society* (London, 1952), pp. 179–180.

❷　C. Kluckhohn, *Navaho Witchraft* (Cambridge: Reabody Museum, 1944), XXII, No. 2 47a.

❷　T. Parsons, *Essays in Sociological Theory* (Glencoe: The Free Press,

另一位社會學家墨登曾提出「顯性功能」(manifest function)與「隱性功能」(latent function)之說：

凡對於一個社群系統發生適應或配合作用的客觀後果，為參與此一社群生活的成員所意向並認同者，即為顯性功能；……相反的，此種客觀後果不為其成員所意向並認同者，即為隱性功能。❷

以上幾位功能論者的基本觀念，有的比較容易了解，有的並不容易了解。如果從一般功能論者常使用的觀念中，選擇幾個比較重要或不容易了解的基本觀念，分別加以說明，也許可能幫助我們對功能分析得到一個綜合性的認識。

1.系統與次級系統

系統一詞在功能論中是一個關鍵性的名詞。一位提倡行為科學的社會心理學家，曾為「系統」下了一個界說：「系統是在時空中被約定的一個範圍，它有外在的環境關係及內在的功能關係，而且它的內在各部分間具有能量互變(energy interchange)的交互影響。」❷這一界說很可採取，它似乎說明了一切系統的涵義。從最大的星雲系統(stellar system)或太陽系統(solar system)到最小的「原子是核子和電子所組成的一個系統」，從有生命的有機系統(organic system)到無生命的社群系統(social system)或文化系統(cultural system)，它都可在某種限度內加以說明。因此，系統一詞，在功能論者的心目中，是具有上述界說之涵義的。絕不可將「系統」這一觀念誤為「制度」(institution)，不然則不可能了解功能觀念。至於次級系統是系統概念的引申，它是相對的。比如地球是太陽系統的一個次級系統，太陽

1954), p. 217.

❷　R. K. Merton, op. cit., p. 51.

❷　J. G. Miler "Toward a General Theory for the Behavioral Sciences", *American Psychologist*, Vol. 10 (Sept. 1955), p. 514.

系統又是星雲系統的一個次級系統；國會是一個國家的次級系統，國家又是聯合國的一個次級系統。

社會功能是一個社群系統中的部分或次級系統對於此一整體產生的關係，此種關係有時發生整合作用，即為正功能，有時發生損壞作用，即為負功能。一切功能只有在一個系統中才會發生。也可說沒有系統觀念即無功能觀念，系統觀念是功能觀念的基礎。

2. 社會結構

拉底克里夫·布朗認為「社會的整個生活」即等於「社會結構的功能」(the functioning of the social structure)，也即是說，只要社會結構是在發生功能作用，整個社會即存在，反之，社會即不存在。而社會結構是可以通過可觀察的社會行為而認知的。事實上，它即是一套社會行為或社會過程所表現的一種形式。

派生斯以為任何一個社群系統必有一個具有整合意義的社會結構，一方面它進入到個體人格之中，把他們凝聚在一個社會組織中，另一方面它又支持整個社群系統的存在。結構的功能是雙重的；它一方面凝聚部分，另一面又支持全體[29]。一個結構的功能分析即等於分析了整個社會。

3. 生物性需要

馬林羅斯基最強調「生物性需要」(biological needs)，在他的觀念中，文化系統或社群系統中的一切組織、制度、活動及行為模式，都在滿足人類的需要，尤其是生物性需要[30]。一個社會的局部活動或制度是不是發生功能作用，一方面必須看它們是不是對於整個社會產生維繫作用，另一方面又必須看它們是不是滿足人類的需要。生物性需要是人類需要中最基本的，它要求生存和持續。

---

[29] T. Parsons et al., ed., *Toward a General Theory of Action* (Harvard University Press, 1954), pp. 146–148.

[30] B. Malinowski, "The Functional Theory", op. cit., pp. 147–176.

4.適應與配合

一個文化系統或社群系統中的任何局部活動或內在的常存因素，如制度、行為模式或次級系統，必須「適應」(adapting)此一社群系統的整合要求，並「配合」(adjusting)此一系統中個體的一般需要。適應或配合所形成的過程與狀態，即為社會功能。了解適應及配合的意義，則可幫助我們認識到所謂功能並非一個具體的東西或一個具體的制度，而是指一個系統中的局部活動對於整體的關係，或局部活動所構成的狀態。

5.正功能與負功能

當其一個社群系統中的局部活動，對於此一系統的整體產生適應作用、整合作用或維持作用的狀態時，即構成「正功能」(eufunction or function)；反之，產生損壞作用、分離作用或傾覆作用的狀態時，則構成「負功能」(dysfunction)。換句話說，一個系統中的局部對於全體具有正價值(positive value)，則是產生了正功能；反之，具有負價值(negative value)，則是產生了負功能。

有的人以為既有正功能與負功能之分，必有另一狀態，即是「無功能」(non-function)。所謂無功能乃指既不產生好的狀態也不產生壞的狀態。但功能論者以為無功能不能用於功能論的陳述，因為肯定一個系統的內在局部活動與其整體必有功能關係，是功能論的基本前提。如果無功能的觀念可以存在於功能論，則等於摧毀了功能論本身。也即是說，功能分析與一般分析並無區別，它不可能構成一個特殊的分析架構了。功能分析的理論模式，可以容納正功能或負功能的觀念，但不可能容納無功能的觀念 ❸。

6.主觀願望與客觀後果

功能分析必須要把主觀願望(subjective disposition)與客觀後果

---

❸　E. Nagel, *The Structure of Science* (Routledge & Kegan Paul, 1961), p. 523.

(objective consequence)嚴格劃分，不如此，功能分析即會失去經驗上的可證性。社會中的成員對於社會活動所懷有的動機和目的是主觀願望，一個分析者對於社會活動的主觀評價也是主觀願望。一種社會態度、社會信仰或一套社會行為對於社會結構的維持作用，或社會結構對於社群系統的整合作用，才是客觀後果。個別社會成員的願望或目的，固然是社會態度或信仰的構成因素，但社會態度或信仰，一經建立模式，維持社會結構，則非個體的變化所能影響。它是一種客觀的存在，而且它可以反轉來支配個體的主觀願望。一個分析者觀察社會信仰或社會態度與社會結構的功能關係，或社會結構與社群系統的功能關係時，絕不可滲入主觀評價，必須保持高度的客觀。

墨登認為功能分析不涉及主觀願望，只問客觀後果。主觀願望屬於動機的範疇，客觀後果才屬於功能的範疇。

7.顯性功能與隱性功能

一個社群系統中的局部活動對於整體的功能關係，為其成員所意識得到者，即顯性功能(manifest function)；反之，為其成員所意識不到者，即隱性功能(latent function)。當其對社會現象從事研究時，分析一個社會事實的顯性功能比較容易。隱性功能不僅不易研究，而且根本就不容易發現。因此關於隱性功能的發現，即代表社會知識的重要增進，而且隱性功能的觀念，可以幫助社會現象的研究者注意到社會生活並非如我們所看到的那麼簡單。「隱性功能」可說是功能分析值得重視的觀念之一❸ 。

四、功能分析的一般特點

關於功能分析的理論，並無定型的統一性，發生爭執的問題也

---

❸ R. K. Merton, op. cit., pp. 68–69.

不少。如果在這些被爭執的問題中，選擇幾個問題加以討論，必可幫助我們了解功能分析的一般特點。我們要討論的幾個問題是：第一、功能論在理論上的性質如何？第二、功能陳述是否可證？第三、功能關係是不是因果關係？第四、功能陳述是不是目的陳述？第五、功能分析是不是動態的？第六、功能論是不是一種意識型態？

1. 功能論在理論上的性質如何？

一般科學的理論，就理論的性質可分成實質理論(substantive theory)與建構理論(constructive theory)兩類。依照一位科學的哲學家布洛底柏克(M. Brodbeck)的論點，前者即普通所謂的理論，後者是一種模式(model)❸。簡單說來，實質理論是已經證明了的假設，它具有解釋力與預測力；建構理論乃為一種理論模式，它是建造理論的模型，在研究過程中它常被視為選擇問題和資料的標準，因此也可稱它為一種研究方法。用一個比喻來說，實質理論類似建築物，雖可能被其他的工程師抽離其結構，作為他自己建築新廈的模型，但它的存在並不是一個模型。至於一個建築模型則完全是為建築而設計的範本，它的本身並非建築物。

在科學的研究中，判別一個理論是實質理論或建構理論，有時很容易，有時卻很難。比如，密西爾(G. Michels)的「統治鐵律」(The Iron Law of Oligarchy)或達爾文的「進化論」是實質理論，「分殊研究法」(Piecemeal approach)或「系統研究法」(systems approach)是建構理論，我們很容易判別。但是，「組織論」(organization theory)、「場地論」(field theory)、或「功能論」，它們究竟是實質理論或建構理論，便很不容易判別了。

功能論在理論上的性質，其所以難於判別，乃因為功能陳述有時確實是一個經驗的通則，當可視為實質理論。大部分情形下，功

---

❸　M. Brodbeck, "Models, Meaning, and Theories", in L. Gross, ed., *Symposium on Sociological Theory* (Peterson, 1959), p. 379.

能論都在討論一種分析社會現象的設計，當更可視為建構理論。若一位人類學家說：「任何社群系統中的局部活動都在維持系統的整體，而構成一種功能關係。」此一陳述，或多或少的都是根據觀察社會事實或文化事實而得來的一個經驗通則(empirical generalization)。既是一個經驗通則，當然可以視為實質理論。但一般情形下，當提到功能論或功能分析時，都是把它看為建構性理論。比如，墨登(R. Merton)曾說：「功能分析，像其他所有的解釋設計一樣，它是依賴理論、方法及資料三種成分的聯合支持而存在的。」(Like all interpretative schemes, functional analysis depends upon a triple alliance between theory, method and data.)❸很顯然的，他認為功能分析乃是解釋設計的一種，當然是把功能分析看為一種建構理論。同時，從起源看，社會科學中的功能分析是從生物科學借用過來的。生物科學與社會科學處理兩類完全不同的現象，實質理論必然不可能互通，只有建構理論才可互借。更證明功能論是一種建構理論。因此，功能論在理論上的性質，似乎是雙重性的。

在心理學上，列文學派的場地論(Lewinian Field Theory)也與功能論的處境相同，很不容易判別它在理論上的性質。不過，列文為澄清此一問題曾有一個說明，他說：「與其說場地論是一種尋常的『理論』，不如說是分析因果關係及建立理論的一種方法❸。」場地論究竟是建構理論或實質理論，列文本人也把握不定，只說最好把它看成建構理論而已。因此，我們願模倣列文的口氣說：功能論雖可視

❸ R. K. Merton, op. cit., p. 19.

❸ K. Lewin, "Reply", p. 290, in Clark L. Hull, "The Problem of Intervening Variables in Molar Behavior Theory", *Psychological Review*, Vol. 60 (April, 1943), pp. 273–291; and see also B. Barber, "Structural-Functional Analysis: Some Problems and Misunderstandings", *American Sociological Review*, Vol. 21 (April, 1956), p. 131.

為實質理論，但把它看為建構理論更為適當。

2.功能陳述是否可證？

功能陳述(functional statement)是否可證的問題，也是一個常引起爭論的焦點。有的人認為功能論肯定社會是一個先天的均衡系統，與馬克斯肯定社會先天上即為鬥爭系統，比較起來，雖然是相反的，可是作為一個陳述看，都是沒有可證性的「神話」(myth)❸。也有的人解剖了功能論之後，發現功能論者肯定一個社群系統先天的要求自我持續(self-persisting or self-maintenance)及在局部之間的諧和與均衡，乃建立在一個隱含的價值判斷上。諧和、均衡及自我持續是可欲的，是善；反之，是不可欲的，是惡。價值判斷的陳述必然是一個規範性的陳述(normative statement)，當然無可證性。

這些批評不是毫無根據，因為功能論的基本觀念的確很含糊，容易引起誤解。設若把現代功能論的基本陳述稍加釐清，便可發現問題的核心。

一個最基本的功能陳述事實上是：一個系統S中的局部活動X所形成的狀態G，對系統S發生整合作用，即等於狀態G產生了正功能EF；對系統S發生損壞作用，即等於狀態G產生了負功能DF。在這一功能分析的陳述中，它並沒有肯定G先天的對S產生EF。G對於S產生EF或DF，是依靠G對S產生整合作用或損壞作用來判斷的。即是說G產生整合作用即產生EF，G產生損壞作用即產生DF。換言之，一個系統S的局部活動X所形成的狀態G對系統S有功能關係是一個描述性的陳述，可以通過社會事實的觀察得到證明。狀態G對系統S產生正功能或負功能也是描述性的陳述，也可以通過社會事實的觀察得到證明。它們都有經驗上的可證性。

---

❸　W. G. Runciman, op. cit., pp. 120–121; cf. K. Davis, "The Myth of Functional Analysis: As a Special Method in Sociology and Anthropology", *American Sociological Review* (Dec., 1959), pp. 752–772.

至於為什麼系統S中的局部活動X對系統S有先天的關係，或者全體與部分為什麼是有關係的，則等於問為什麼生命是存在的，卻是不可證的 **㊲**。因此，功能分析依然是建立在一個假設性的陳述上而進行的。不過，此種假設性的陳述，並不有損功能分析的成立。任何科學研究的推進都有其「非科學的基礎」(non-scientific bases)。比如，「為什麼這個世界存在？」(Why does the world exist?)，「為什麼我們能知道這個世界？」(Why can we know the world?)，都是不可證的。但科學研究的進行的確是建立在「世界是存在的」及「我們能知道這個世界」這類假設性的陳述上的。科學的基本假設常常是建立在預先約定的陳述上，此類陳述雖是不可證的，但並不有礙科學工作的推進 **㊳**。

關於功能陳述是否可證的問題，我們的結論是：功能陳述並非規範性的陳述，亦非完全不可證。一個系統中的局部活動對系統本身產生正功能或負功能，都是憑藉社會事實的觀察可得到證明的。至於全體與部分為什麼會有關係，是不可證的，但並不影響功能分析之成立。因為任何科學都有一個非科學的基礎。

3.功能關係是不是因果關係？

關於這個問題，我們可以分成兩種不同的意義來說明。

第一種意義下，當系統S的局部活動所構成的狀態G對於系統S產生功能關係時，此種功能關係(functional relation)即是因果關係(causal relation)。因為狀態G產生正功能則系統S呈現正常，狀態G產

㊲ R. Brown, *Explanation in Social Science* (Chicago: Aldine, 1964), pp. 109–110.

㊳ W. J. Goode and P. K. Hatt, *Methods is Social Research* (McGraw-Hill, 1952), p. 20; see also N. Campbell, *What Is Science?* (London: Methuem, 1921), Chapter 8; M. R. Cohen and E. Nagel, *An Introduction to Logic and Scientific Method* (Harcourt, 1934), Chapter 1 & 2.

生負功能則系統S呈現病態。S的正常或病態由G決定，G是S的正常或病態的因，S的正常或病態是G的果。

第二種意義下，一個系統的局部活動在這個系統中之所以存在與保持，乃由於這個系統的需要。系統的需要是因，局部活動的存在與保持是果。此一關聯是因果關係，亦是功能關係。

不過，功能關係只是因果關係中的一種；功能關係是因果關係的次類(subclass)❸。二者依然不同。比如，一個社會，因為它的宗教崩潰，而引起社會失調(maladjustment or anomie)。這個「社會」是一個特定系統，「宗教」是這一系統中的局部活動，「崩潰」是局部活動所形成的狀態，「社會失調」是局部活動對整個系統產生的負功能。「宗教崩潰」與「社會失調」之間的關係是功能關係。「宗教崩潰」是「社會失調」的因，「社會失調」是「宗教崩潰」的果，也是因果關係。又如，當其一個國家由於外來的侵略，而被毀滅。我們可說它是因果關係；「外來的侵略」是這個「國家被毀滅」的因，這個「國家被毀滅」是「外來的侵略」的果。但決不可能說它是功能關係，因「外來的侵略」並非「國家」的局部活動。功能關係是被約定在一個系統內在的❹。

因果關係解釋的現象很寬。凡是A出現之後則B出現，同時A又產生了B，即可說A與B之間具有因果關係。而功能關係只存在於一個自我持續的系統中。只有一個自我持續的系統中，部分與全體或部分與部分之間的關係才是功能關係。因此，因果關係能解釋的現象，功能關係不一定能解釋。功能關係只是因果關係的次類，它比因果關係的解釋範圍小得多❹。

---

❸　R. Brown, op. cit., p. 110.

❹　R. P. Dore, "Function and Cause", *American Sociological Review*, Vol. 26 (Dec., 1961), pp. 843–853.

❹　R. Brown, op. cit., pp. 110–112.

4.功能陳述是不是目的陳述?

功能陳述(functional statement)最容易與目的陳述(purposive statement)混淆不清。事實上,二者有顯著的差別。目的陳述在目的與達成目的的活動過程之外或之上,有一個活動的主體,而且達成目的的活動過程有一個預先的設計。比如,「張三想坐火車到高雄去看朋友。」「去看朋友」是「張三」的目的,「坐火車到高雄」是「張三」達成目的預設的活動過程。張三是此一目的陳述中的主體毫無可疑,其預先設計也一目了然。當其說:「宇宙的活動是一套有目的活動。」似乎不易看出主體是誰。其實稍加探究,即可發現它隱含了一個上帝是活動的主體。但是,功能陳述只描述一個特定系統中部分與部分或部分與全體之間的功能關係。它不包含一個活動主體,也沒有預先的設計。因此,功能陳述顯然不是目的陳述❷。

而且墨登特別強調,功能陳述只可涉及社會中常存的社會態度、社會信仰及制度化的行為……,不可涉及社會成員的主觀願望或目的。功能分析的對象是社會中部分與部分或部分與全體之間的客觀後果,而非社會成員的願望或創設制度者的動機❸。墨登雖也承認當一個制度或信仰的社會功能為顯性時,可能與社會成員的意向與願望是一致的。但是,分析的對象不是人的意向與願望,而是制度對於社會整體所產生的客觀後果。

功能陳述不僅與目的陳述相異,而且功能分析堅持二者必須清楚分開,不可稍有混淆。

5.功能分析是不是動態的?

不滿於功能分析的人,認為社會是複雜而又經常在變遷的人類組織,而且一個社會並非絕對孤立的,它與外在的其他社會常有密切的關係。如果依據功能分析的模式,預設一個系統,一方面只分

---

❷ Ibid., p. 109; cf. G. Gibson, op. cit., pp. 28–30.

❸ R. Merton, op. cit., pp. 50–51.

析系統的內在部分與全體及部分與部分之間的關係，另一面又摒棄系統外在的因素而不過問，孤立在一個封閉系統(closure system)之中，當然不可能有效的了解複雜的社會現象。此種功能研究法，先天上即注定是一個靜態的分析(static analysis)。

事實上，這種批評根本是對功能分析的一種誤解。在處理社會現象的過程中，功能分析所憑藉的簡單模式，一方面可以分析很廣泛的社會現象，另一方面也可以解釋社會的變遷。功能分析是先從行為模式及行為的互動關係加以觀察，使社會結構變成一個認知的因素，再確立社會結構與整個社會生活之間及社會結構與社會局部活動之間的功能關係，去了解整個社會生活的常態。在了解常態之後，再根據常態去尋找社會變遷的規律。比如，一個社會中的局部活動對於整體產生維持作用，則是常態；反之，產生損壞作用，則是變態。此種分析顯然不是把社會當著靜止狀態的，只是先求一個靜態的了解，再去發展動態的分析(dynamic analysis)。而且此種分析，從個體行為與社會結構的關係，到結構與整個社會實體的關係，都涉及到，並非只求社會片面現象的了解❹。因此，我們認為功能分析並不是先天上即為靜態的分析。

至於一個社會系統的外在因素是否可以納入功能分析，是比較難於回答的問題。

這個問題可根據兩種不同的情形來回答：第一是系統外在個別因素的影響，第二是社群系統之間的關係。第一種情形，外在個別因素是不可能被納入功能分析的，因一旦納入，則破壞了功能分析的獨特性，使功能分析與一般分析沒有區別了。但功能分析可旁及系統外在的因素。比如「一個人吃了某種含毒的食物而引起肝臟障礙，以致臥病不起。」「一個人」是一個有機系統的單元，「肝臟障礙」

❹　B. Barber, "Structural-Functional Analysis: Some Problems and Misunder-standing", op. cit., pp. 133–134.

是局部活動的狀態，「臥病不起」是局部活動的狀態對於這個系統產生的損壞作用（負功能）。而引起這個有機體失調的原因，是一個外來因素「某種含毒的食物」。外來因素對於一個有機體的關係只是一個因果關係，絕不是一個功能關係。但是，一個外來因素進入到一個有機系統可能發生的後果，是可通過功能分析而得到認知的，而且也可通過功能關係得到預測及有效的控制。同樣的道理，一個特定社群系統，因為外來宗教，破壞了它原有的信仰系統，而引起此一社群系統的失調。「外來宗教」對於此一社群系統的破壞作用，當然不是一個功能關係，而只是一個因果關係。但是，可以通過功能分析，更顯現出「外來宗教」對於此一社群系統的內在功能關係的影響。因此，功能分析雖不可能納入外來因素，但可旁及外來因素。

至於第二種情形，則可能使用功能分析。理由很簡單，所謂系統是一個相對性的存在。「除了一個社會是一個典型的社群系統外，不論一個社會的次級範疇或兩個以上的社會之間互動關係而產生的結果都一樣可以視為社群系統。」❹ 幾個社群系統，其個別的內在固然可使用功能分析。而幾個社群系統之間的關係，如達到某種依存關係的程度，當可把它們納入一個更高的社群系統，使它們變成這一高級社群系統的次級系統。社群系統之間的關係，可自成一系統，當然可以使用功能分析。比如，目前的世界狀況，各個國家是社群系統，而國家之間的關係──聯合國，亦可自成一社群系統，因此對「國家」和「聯合國」都可使用功能分析去加以了解。

根據以上的討論，功能分析顯然不如某些批評家所想像的情形，

---

❹　"Any social system other than a society is either a subcategory of a single-society or the result of interrelationships between two or more societies.", M. J. Levy, "Some Aspects of 'Structural-Functional Analysis' and Political Science", in R. Young, ed., *Approaches to the Study of Politics* (Northwestern University Press, 1958), pp. 52–66.

先天上即是靜態的分析。功能分析含有動態分析的成分比靜態分析
的成分要高得多。

　6. 功能論是不是一種意識型態？

　所謂意識型態，簡單說來，是價值判斷與事實判斷或規範性陳
述與描述性陳述的一種混合物。它把一套價值的信仰系統與某些解
釋事實的描述性命題羼雜在一起❹。由於功能論，一方面肯定滿足
人類的基本需要是一個社會結構、社會習俗、社會制度及一切行為
模式之所以存在的條件，另一方面又假設穩定(stability)、適應(adap-
tation)或整合(integration)是一種社會功能。因此，常常容易被誤為一
種意識型態。

　這種誤解，最奇異的現象是：有些人認為功能分析屬於急進的
意識型態（如Richard Lapiere）❹；有些人又堅信功能分析屬於保守
的意識型態（如Gunnar Myrdal）❹。前者認為在功能分析的模式下，
既肯定了一個社會制度的應否存在決定於它是否滿足人類需要，制
度的本身當然沒有固定不變的客觀依據。而人類的需要是常常隨著
時代或地域而變動的，於是社會制度亦應隨時隨地革新和改變。這
便是他們認為功能分析先天的屬於急進主義的理由。後者以為功能
分析認定一個社會的局部活動之價值，乃決定於它對社會整體的穩
定作用、適應作用及整合作用。此種論點簡直就是為既存現狀的一
種辯護，它當然是保守主義。

　此外，還有拿馬克思主義來與功能論對比者。他們認為功能論，
在起源上即是受了馬克思思想的刺激，而發展出來的一種反馬克思
思想的意識型態。馬克思強調社會的基本現象是階級的衝突，功能

❹　V. Van Dyke, *Political Science: A Philosophical Analysis* (London: Stevent & Sons, 1960), pp. 172–175.

❹　R. T. Lapiere, *Collective Behavior* (McGraw-Hill, 1938), pp. 55–56.

❹　G. Myrdal, *An American Dilemma* (Harpers, 1944), p. 1056.

論則堅持社會的基本現象是統一與整合；馬克思主義以經濟決定論解釋社會文化的一切現象，功能論以人類需要決定了人類的行為模式以及一切社會的或文化的狀態；馬克思主義以為社會利益偶然表面上的一致,乃是被經濟決定了的意識型態所顯示出來的虛妄外貌，功能論則以為社會的偶存衝突，也不過因為它具有鬆弛緊張狀態的功能❹。功能論的基本性格既與馬克思主義針鋒相對，而馬克思主義是急進的意識型態之代表，那麼功能論必然為保守主義。

不論以功能論是急進的意識型態或保守的意識型態的人，他們都是從功能論中部分的基本假設來作為論斷依據的。他們並沒有把意識型態的性質與功能論的性質作一深刻的比較。在我們看來，只有解決了功能論是不是價值判斷與事實判斷的混合物，才可評定功能論是不是意識型態。

早期的功能論，難免因認知因素與價值因素的混淆不清，容易被人誤為一種意識型態。至於現代的功能論，特別強調在分析過程中必須避免主觀的願望和道德意識。決定一個特定系統中的功能關係，只可根據社會事實觀察其客觀後果，當一個社會制度對於一個社群系統所產生的客觀後果是正功能時就說是正功能；是負功能時就說是負功能。而且什麼狀態是正功能，什麼狀態是負功能，也有客觀的標準，並可根據社會事實來印證。功能論絕沒有主觀上去支持某種制度或反對某種制度，也沒有肯定社會變遷是惡或社會永恆不變是善。至於功能論肯定一個社會的內在保持穩定、整合及相互適應是這個社會能夠持續下去的條件，並不等於肯定能夠持續下去的就是好社會，不能夠持續下去的就是壞社會。正如，生理學家說一個人的體內能量必須保持均衡才能活下去，並不等於說活得長的就是好人，活得短的就是壞人。從以上看來，功能論的一套陳述，都是經驗可以證明的關於社會事實的判斷，它並沒有企圖把價值判

---

❹　W. G. Runciman, op. cit., pp. 121–122.

斷混進事實判斷的跡象。它並不像馬克思主義或保守主義利用事實陳述與價值陳述的混合來為某一特定社會而辯護。意識型態常有其固定的價值取向，不可能既屬於此又屬於彼，既急進又保守。因此，從有些人替功能論戴保守的帽子，另一些人又替它戴急進的帽子而看，它之不具有意識型態的特點，亦可得到證明。

一種科學的知識或方法，常可能被各種不同的意識型態來加以利用，以證明其意識型態具有科學的根據。但是，科學的本身只求事實上的真理，它並沒有固定的價值取向；在價值判斷上科學是中性的❺⓪。如此說，並不含有任何貶損意識型態的意義。因為如果不把意識型態看為一種科學知識，而把它作為一種社會動力看，其威力是難於探測的，很值得研究。

關於功能論是不是一種意識型態的問題，我們的結論是：早期的功能論可能被誤為一種意識型態，而現代功能論沒有意識型態的任何特性，更不屬於任何一種意識型態；它只是分析社會現象的一種建構性的理論模式。

結　語

在我們對功能分析作了一廣泛的認識之後，使我們充分了解到，功能分析在社會科學中的確是非常得勢的理論模式之一。它有一長遠的背景，並且還在不斷發展中。功能分析雖日益得勢，已獲到相當普遍的承認，但遭受的誤解和批評也不算少。各種批評中最值得重視的一種，是關於功能分析的先決條件。因為在生理學中所謂「系統」或「局部活動」，對於一個有機體雖具有固定不變的意義，而在社會現象或文化現象中，所謂「自我持續的系統」(self-persisting sys-

---

❺⓪　Cf. B. Barber, *Science and Social Order* (The Free Press, 1952), pp. 225–232.

tem)便不易規定出客觀而確定的條件 ❺ 。比如一個社會或一個獨立
的文化可算一系統，固然容易了解。但「聯合國」或「國際聯盟」
是不是也算一個自我持續的系統，則會發生爭論。再如一個社會中
政治的經濟的各種活動固然是屬於次級系統，可以視為「局部活動」，
但是「內戰」或者「一個臨時性的會議」是不是也應納入「局部活
動」，便很難決定。如說應納入，可是它們並非是經常存在的或制度
化的行為，自然不合於一般功能論者所指的「局部活動」。如說不應
納入，可是它們對於一個獨立的社群系統所產生的影響作用又往往
可能遠甚於其他的功能關係。因此，當其功能分析的先決條件沒有
一個可靠的肯定性時，那麼功能分析在方法論上的困難，便難於徹
底克服。

但是，在科學史上，任何一種理論模式，都是通過實際應用和
知識成長而不斷改進與建立起來的。因此，我們不可因為功能分析
尚有未能克服的困難，便像某些批評家主張放棄功能分析 ❺ 。

功能分析雖不是沒有缺點的理論模式，但它已有的貢獻也頗大。
第一、功能分析澄清了傳統上的某些觀念。比如涂爾幹的「集體良
心」或盧梭的「公意志」，這些毫無經驗上意義的觀念，便可藉社會
結構的觀念得而澄清 ❺ 。第二、作為一個建構性的理論，功能分析
對於選擇問題、觀察現象和提出假設，的確有很大用處。事實上，
功能分析對社會現象的解釋已有顯著的幫助。比如某些原始民族的
吃人風俗，或殺害老年人的習慣，常為理性的人類所不可解，但放
在功能分析的探照之下，即可對這些奇異習俗得到某種解釋。再如

---

❺　E. Magel, op. cit., pp. 526–531; see also C. G. Hempel, "The Logic of
　　Functional Analysis", in L. Gross, ed., *Symposium on Sociological Theory*
　　(Peterson, 1959), p. 294.

❺　K. Davis, "The Myth of Functional Analysis", op. cit., pp. 752–772.

❺　W. G. Runciman, op. cit., pp. 122–123.

在比較政治制度的研究上，為什麼在甲社會可行的制度，到乙社會則行不通，也可通過功能分析來提出假設及選擇有用的資料，以求一種解釋。第三、假如功能解釋的可靠性很有限，它亦可能是一種有用的評價標準。因為一個社會活動可通過功能分析來決定此一活動是產生正功能或負功能，以幫助社會現象的了解❸。

　　任何一種科學方法都不可能是萬能的。事實上，一種研究方法或一種理論模式，只要它對實際的研究有所幫助，即是有貢獻。因此，我們可以肯定的說，在社會現象的研究上，功能分析的確是一種有貢獻的理論模式，而且它還在不斷發展中，其遠景未可限量。

❸　H. Fallding, "Functional Analysis in Sociology", *American Sociological Review*, Vol. 28 (Feb., 1963), pp. 5–13.

玖、政治權力的功能論：羅素的政治哲學之研究

前　言

——羅素與政治哲學——

羅素(Bertrand Arthur William Russell, 1872–1970)是二十世紀最著聲望的哲學家之一。他是當代英國思想家中唯一享有國際盛譽，為全世界所有的國家都熟知的人物❶。他和歷史上的許多哲學家(如柏拉圖、洛克、康德……)一樣，研究的範圍不僅止於純粹的哲學，政治以及其他社會問題也是被他熱烈討論的對象。羅素之重視政治思想的探索似乎比以往的某些哲學家猶有過之。其所以如此，乃有他個人特殊的背景。

他生長在一個極富於政治氣氛的家庭裏。他的祖父約翰羅素(Lord John Russell)是十九世紀中葉英國的首相之一。1832年的「改革法案」(The Reform Bill)即是他的祖父努力所促成的。他的父親安保勒羅素(Lord Amberley Russell)也曾從政，而且是英國最負盛名的政治思想家約翰穆勒(John S. Mill)的摯友。他的祖母及母親對於政治也具有深厚的興趣。因此，幼年時代的羅素，在耳濡目染之下，

---

❶ Rudolf Metz, *A Hundred Year of British Philosophy*, trans. by J. W. Harvey and Others (Allen & Unwin, 1950), p. 557. "He (Russell) is the only British thinker of the age who has an international reputation; the only one whose name is known in all countries."

即對實際政治與理論政治獲致了甚多難得的領悟❷。羅素在他自選集的序文中曾如此寫道：

我從小就對政治深感興趣；差不多在我還不能讀書的時候，家裏的人就開始教我英國憲法史了。我的最早的一本書出版於1896年，乃是對於「德國社會民主」(German social democracy)的研究。從1907年起，我就一直為婦女運動而積極的努力……。但是，假若沒有第一次世界大戰，我大概還會一直保持著學院的風格，並只從事抽象的研究。❸

1910年羅素與懷特海德(N. A. Whitehead)共同完成《數學原理》的初稿之後，他的創作方向漸起了轉變。他曾說：「自《數學原理》完成以後，我覺得不必再和以前一樣，集中精力於如此狹隘的一種工作上❹。」隨著1914年第一次世界大戰爆發，這一社會的巨變更加強了他關心政治問題的心理。他說：

當戰爭繼續進行的時候，我已無法再作抽象的探討了。正如服役的戰士一樣，我亦深感應盡我的一份責任。但是我不認為任何一邊的勝利可以解決任何問題。1915年我寫了一本《社會改造的原理》(*Principles of Social Reconstruction*)。我在這本書中，希望人類因戰爭漸感疲憊時，轉而對於建立安樂的社會之問題發生興趣。……在

---

❷ B. Russell, "My Mental Development", in Paul A. Schilpp, ed., *The Philosophy of Bertrand Russell* (Tudor, 1944, 1951), pp. 3–4; M. White, ed., *The Age of Analysis*: *20th Century Philosophers* (The New American Library, 1957), p. 194.

❸ B. Russell, "Introduction" to *Selected Papers of Bertrand Russell* (The Modern Library, 1927, 1955), p. XI.

❹ Idem.

整個戰爭過程中，我曾努力——雖然沒有成功——為一般人寫作。
大戰結束後，我發現我不可能再回到過去學院式的生涯。……當我
走入書房時，我覺得不能再把世界關在我的思想之外。❺

　　自第一次大戰爆發之後直到現在，羅素大部分的著作都是有關
政治思想及社會問題的，其中的幾部已被認為是當代最傑出之有關
政治思想的名著（如*Principles of Social Reconstruction*, 1915; *Political Ideals*, 1917; *The Prospects of Industrial Civilization*, 1923; *Freedom and Organization, 1814–1914*, 1934; *Which Way to Peace?*, 1936; *Power: A New Social Analysis*, 1938; *Authority and the Individual*, 1949; *New Hopes for a Changing World*, 1951; *Human Society in Ethics and Politics*, 1952）。現代英國政治思想家卡特琳(George E. G. Catlin)在《政治哲學家的歷史》(*The Story of the Political Philosophers*)一書中，對於羅素在政治哲學上的地位，評價甚高。他說羅素以心理學的觀點建立「政治學的權力論」(a "power interpretation" of politics)，羅素即無形中進入了政治學上芝加哥學派(the Chicago School)❻的行列。他並認為單以羅素〈論自由人的崇拜〉("A Free Man's Worship")一文來看，這篇約五千字的短文，在英語的世界中，

---

❺　Ibid., p. XII.

❻　芝加哥學派可分舊芝加哥學派及新芝加哥學派。這個學派的早期以實
　　驗主義和人文主義為重心，其代表人物即為杜威(John Dewey)。新芝加
　　哥學派以一群政治科學家及社會科學家為代表（如C. E. Merriam, R.
　　Park, E. Burgess, L. L. Thurstone, T. V. Smith, H. D. Lasswell……）。他
　　們強調政治科學即是研究權力的科學；並注重政治與其他各種學科，
　　如哲學、歷史、社會學及心理學，作比較研究，以期得到一整合的體
　　系。See George Catlin, *A Story of the Political Philosophers* (Tudor,
　　1939), pp. 753–754, 756–758.

即是堅持個人價值最光輝的論文之一❼。

　　羅素的《權力論》一書出版於1938年。以權力作為一個中心概念來觀察和分析一切的政治現象，他並非第一個創始者。說遠一點，可以追溯到馬基維利(N. Machiavelli, 1469–1527)及霍布斯(T. Hobbes, 1588–1679)。最近六十年來，以權力作為研究政治學的概念架構(conceptual framework)者，亦頗不乏其人。在歐洲大陸有韋柏(M. Weber)、曼漢門(K. Mannheim)、摩斯加(G. Mosca)，在英美有卡特琳、梅菱(C. E. Merriam)、拉斯威爾(H. D. Lasswell)……。羅素在權力概念的建立上，某些方面也許不及少數傑出的政治學家更為嚴謹、更具系統。但是，他卻具有得天獨厚的創造力、同情心和優異的哲學訓練及文學天才（他曾獲得1950年諾貝爾文學獎），從他的政治思想中常可發現出極有價值的原始創見(originality)，非當代任何其他的政治思想家所能企及。他對權力所作的分析，不僅遍及一切政治生活裏的諸問題，而且涉及一般的人際關係(interpersonal relations)。其範圍之廣，絕非本文所能論列得了。

　　本文所要做的工作：只在從羅素的各種著作中尋找他對政治權力的功能作過一些什麼樣的分析，並與當代其他各家的權力學說作比較研究。為了討論的方便起見，全文分做幾個方面：⑴政治權力的必需；⑵從人性分析的觀點看政治權力的功能；⑶從個人自由的觀點看政治權力的功能；⑷從世界和平的觀點看政治權力的功能；⑸功能性權力的社會條件。

一、政治權力的必需

　　羅素雖然是一個竭力主張澄清一切科學名詞之涵義的哲學家，可是他自己所使用的名詞並非前後完全一致。對政治權力一詞他也

❼　Ibid., p. 757.

沒有一個固定的界說。當他說「權力」、「國家」、「政府」、「組織」、「法律秩序」、「強制性的力量」(coercive force)以及「軍事力量的獨佔」(the monopoly of armed force)……有時便與政治權力是同義的。大體上說來，他所指的政治權力，即是在一塊固定的領土上要求合法使用強制性力量之獨佔(the monopoly of the legitimate use of coercive force)以統治一切人民的權力❽。本文用「政府」、「國家」……諸名詞時即與此一界說相同，亦即暗指政治權力。

　　以有系統的權力觀念來分析或研究一切政治行為，雖然是一個比較晚近的趨勢，但是，政治權力之存在於人類社會生活中的事實，卻有一悠遠的歷史，可以追溯到新石器時代(neolithic of new stone age)❾。在這個時代裏，原始人類的社會生活中開始出現法律、權威及強制性的合作。

　　政治權力的事實始於新石器時代，雖已為現代人類學所證實，但人類社會中為什麼會出現政治權力、政府或強制性的組織(coercive organization)？政治權力在人類社會中是否必需？歷來政治思想家卻並無一致公認的答案。有些思想家，如無政府主義者(anarchists)❿，認為政治權力之出現實為人類社會生活中的一個錯誤與不幸，

---

❽　M. Weber, *Essays in Sociology*, trans. & ed. by H. H. Gerth and G. W. Mills (Oxford University Press, 1953), p. 78.

❾　B. Russell, *Authority and the Individual* (Simon & Schuster, 3rd ed., 1949), p. 12. "Men of the New Stone Age were already quite different; they had government, authorities capable of exacting obedience, and large-scale enforced co-operation."

❿　無政府主義者的代表人物，在西方有英國的W. Godwin，法國的J. Proudon 與C. Fourier及俄國的M. Bakunin與P. Kropotkin。在中國有老子和莊子。以老莊思想即為無政府主義的思想，乃是羅素的看法。See *Power: A New Social Analysis* (Allen & Unwin, 1938, 7th ed., 1957), p. 285. "The problem of the taming of power is, ...a very ancient one. The

他們相信不需要政治權力，人類亦可過安居樂業的生活。政治權力存在一天，則人壓迫人的現象便會存在一天。另外一些思想家，如絕對的專制主義者(absolute despotists)**⑪**，則堅信政治權力之出現於人類社會實為歷史發展的必然，人們服從政治權力是達到自由的唯一道路。政治權力的自身即為文明生活的目的。人如脫離了政治生活即會回復到野蠻的自然狀態中，根本不成其為人了。關於政治權力之是否必需的問題，無政府主義與專制主義者向來各自堅持一個極端，爭論不休。任何一邊均不可能合理的說服對方。

羅素以為他們的爭論是沒有意義的。因為，在人類社會中，政治權力的存在是一個長遠的事實，在可能想像的未來世界中，政治權力依然是一個不可缺少的因素。政治權力之必需是沒有問題的問題。問題之所在乃是需要什麼類型的政治權力和什麼程度的政治權力**⑫**。當代知識社會學的創建者曼漢門也曾說：「沒有任何社會可以脫離某種形式的權力而能夠存在」(No society can exist without some form of power.)**⑬**。關於政治權力之必需，羅素與曼漢門的見解可以

Taoists thought it insoluble, and advocated anarchism." 共產主義者則為極權主義與無政府主義的混合，其國家凋謝說即為無政府主義的成分。

⑪ 黑格爾(G. W. F. Hegel)在其神話引的「絕對精神」之外衣的掩飾下，推論出來普魯士王國即為「絕對精神」發展到最高階段。黑格爾在政治理論上便是一個絕對專制主義者的代表。Cf. B. Russell, "Philosophy and Politics", in W. Ebenstein, ed., *Modern Political Thought*: *The Great Issues* (Rinehart, 1955), pp. 14–16; or B. Russell, *Unpopular Essays* (Simon & Schuster, 1950), pp. 10–13. 如布丹(J. Bodin)也是絕對專制主義者的代表之一。他說「絕對權力」即是「統治一切人與物的權力，整個國家依照一個人的意志行事之謂」。See J. Bodin, "On Sovereignty", Book Chapter 8, *Six Books of the Commonwealth* (Macmillan, 1956).

⑫ B. Russell, *The Future of Science* (Dutton, 1924), pp. 28–29.

⑬ K. Mannheim, *Freedom, Power and Democratic Planning* (Routledge &

說是完全一致的。

　　無政府的社會只是一個幻想。因為，在任何可能想像的社會中，如果沒有一個公正的權力存在，則任何強者可以隨時侵犯弱者。弱者在這樣的狀態下，其生命、財產與自由必然感到朝不保夕。並且文明的發展必需某種程度的安定與秩序；而無政府的社會中則是恐怖與混亂，文明當然無法持續。專制主義也只是一種「神話」。因為任何社會組織都是由人建立的，為人存在的。把人視為某種權威的手段，就是抹煞了人的價值。人是唯一知道肯定自我價值的動物。任何社會權威如果違反了人的自我價值，也許可以欺騙於一時，但遲早將為人所反抗。專制主義者雖然強調政治權力的重要，但此種類型的政治權力，不僅不為人所需要，而且必為人所反對。

　　羅素肯定政治權力的必需是從個人的自由、幸福和價值作出發點。因為人要實現自由與幸福，完成自我的價值，不能不經營社會生活，建立規模龐大的公共權力，在消極方面維持秩序並公平的保障每一個人的安全，在積極方面可以幫助實現個人的合理慾望。他曾說：

　　自有政府的存在以來，它即有兩大功能：一個是消極的，一個是積極的。它的消極功能是防止個人擾亂秩序，保障生命與財產；制定法律並強制執行。除了消極的功能以外，它還有積極的功能。那就是幫助被認為是大多數人民的慾望之實現❹。我以為政府的目標應該有三個：安全(security)，公正(justice)，保持(conservation)。對於人類的幸福而言，這三項目標是最重要的；同時也祇有政府才有足夠的力量可以實現得了這三項目標。此三者中沒有任何一個是

Kegan Raul, 1951), p. 45.

❹　*Authority and the Individual*, pp. 19–20, cf. "The State", *Selected Papers of Bertrand Russell* (Modern Library, 1955), pp. 65–66.

絕對的，在某種情形下，為了某一項目標能獲致更大程度的利益，另一個目標則可作相當程度的犧牲。**⑮**

所謂安全是指保護個人生命與財產的意義；免除來自內在及外在的壓迫與恐懼。所謂公正包含經濟的公正及政治的公正。經濟的公正要求經濟利益的分配能公平合理，政治的公正在求政治權力能充分民主化。保持乃指一切精神文明的擇優發揚，及一切自然資源之有計畫的節省 **⑯**。這三項目標之實現，乃為提高個人幸福的條件。也即是說，政治權力之為必需，之具有價值，只在對個人幸福發生有利的影響時，才是一個真的命題。政治權力對個人幸福言，不過是一種工具價值(instrumental value)而已 **⑰**。

從價值標準出發，曼漢門曾將政治權力分成兩個類型：一種叫做功能性的權力(functional power)，另一種叫做專斷性的權力(arbitrary power)。前者意指權力的存在與使用，有一個高於權力自身的目的作為準則。它為了完成個人的或團體的幸福而得到合法性(legitimation)。這一類型的政治權力非固有價值(intrinsic value)僅為工具價值。後者意指權力的自身即為目的，它高於一切。一個統治階級，在越過社會功能所必須的某種限度之外，依然要求權力的存在與使用，即是專斷性權力的具體表現。也即是說，這一類型的政治權力

---

⑮　*Authority and the Individual*, op. cit., pp. 54–55.

⑯　Ibid., pp. 55–59.

⑰　工具價值是倫理學上的一個名詞，與固有價值(intrinsic value)是對待的。所謂價值即是慾望的目標(values are the objects of desire)。凡一事物的自身即可滿足人的慾望者，這一事物則具固有價值，凡一事物只是滿足人的慾望之條件者，則係工具價值。民主主義者以政府或國家為一工具價值；極權主義者則認為它們具有固有價值。Cf. D. Lerner & H. D. Lasswell, *The Policy Sciences* (Stanford University Press, 1951), p. 284.

以其自身即具有固有價值 ❶ 。

　　羅素以為只有「人的良好的生活」才是最終目的，政治權力不
過是完成此一目的的手段罷了。故他所說的政治權力當然指的是功
能性的權力。至於專斷性的權力，在羅素的邏輯裏，不僅不必要，
而且應竭力從人類社會中消除。這一論點十分值得重視，不然，對
羅素主張政治權力為一必需，便會產生許多不必要的誤解。

　　換言之，羅素一方面堅持功能性的權力之必需，另一方面他也
堅決反對人必須服從「一個神秘的全體」(a mystical totality) ❶ 。個
人才是目的，所謂全體——國家、政府以及一切社會組織——僅是
手段。手段必須依照目的的需要來安排來調整。我們需要什麼類型
的政府？什麼程度的政府權力？應該完全依照人在特殊歷史情勢中
所產生的願望和幸福觀念，來做最後準則，以求合理的安排與調整。
事實上，人在歷史過程中，也的確對於政治權力的形態，作過不少
的修正和發明。羅素肯定政治權力為一必需，具有人類社會不可缺
少的功能，其基本出發點乃建立在堅持個人價值的前提上。以下我
們繼續從人性、自由及世界和平諸種不同的角度，來看羅素對政治
權力的必需提出了一些什麼論證和分析。

二、從人性分析的觀點看

　　古往今來，思考政治權力或政府是否需要的思想家，常隨著他
們對於人性的假定而不同。有的思想家，如早期的盧梭和俄國的克
魯泡特金(P. Kropotkin)，以為人是絕對善良的，合作是人的天性。
一個社會裏沒有強制性的政治權力存在，人依然可以得到美滿的社
會生活。而且，相反的，政治權力常會敗壞個人的理性及道德情操。

---

❶　K. Mannheim, op. cit., pp. 45–47, 65–66.

❶　Russell, *Power*, op. cit., p. 317.

人如想獲得完全的自由，必須從人類社會中把一切形式的政治權力徹底取消❷。另外一些思想家，如馬基維利與霍布斯，對於人性的估價則甚為悲觀。他們認為人是最自私的動物。人性是惡的，一般人都很壞。所以他們主張人應接受一個強制性的絕對權力之統治，否則，社會必然大亂❷。

　　羅素的政治哲學也很重視人性分析。他說：「從科學的觀點看，我的社會哲學的要點就在注重心理學。」❷不過，羅素假定人性既非絕對的善，也非絕對的惡。他並認為同樣存在於人性中的某種衝動，如導引得當即可發生好的後果，如導引不當則會產生不良的影響。

　　羅素假定人類社會活動的主要動力是人性中的權力慾。這一假設在馬克基爾(V. J. McGill)看來似與尼采(F. W. Nietzsche)的「權力意志」(will to power)相近❷。實際上，羅素的「權力慾」乃是從歷史的紀錄中以經驗觀察所得的結論，而尼采的「權力意志」則是從

❷　盧梭(J. Rousseau)的思想，曾被羅素在《西方哲學史》一書中加以抨擊。他認為盧梭是一個觀念論的絕對主義者。但其早期思想，尤其表現於《論不平等的起源》(*The Discourse on Inequality*, 1754)一書中的思想，則以「高貴的野蠻」(the noble savage)為理想，讚美原始的自然狀態，認為只有此種狀態中才是平等、自由的境界；不僅反政治權力，甚至反文明。See L. G. Wanlass, *Gettell's History of Political Thought* (Appleton, 1953), pp. 253–254. 克魯泡特金則力倡人性互助論，並提倡無政府主義。See C. C. Rodee and Others, *Introduction to Political Science* (McGraw-Hill, 1957), pp. 344–345.

❷　G. H. Sabine, *A History of Political Theory* (Holt, 1955), pp. 342–344, 461–464.

❷　B. Russell, "Living Philosophy", in C. Fadiman, ed., *I Believe: The Personal Philosophies of Certain Eminent Men and Women of Our Time* (Simon and Schuster, 1939), pp. 409–412.

❷　V. J. McGill, "Russell's Political and Economic Philosophy", in P. A. Schilpp, ed., op. cit., p. 587.

叔本華(A. Schopenhauer)的形上學孕育而成。並且尼采是以「權力意志」的實現為人生價值的最高形式。羅素雖然承認「愛好權力」(love of power)是每個人深藏的動機，但是此一深藏的動機，其活動的後果，並非完全的善，它可能激發個人的上進與努力，成為推動人類一切文明的原動力。它也可能是使人變得殘忍、專橫和製造戰爭的因素。人性中的權力慾所帶來的後果，有時固有益於人類，有時對於人類社會卻為害甚大❷。此一權力慾其為禍為福端視如何安排如何控制而定。

　　一切的人，表現在愛好權力的方式上，雖然各有不同，但任何人都有此一慾望。在愛好權力的方式上，可以把人分為三個類型：命令型的、服從型的和隱遁型的。命令型的人是正面的表現了愛好權力。關於此點似乎不用任何解釋就會完全得到了解。服從型的人從反面表現了愛好權力。他們比較懦弱，希望從服從旁的有力人士來提高自己的地位，分享別人的權力。平常的事例告訴我們諂上的人必然驕下。從心理方面看，其實「諂上」原是「驕下」的手段。「驕下」才是真正的原始動機❷。隱遁型的人是從側面來表現了他們的愛好權力。他們並非真正的淡泊名利之士，他們在表面上雖然離開了一個社會的權力中心，而隱居水邊林下，但是他們卻暗暗的盼望著，清高將會取得別人的尊敬。隱士在歷史上常常成為異教的領袖、賢人或新學派的創始者。他們喜歡收容一些既樂於服從而又反抗舊社會的人為其子弟❷。

　　羅素肯定人人都是好權的。此一愛好權力的慾望，曾為人類帶

---

❷　B. Russell, *Principles of Social Reconstruction* (Allen and Unwin, 1916), pp. 17–19; see also B. Russell, *Human Society in Ethics and Politics* (Simon and Schuster, 1955), pp. 146–147.

❷　Russell, *Power*, op. cit., pp. 17–19.

❷　Ibid., pp. 25–28.

來了層出不窮的災害和悲劇，也曾為人類帶來藝術、文學、科學和許多富於光輝的事物。人如沒有了這一好權（包含榮譽，地位和財富……）的衝動，則文明便將陷於停滯。他曾說：「只有承認愛好權力是一切重要社會活動的主要原因，始能正確的解釋一切古今的歷史。」❷

此外，羅素也曾把人性中的各種衝動分成兩大類：一為「佔有的衝動」(possessive impulse)，一為「創造的衝動」(creative impulse)。前者在獲取或保存私有的東西，是一種無限貪婪的慾望之泉源。如像社會權力的獨佔，財產的獨佔均來自這一類衝動。後者常為世界帶來有價值的東西，有利於人類的事物。它的自身沒有任何佔有或自私的色彩。如像詩人、科學的發明家，他們不僅不把自己的詩篇或發明據為己有，而且還希望別人喜歡欣賞他們的作品或成就❷。

人的基本情緒，羅素亦曾劃分為兩種。一種叫做「褊狹的情緒」(repressive emotions)，凡殘忍、恐懼、嫉妒諸種情緒都屬於這一種。這些情緒在人生社會的過程中，多半發生壞的後果。另一種情緒叫做「豁達的情緒」(expansive emotions)，所指的是希望心、藝術的玩賞、愛情、仁慈和智識的好奇心(intellectual curiosity)諸情緒。這些情緒是值得培養和擴張的。它們常常替文明帶來進步，替生活增加快樂❷。褊狹的情緒是破壞性的，乃為形成人的仇恨心理或怨毒心

---

❷　"It is only by realizing that love of power is the cause of the activities that are important in social affairs that history, whether ancient or modern, can be rightly interpreted.", Ibid., p. 10.

❷　B. Russell, *Political Ideals* (The Century, 1917), p. 8; *Principles of Social Reconstruction*, op. cit., pp. 15, 17, 19; *Authority and the Individual*, op. cit., pp. 65–66; *Human Society in Ethics and Politics*, op. cit., pp. 144–146.

❷　B. Russell, *How to be Free and Happy* (The Rand School of Social Science, 1924), pp. 23–24.

理的基礎。戰爭的心理根源即植根於此種情緒之中。豁達的情緒是建設性的，它是友善心理的泉源，社會的改造，文明的進步和人生的幸福多由此種心理激發而來❸。

在這樣一個人性的分析之下，政治權力對於人的社會生活應該做些什麼？我們可以很自然的推論得到。人性中的某些衝動，如像佔有的衝動或褊狹的情緒，可能擾亂一個社會所賴以維持的基本秩序，甚至破壞社會生活的存在。要阻止或預防這種發展的傾向，就不能不需要一個公認的政治權力去制定和執行一種合理的法律秩序，以控制人性中的惡劣傾向。從這一方面看，當其人性中的某些壞的方面，在沒有或者根本不可能改變以前，社會生活需要一個公正的制裁性的政治權力是必然的。政治權力除了對於人性的一面具有消極功能之外，而且對於人性中的創造性的衝動或豁達的情緒，亦需要它負起積極的功能。因為要發展人的創造天才，鼓勵他們憧憬未來的希望心，以推動文明的進步，首先必須有一個安定而又自由的社會條件，不過，這一條件之建立則非有政治權力的規範不可。無政府的社會雖然未必如霍布士所假想的自然狀態那麼可怕❸，但至少它不可能具有安定和自由，更不可能充分發展人的天才，合理的滿足人的願望。羅素以為欲要充分發展人的才能並滿足各種慾望，不僅需要政府提供安定與自由的條件，而且還需要政府創設新的條件。就當代文明的趨勢看，需要強大的政府發展積極性的功能似乎尤其感到迫切而又重要❸。

❸　B. Russell, *Principles of Social Reconstruction*, op. cit., pp. 95–96; see also B. Russell, *The Analysis of Mind* (Macmillan, 6th ed., 1951), Lecture 14; E. Fromm, *The Sane Society* (Rinehart, 8th ed., 1959), pp. 36–38.

❸　T. Hobbes, *Leviathan* (Everyman's ed.), Chapter 13.

❸　B. Russell, *Authority and the Individual*, op. cit., pp. 65–66; see also "The State", *Selected Papers of Bertrand Russell*, op. cit., pp. 56, 63, 83.

　　至於政治權力對人性中的權力慾而言，一方面政治權力在社會
實體(social reality)中必須民主化，使社會裏所有的個人都能平等的
合理的滿足其自尊心，另一方面政治權力則有使用強制性力量的合
法地位，對某些人毫無限制的擴張其權力慾而成為暴君或暴徒等，
須加以嚴厲的制裁。唯有如此，愛好權力的衝動才可能產生善的後
果，並免除其惡的展性。

　　不過，政治權力在社會實體中的運作所採取的方式，雖然到了
最後常是使用強制性的武力以制裁某些成員的行為，迫使人性中破
壞性的衝動或擾亂性的權力慾得以馴服，但是在任何文明的社會中，
馴服人性中某方面的衝動，最好盡量以說服、協調或教育的途徑先
行加以努力 ❸。非萬不得已，不可輕易採用武力的強制方式。因為
政治權力要能發生支配人類行為的效應，必須使此一權力在被統治
的心理上是武力與正義的合一(to unite justic with force)。如果一個政
府處處顯示武力(display of force)，其權力便很難達到預期的功能，
有時甚至可能激成政變或革命。政治權力的持有者，如能善用正義
的觀念，在馴服人性的功效上，當比靠純粹武力更易得到成功。哈
佛大學教授季辛吉(H. A. Kissinger)曾說：「當沒有一個運用權力的主
義存在時，權力的自身便是沒有意義的。」❹在我們思考馴服人性與
政治權力的功能時，這一句話實在值得十分重視。

　　並且在純粹的暴力統治或獨裁的政府形式之下，政治權力常會

---

❸　C. E. Merriam, *Political Power* (McGraw-Hill, 1950), p. 21; "The
monopoly of force, which is so often declared to be the chief characteristic
of the political association, is not meant for daily use, but as a last resort
when all other measures of persuasion and conciliation have failed."

❹　"Power is meaningless in the absence of a doctrine for employing it.", H.
A. Kissinger, "Force and Diplomacy in the Nuclear Age", *Foreign Affairs*,
Vol. 34 (April, 1956), p. 366.

喪失其功能性的意義。不僅阻止了個人的創造活力，陷社會文化於停滯狀態，而且權力的自身，對於個體的幸福反產生負作用，使個人遭受到不必要的迫害。在現代社會中，如法西斯的國家或共產主義的國家便充分表現了這一壞的政治形態❸。它們的權力乃是自由與個性的死敵。

三、從個人自由的觀點看

自由與組織，或個人自由與社會權威應如何調適？在西方政治思想中，不僅是一個古老的問題，而且是爭論最多而至今猶未完全解決的難題。持個體重於全體的是一個主流，持全體重於個體的又是另一個主流。在歷史上，有時是前者得勢，有時是後者居優。也可以說，整個思想史便是這兩個主流此起彼伏互為消長的紀錄❸。強調個人自由的必堅決反對社會權威，甚至認為欲充分獲得個人自由，最好使政治權力趨於零。他們的終極目標即是取消政治權力的存在；「完全的自由即等於完全沒有管治」❸。強調全體重於個體者，以為宇宙或歷史乃是根據一個先驗的(a priori)秩序之展現。國家是歷史發展的產物，它代表先驗秩序，先驗秩序是必然的，非人力所能改變，所以國家的意志即是必然的規律。個人如欲得到自由，必須服從國家的意志──法律。換言之，「自由即是服從必然」。因此，服從政治權威即是實現具體自由的唯一通路。這一派的論調，實際

---

❸　B. Russell, *In Praise of Idleness* (Allen & Unwin, 1935), pp. 104–105; cf. B. Russell, "Why I Am not a Communist", *The Meaning of Marx*: *A Symposium* (Farrar & Rinehart, 1934), pp. 83–85; B. Russell, *The Practice and Theory of Bolshevism* (Allen & Unwin, 1920), p. 180.

❸　R. G. Gettell, *Political Science* (Ginn, rev. ed., 1949), pp. 395–396.

❸　Sir J. Seeley, *Introduction to Political Science* (London, 1896), p. 119.

上即等於把社會權威的自身視爲目的，並高高的放在個人自由之
上❸。

　　對於個人自由與社會組織，羅素所持的理論則有別於前兩種極
端的說法。個人自由與政治權威之間的關係並非完全互不相容的，
更非絕對的相反。他說：

　　有些人是最關心於社會凝聚(social cohesion)的，有些人是根本
上重視個人創造(individual initiative)的。自古希臘以來，這兩者之間
一直持續著漫長的爭論。每一個這種長年不斷的爭執中，必然是雙
方都自認爲有真理。一個直截了當的解決恐怕是得不到的，最好的
情形，也只可能得到一個包含各種調和折衷的解決。❸

　　在人類社會生活的經驗中，過分偏重個人自由或個人的道德
(personal morality)，則社會勢必趨於瓦解。但過分偏重社會組織或公
民的道德(civil morality)，則人生就沒有什麼價值可言了❹。這兩方
面是不可偏廢的，它們對於一個良好的社會生活應得到同等的重視。
他也曾明白的告訴我們：

　　太少的自由，會造成社會的停滯與僵化；太多的自由，又會帶
來社會的混亂與無秩序(...too little liberty brings stagnation, and too
much brings chaos.)。❹

　　羅素根本不相信盧梭或者洛克所描寫的自然狀態。他認爲在先
法律秩序的社會裏根本不可能有和平，也不可能有自由。即使有自

---

❸　Cf. G. H. Sabine, op. cit., p. 656; see also B. Bosanquet, *The Philosophical Theory of the State* (St. Martins, 1940), pp. 115– 116.

❸　B. Russell, *Authority and the Individual*, op. cit., p. 75.

❹　Ibid., p. 70.

❹　Ibid., p. 25.

由，也不過只有少數的強者才可能享有此種自由❷。羅素對原始的無政府狀態的看法，卻與霍布斯的假設相近。在此種狀態中，人際關係即為一永恆的戰爭狀態。在「人人互相敵視」(every man against every man)下，當然不可能有任何的和平❸。而且戰爭狀態，不論是個人與個人間的或團體與團體間的，都會不斷的帶來恐怖。活在恐怖中的人是絕對不會有自由的。用羅素自己的話說:「戰爭是自由最惡劣的剋星。」(The worst enemy of freedom is war.)❹

羅素討論自由這一觀念時，完全是從個人在社會實體中獲取選擇的機會而定。「自由即是一個組織為其成員提供最大機會的限度。」(Freedom is the maximum degree of opportunity that an organization cat supply its members.)此說與近人佛列以為人在社會組織中「可能作選擇的最寬幅度即為自由」(...the widest range of possible choice... that is freedom.)相同❺。羅素完全放棄了自然的權力和自然的自由(natural right and natural liberty)之舊說，認為人只有在社會生活中始有自由觀念的產生。這種觀點並非羅素所創，它可以追溯到近代民主之父洛克。洛克雖然也談到天賦人權或自然的自由，但是他畢竟強調了自由實為「社會中的人之自由」(the liberty of man in society)。而且洛克也曾明白指出所謂自由即是指依照一種常規(a standing rule)的生活。常規即為經過被統治者的同意(the consent of the governed)而制定出來的法律❻。

從以上看來，羅素認為個人自由與社會組織不僅不是相反的，

❷　B. Russell, *Principles of Social Reconstruction*, op. cit., p. 46.

❸　T. Hobbes, op. cit., Chapter 13.

❹　"The State", *Selected Papers of B. Russell*, op. cit., p. 86.

❺　Lon L. Fuller, "Freedom: A Suggested Analysis", *Harvard Law Review*, Vol. 68 (1955), p. 1317.

❻　John Locke, *Of Civil Government* (Everyman's ed.), Bk. II, Sect. 22, 214.

並且社會組織是創設自由的必要條件。因為個人在無法律秩序的社會中,所感到的是恐怖而非自由,而且一個社會要有安定、和平及秩序,又非要一個政治權力的設置不可,所以政治權力與個人自由並非完全處於互相對立的狀態。某種形式的權力對於個人自由即具有積極功能,發生相成的作用。

比如羅素曾提到,人類天性中常存有野蠻而原始的衝動。這些衝動,如果受到壓抑,那便會釀成破壞性的情緒。人與人間的仇恨心理,國與國間的戰爭情緒,常常是由於人性中的原始衝動沒有得到適當的發洩機會而養成。假如一個政府能從精心的設計中,創設更多的機會為這些衝動尋找出路,不僅個人的自由因之擴大,而且社會的安定亦會更為鞏固。他在《權威與個人》一書中曾說:

> 當前社會改良工作的問題,並非單純的求得安全而已。因為假使只有安全而不能滿足更深的慾望,則安全將會迅速的為冒險的光榮所推翻。當前的問題乃是:如何把維持種族所必須的那種安全與文明生活裏所可能允許的冒險和競爭調和起來。**❹**

> 我們有各式各樣之侵略的衝動(aggressive impulse),或創造的衝動(creative impulse),但社會不允許我們去從事;而社會所提供給我們的替代物——例如足球賽或拳擊賽諸形式——又是不夠勁的。任何人如希望將來能廢除戰爭的話,必須要嚴肅的考慮:如何才能無害的滿足人類從遠古的野蠻祖先傳襲至今的各種衝動。**❹**

從這一觀點看來,羅素所謂的自由包含了情慾的解放或情慾的疏導;自由更進入了新的意義。政府或社會組織不單要為自由安排一個外在的法律秩序,而且還應計畫個人人格的內在與社會結構的互動關係**❹**。可見羅素希望政治權力對於個體自由所作的努力,其

---

❹ B. Russell, *Authority and the Individual*, op. cit., p. 10.

❹ Ibid., p. 8.

範圍確是相當廣泛。他雖然堅持個人價值，但是與一般極端個人主義者顯然有異。他不相信愈少管事的政府是愈好的政府。在某種程度上他接受了積極自由(positive liberty)的觀念 ❺⓿ 。

　　羅素雖肯定政治權力是個人自由的條件，但並不意味著服從權力即是自由，也非指自由與權力在社會中是合一的。他只認為社會中的政治權力是達成個人自由的手段，所以他的政治權力乃是以功能性的權力作出發點的。至於專斷性的權力，則有害於個人自由。政治權力是否對於個人自由產生正價值？耑賴於權力的安排與控制是否適當，如像美國的新政或英國的工黨雖然其政治權力涉及到經濟的計畫，但並不損害個人自由，對平均的個人而論卻產生有利的條件。假如不適當，像極權國家的政治權力則有害於個人自由，對個人自由產生的作用乃為負價值。因此，政治權力的功能，常常要看「自由與權力的程度」(degree of power and freedom)在實際社會組織中的調配而定。某種程度的自由在一個社會中可能發生良好的效果。超過了此一程度，不論自由或權力，都會產生不利於個人生活的後果。正像一劑藥方，某種分量的藥物可以治病，但超過了此一分量則反會產生毒害的作用。雖同一藥物，因分量的不同，所發生的後果也就完全相反 ❺❶ 。

　　為保障政治權力對於個人自由能發生良好後果的方法，羅素也提出過許多具體的原則；在本文討論功能性權力的社會條件時再作詳細分析。關於此點，他最強調的是權力的分散(zoning of power) ❺❷ 。

❹❾　H. D. Lasswell, *Power and Personality* (Norton, 1948), pp. 107, 163.

❺⓿　H. J. Laski, *Reflections on the Revolution of Our Time* (Viking, 1949), Chapter 13.

❺❶　Cf. F. E. Oppenheim, "Degree of Power and Freedom", *The American Political Science Review*, Vol. 54 (June, 1960), pp. 437–446.

❺❷　The term is used by Merriam, op. cit., p. 206.

權力太集中容易發生危險，輕則可使權力的功能無法對個體有利，重則會變成失調的權力(maladjusted power)，而危及個人的生命及幸福。換句話說，政治權力如過分集中，則根本違反了功能性權力的基本原則。

四、從世界和平的觀點看

羅素的政治思想，誠如一般人所了解的，乃是崇尚和平。他曾為世界和平運動，做過許多理論的及實際的工作。並且他曾因激烈反對第一次世界大戰，違反了英國已對德宣戰之後的政策，而被捕入獄❸。他愛好和平的熱忱堪與墨子的「非攻」精神比擬，其和平的理想則與儒家的「大同世界」相近。他在各種有關政治思想的專著和論文中，時常提到「世界政府」(world government)、「世界國家」(world state)、「世界聯邦」(world federation)、「國際政府」(international government)各類不同的名詞，其涵義則完全在為世界和平而建立一種新的世界性政治權力。在當代思想家中，羅素可算鼓吹世界和平最熱忱最勤勉的一位了。

倡導世界和平的思想家，多半對國家的主權有所批評，有的甚至認為若不廢棄主權觀念，則世界和平即無希望。羅素卻有不同於他們的看法，認為問題的關鍵，不是主權觀念之廢存，而是實質的主權應放在什麼地方。他的這一看法與雷夫斯在其《和平的剖視》一書中所作的分析完全一樣❹。所謂主權，不過是一種最高的政治權力，即是在一種合法的秩序下要求對於一個國家作最後決策的權力❺。羅素以為欲求世界和平，必須把現在正推行於國家內部的主

---

❸　M. White, ed., op cit., p. 194.

❹　Cf. Emery Reves, *The Anatomy of Peace* (Harper, 8th ed., 1945), pp. 116–125.

權原則放置在一個世界性的組織之上。他說如果要追求世界和平，首先必須「世界統一在一個單獨的政府之下，並使這個政府獨佔一切戰爭所需要用的武器」❺❻。

1917年羅素在《政治的理想》一書中曾有如此的論斷：一個國際政府之需要國際警察(international police)以阻止個別國家非法的使用暴力(the lawless use of force)，正如我們在國家內部需要警察以阻止一般公民或社團之使用暴力，是一樣的重要，是一樣的應該。因為人或人所組織的國家都一樣具有掠奪的本能(predatory instincts)，若沒有獨立而公正的權威加以制裁，和平的相安共處絕不可能❺❼。

1923年羅素在《工業文明的展望》一書中也曾說：「建立一個世界國家或超級國家(superstate)，以法律的方式解決國與國間的紛爭，是避免戰爭唯一而最後的途徑。當其任何地區所發生的問題立刻便會影響到全世界各地，國際間的關係已經變得如此密切的時候，一個世界國家的建立是人類唯一可能想像的出路❺❽。」

1934年羅素在《自由與組織，1814～1914》一書中，曾對十九世紀的文明作了一廣泛的檢討。十九世紀中人類文明雖然空前的進步，財富、知識以及快樂均已顯著的提高，思想界也充滿了樂觀的情緒，但是最後還是難免世界大戰的來臨，而造成史無前例的慘局。究其主要原因，實由於生產技術的發達，使國家間的關係之接觸面

---

❺❺　A. De Grazia, *The Elements of Political Science* (Knopf, 1952), p. 33.

❺❻　B. Russell, "The Future of Mankind", *Unpopular Essays* (Simon and Schuster, 1950), pp. 34, 37; cf. Q. Wright, *A Study of War* (University of Chicago Press, 1942), 2 Vols., pp. 901–906.

❺❼　B. Russell, *Political Ideals*, op. cit., pp. 156–157.

❺❽　Bertrand and Dora Russell, *The Prospects of Industrial Civilization* (The Century, 1923), pp. 4–5.

亦隨著擴大，因而舊有的政治理論及國家制度不能繼續適應這個世界的新變遷。想改變這一狀態，使人類的安全和自由能得到保障，首先必須改造民族國家的制度，以加強國際的組織，建立世界性的政治權力；將所有的國家納入一個新的法律秩序之中❺。

　　1941年羅素曾在《新領袖》上以「論世界聯邦」為題發表了一篇談話。他更具體的說：「這個聯邦的憲法應注意兩方面：一方面即是當聯邦的分子國遭受到任何其他國家（無論分子國或非分子國）的侵略時，聯邦的全體必須出來抵抗，一個分子國如被宣告為侵略時，其分子國的身分則因其行為(ipso facto)而喪失；另一方面，除了這個聯邦的中央政府能佔有空軍部隊外，個別的分子國不得有其獨立的空軍部隊。聯邦中央政府控制一切的軍事力量則為其最後目的❻。」

　　1952年他在《倫理，政治與人類社會》一書中也有類似的主張，他認為在目前的世界局勢下，人類社會如要得到穩定並走向「科學的社會」(scientific society，此一名詞具有特殊意義，非僅指科學管理或工業化之謂)，必須努力完成的第一要務，即是組織一個全世界性的單一政府(a single government)，並且讓這個政府得到軍事力量的獨佔(a monopoly of armed force)。不然，世界的安定與和平是沒有希望的❻。

　　從1917年直到現在，羅素對於解決世界和平的問題都具有一致的看法——人類的「大社會」(the great society)欲得到和平的法則，大致上與小社會或者局部社會曾經在其內部維持和平的方法並無二致。無政府的狀態，不論是部落性的、民族性的或世界性的，均不

---

❺　B. Russell, *Freedom and Organization, 1814-1914* (Allen & Unwin, 1934). 散見本書各章。

❻　B. Russell, "A World Federation", *New Leader* (Sept. 27, 1941), p. 4.

❻　B. Russell, *Human Society in Ethics and Politics*, op. cit., p. 215.

可能建立和平。獲致世界和平的唯一途徑，即是必須把曾經用於國家內部的政治權力之原則使其在整個世界組織上得到器用化(imple-mentation)，以建立世界性的政治權力。他所說的「國際警察」、「超級國家」、「國際組織」、「世界聯邦」或者「單一政府」都與全世界性的政治權力實為同一意義。也即是說，我們必須越過現在的個別國家之上，建立足以統轄全世界的新的主權體，否則世界和平不過是夢想而已。從這裏我們已經可以看出，在羅素心目中，政治權力之於世界和平所起的作用，是如何的重要了。

關於這一看法，在人類經營社會生活的經驗中也可以得到證明。一般社會學家曾將原始人的社會分為四級：第一級原始社會（primary groups，或稱氏族社會clans），第二級原始社會（secondary groups，或稱村落社會villages），第三級原始社會（tertiary groups，或稱部落社會tribes），第四級原始社會（quaternary groups，或稱部落聯盟tribal federation）❻❷。每級原始社會之間，如接觸一旦頻繁，戰爭的發生便難於避免。但當某幾個第一級的原始社會以征服或合作的方式進入第二級的原始社會時，他們被納入一個更高的主權之下，他們之間的戰爭便告終止。不過，第二級與第二級之間依然會常有戰爭，但當某幾個第二級的原始社會因征服的結果或自願合作的聯盟成為第三級的原始社會時，這些第二級原始社會之間的戰爭狀態於是得以避免。以此類推，我們可以發現，當其某些組織各自享有至高主權，而又互相發生接觸時，它們之間便難於避免戰爭。要使它們互相和平相處，唯一的方法就是在它們之上建立新的主權，把它們納入法律秩序之中。

在近代的歷史中，當民族國家尚未出現之前，歐洲有許多封建王國(feudal states)經常互相衝突，小型戰爭層出不窮；王國與教會之

---

❻❷　L. T. Hobhouse, G. C. Wheeler, and M. Ginsberg, *The Material Culture and Social Institutions of the Simpler Peoples* (London, 1951), p. 46.

間或教會與教會之間也是相互戰個不休。但當其教會與封建王國被民族國家統一起來以後，它們在民族國家內部接受了更高的主權之統治，它們之間於是可以相安無事和平相處了。

這些事實都告訴我們和平的祕訣，必須在可能發生戰爭的團體之上置放一個新的更高政治權力。除此以外，沒有任何第二條道路可循。羅素曾明白的說過：

現在有些國家倒是很能依據一個原則在其內部產生安全，這原則便是一切爭執不要讓當事者的雙方用自己的力量來解決。解決爭執的力量必須求諸一個嚴守中立的權威，而且這個權威必須依照某些公認的原則對事情真相做過充分的考察以後，才從事解決爭執。現在，我們要想整個世界獲致安全，只有把這個曾經用於國家內部的偉大原則應用到國際之上。當其全世界的武力都由一個最高的權威控制時，國家與國家的關係便會達到像個人與個人間多少年前已經達到的境地。只有如此才能獲致整個世界的安全，差一點也不行。㊿

他在另一篇論文中也有類似的話：

我曾說自由是一種善，但它並非絕對的善。我們大家都承認限制謀殺者的必要，限制謀殺的國家(murderous states)尤其更為重要。自由必須以法律加以限制，並且最有價值的自由形式只能存在於一個統一的法律結構之中，以有效的權力控制國家之間的關係是今日世界最需要達到的目標。創造如此的法律秩序最重要而又最困難的一步即是如何建立充分有效的制裁。有效的制裁唯有通過足以控制全世界武力的組織始可實現，除此以外沒有任何可能。不過，此一控制全世界的武力，只能像國家內部的警察力量一樣，它的自身並

㊿　"Living Philosophy", in C. Fadiman, ed., op. cit., pp. 409–412.

非目的，它只是達成法治社會的手段。同時使用此種武力的政治權
力絕非任何個人或民族的特權，只有一個恪守預定原則的中立權威
始可行使。在二十世紀以內，國家與國家的關係將為一種新的全世
界性的法律替代個別國家的武力以統治是很有希望的。設若這個希
望不能實現，我們必會走向徹頭徹尾的災難。設若這個希望得以實
現，那麼我們的世界將會變得比人類歷史上任何時期更為美好。❻

　　羅素雖然強調世界需要一個「最高度的權威」(the highest degree
of authority)❻，並讓它合法的壟斷與使用唯一的武力，但他並不以
此一權威的自身即為目的，這一權威只是達成世界和平的手段。因
此，他的世界政府與威爾遜或羅斯福的國際組織所希望達成的理想
比較相近，與共產主義者的「世界革命」或希特勒的「世界不是一
統，世界便是毀滅」之類的論調，不僅不相同，而且在性質上根本
相反。因為共產主義的「世界革命」或納粹的「一統世界」是從所
謂「客觀歷史發展的規律」所得到的結論。其所謂「革命」與「一
統」乃為某一階級或某一種族特有的歷史使命。「世界革命」與「一
統世界」既是客觀歷史的意志之顯示，它們的自身當然即是目的。
此種世界性的權力當然屬於專斷性的權力。但是威爾遜、羅斯福或
羅素所期望建立的國際組織則完全是從功能性的權力作出發點，他
們以為一個世界性的最高度的權威，只是為達成人類更多的幸福，
而不得不需要的手段。所謂世界性的最高度的權威，對於人類的幸
福僅僅具有工具價值。前文引述羅素的話中有這樣一句：「……不過，

---

❻　"The Future of Mankind", in B. Russell, *Uupopular Essays* (Simon &
　　Schuster, 1950), p. 44.

❻　此語係拉斯威爾所用。其義與過去的「主權」一詞相同。任何社會要
　　維持其和平與安定，一個某種形式的最高權威之存在是一定不可缺少
　　的。Cf. H. D. Lasswell and A. Kaplan, *Power and Society* (Yale University
　　Press, 1950), p. 177.

此一控制全世界的武力，只能像國家內部的警察力量一樣，它的自身並非目的，它祇是達成法治社會的手段⓺。」這句話是絕不可忽略的，不然便會誤解羅素為一威權主義者。

目前，我們的世界需要長治久安之道，誠然比任何其他的需要還要迫切；因為科學武器的進步，不僅威脅著整個人類的生命，而且還威脅著地球上一切生命的存在⓻。不過，長治久安之道必須真正愛好和平的國家拿出大仁大勇的精神來，排除個別國家的優越感，共同建立足夠制裁侵略的世界性的政治權力。因為任何人類社會，如果沒有一個公正的最高度的政治權力之存在，持久的和平絕不可能⓼。

五、功能性權力的社會條件

在社會生活的長遠經驗中，無論從人性的、自由的或和平的觀點看，政治權力都是人類社會中不可缺少的重要因素。但是，在事實上某種類型的政治權力卻常常變成違背人性，侵害自由和擾亂世界和平的暴力。要如何才能保證政治權力在社會生活中產生有利於人類的作用，使其成為功能性的權力，而不致流為專斷性的權力，也是羅素在討論到政治權力的功能時非常注意的問題。

他認為政治權力在社會實際生活中的運作(operation)，或權力與服從之間的狀態，可以分成三個不同的基本形態：第一種稱為傳統

⓺　茲將原文錄後："...but such an armed force (a single armed force in control of the whole world), like a municipal police force, is not an end in itself; it is a means to the growth of a social system governed by law."

⓻　"The Future of Mankind", *Unpopular Essays*, op. cit., p. 34.

⓼　B. Russell, *Which Way to Peace?* (Michael, 1936), p. 80; cf. B. Russell, *New Hopes for a Changing World* (Allen & Unwin, 1951), pp. 94–100.

的權力(traditional power)，第二種稱為赤裸的權力(naked power)，第三種稱為革命的權力(revelutional power)⑳。

　　傳統的權力有賴於社會習慣的支持。它常常利用社會的傳統或宗教的信仰來支持其合法性。傳統的權力可以不顯露其強制性，而得到人民的忠順⑳。此種形態的權力雖然可以不憑藉武力而得到人民自願的服從，但它一樣可能變成專斷性的權力。如像某些神權政體(theocracy)總以為自己在替天行道，而無情的迫害異教徒，即為一例。

　　赤裸的權力乃是其自身不需要社會傳統的支持或被統治者的同意，而憑藉武力的優勢執行其統治；對內容易流為專制，對外容易走向侵略。赤裸的權力對於無政府的混亂狀態說，也許有其某種程度的社會功能。因為有權力存在的社會比權力真空狀態(the state of power vacuum)的無政府社會可能為優。但在一般的情況下，此種形態的權力，其獲得人民的服從乃由於心理的恐怖，而不是基於積極的合作精神。它對推進個人自由和公正的社會和平根本沒有滿意的功能可言⑳。

　　革命的權力常出現在傳統權力發生動搖之際。當傳統的權力漸漸為多數人所不滿，一個新興集團逐步孕育其新信仰、新政綱、新情緒起來奪取政權，以替代舊政權，即為革命的權力。一個革命如果成功，則革命權力可能很快即變成傳統的權力⑳。但是，革命權力與傳統權力激烈鬥爭之際，革命集團很容易忘記革命的目的，而把權力的自身視為目的，像法國大革命時期中的拿破崙或羅伯斯比爾(M. Robespierre)憑藉革命所形成的獨裁，即為顯著的歷史例證。

---

⑳　B. Russell, *Power*, op. cit., pp. 35–49.

⑳　Ibid., pp. 38, 56.

⑳　Ibid., pp. 38, 99.

⑳　Ibid., p. 108.

另外也因為革命權力成功之後，新制度及新傳統不能立即形成，為了維護既得政權，往往會不擇手段，而變成專斷性的權力，甚至發生循環革命的狀態❼。但革命權力在社會需要進步的某種特殊情形下是不可缺乏的，它也有它的社會功能。

以上所說的這三種基本形態，並非截然可以分開。在實際的社會中，任何一個政權幾乎都具有傳統性的、革命性的和赤裸性的三種成分。此三者在混合的成分之比例上常有很大差異而已。傳統性的成分較大，我們稱之為傳統的權力。赤裸性的成分較大，我們稱之為赤裸的權力。革命性的成分較大，我們稱之為革命的權力。比如在一個民主國家中，政府的權力能根據持久的常規執行法律，得到人民自願的忠順，即表現了傳統的權力。當它接受輿論批評，適度修改不合理的信仰，甚至基本大法，而推行與原來傳統不相同的政策，這即是既存的政府運用了革命的權力。民主的政府對於合法的反對黨固然不會使用赤裸權力，但是當它對付一個無政府主義的政黨或暴力的顛覆集團，則又必然會使用赤裸的權力了❼。

對於這三種基本形態的權力而言，都有其功能性，也可能產生專斷性，並且任何實際政權又或多或少的包含著此三種不同的成分；因此，我們可以說任何時代或任何地域的實際社會都可能出現專斷性權力的現象。就是最民主的地方依然可能發生濫用權力的事實❼。要使一個政治權力不致產生危險的後果，而能有效的保證其必為一功能性的權力，不僅是非常重要的工作，而且也是非常困難的工作。羅素認為要保證政治權力成為一功能性的權力，很難絕對有效，不過，創設一些有利的社會條件以防止權力的濫用是必須要做的工作。

---

❼ Ibid., pp. 119–120; see also *The Practice and Theory of Bolshevism*, op. cit., pp. 26–27.

❼ B. Russell, *Power*, op. cit., p. 41.

❼ Ibid., p. 295.

他曾指出了四種不可少的條件：⑴制度的條件，⑵經濟的條件，⑶宣傳的條件，⑷心理的條件❼。這四種條件並非羅素所創，一般民主政治的思想家都曾注意到，許多社會也曾不斷努力試行過。

1. 制度的條件

所謂制度的條件，即是使用權力必須根據民主制度的原則。羅素和其他民主主義者的觀點一樣，如像分權制度，多黨制衡，都被認為很重要的條件；但他尤其重視權力的分散。不論是職業性的分權或地域性的分權(professional division of power or territorial division of power)對於阻止權力的濫用，他認為都是很有效的方法。他曾說：

> 一個相當程度的中央管制是不可缺少的。但我們卻應在符合這種需要的條件，盡量把政府的權力轉移給性質不同的團體，按照職能分給各個地域的職業的或文化的團體。這些團體所具有的權力必須能使它們的成員感到興趣，足以使所有有能力的人們在影響這些團體時得到滿足。❼

規限各種團體所應具有的權力之問題將會遇到許多困難。一般的原則應該是：凡是不阻礙最大團體完成它們之目標的一切職權，都應留給較小的團體去執行。我們現在僅以地域性的團體作為一示例性的討論。從世界政府到鄉鎮會議都應分成若干等級。世界政府的責任是防止戰爭，因此它只應握有為達成這一目標而必須的權力。這權力包括著軍事武力之獨佔，批准和修改條約的權力，以及仲裁國際間紛爭的權力。但世界政府卻不應干涉會員國內部的事務，除非是出自監督遵守條約之必要。同樣的，個別國家的中央政府應該盡可能的留給那些郡議會很多權力，而且郡議會對於縣鎮議會也應

---

❼　Ibid., p. 286.

❼　B. Russell, *Authority and the Individual*, op. cit., p. 61.

是如此。❼⑧

　　在事實上，現代民主國家中，大政黨的執政表面上看來似乎為
選民所決定，但暗中則常為少數壓力團體(pressure groups)所操縱，
所謂代議制度不過是一虛像而已❼⑨。因此，如果將權力分散到各種
地域性的或職業性的小團體之中，一方面是化暗為明，另一方面是
讓選民能直接控制小團體，使容易達到民主的理想。

　　民主政治是以多數人的利益為依歸的政治。在這種情形下，多
數人可能對少數人行使野蠻而無必要的暴虐統治。如像1885年至
1922年這段時期中，英國的政府雖已算是民主的政府，但是愛爾蘭
人所遭受的壓迫依然存在❽⓪。如果將權力分散，則容易照顧到地域
性的利益、職業性的利益或小黨派的利益；使政治權力不論在什麼
人手中都不易被利用來作為壓迫敵對方面的工具❽①，這樣才能達到
保護少數的目的。

　　另外，羅素亦認定一個國家除了在保障社會的安全之外，尤其
應注意到個人的權利。其實社會安全的最後目的也不過是為了個人
的權利。他覺得確保個人權利，使政治權力不易發生濫用的現象，
除了應設與檢察官對待的公設辯護人(public defender)之外，就是警
察也應分為兩類：一類警察的職責是專門從事搜集證據以證明疑犯
有罪，另一類警察的職責是專門從事搜集證據以證明疑犯無罪。證
明疑犯無罪的警察也和另外一類警察享有同等的權力，並由政府
加以支持。這樣就容易保障個人的自由與權利，更能防止權力的濫

---

❼⑧　Ibid., p. 62.

❼⑨　J. H. Meisel, *The Myth of the Ruling Class* (University of Michigan Press,
　　1958), pp. 111–112.

❽⓪　B. Russell, *Power*, op. cit., p. 288.

❽①　Ibid., pp. 292–293.

用，而增進民主的程度❽。這一設想，雖屬枝節問題，似乎近於幽
默，但亦可藉此，看出羅素想從制度上來保障個人權利，是如何的
嘔盡心血了!

2.經濟的條件

有些學派以為經濟是政治權力的唯一基礎，凡取到了經濟權力
者就自然會得到政治權力；或者認為當一個社會的經濟條件改變了，
政治的形態亦必隨之改變。這些學派未免太誇大經濟因素的重要了。
比如古希臘的亞歷山大大帝(Alexander the Great)並不比波斯人更富
有，羅馬人也比不上迦太基人(Carthaginians)富有，但是亞歷山大大
帝和羅馬人卻由於戰爭的勝利而使他們自己變得比波斯人和迦太基
人更為富有。這即證明經濟的條件有時並不能對政治或軍事發生決
定性的影響❽。雖然經濟條件不如某些人想像的重要，但是它對於
政治權力的影響力卻也不應過分低估。在一個財富過分集中的社會
裏，大企業的組織如不由國家適當加以控制，則「國家會變成它們
的傀儡，它們反而成為真正的國家了」❽，政治權力必為少數人所
操弄。

政治權力必要時應佔有經濟權力。不過，有一個先決條件絕不
可缺少，這個條件就是政治權力必須充分民主化。不然，當國家接
收重要的經濟職能之後，不僅不會對人民的生活作有利的改善，而
且國家只會變成更專制和更暴虐。像現在的蘇聯政府即是以經濟權
力的獨佔而形成了歷史上罕有的專制現象❽。脫離了民主政治的國

---

❽　Ibid., pp. 295–297. "If law-abiding citizens are to be protected against un-
　　just persecution by the police, there must be two police forces and two
　　Scotland Yards, one designed, as at present to prove guilt, the other to
　　prove innocence."

❽　Ibid., p. 133.

❽　Ibid., p. 298.

家而行經濟國有化的制度，無論什麼情況下都是有害的、危險的。其有害的程度比個別的大地主或經濟集團操縱政權還要大得多。

羅素一方面主張政府可以適度的計畫經濟，並接管重要的企業及生產工具，但另外一方面他又覺得國家只可佔有生產工具；實際的控制權應交給小型的地域集團或職業集團，讓這些集團盡量享有高度的自治權❽。他在馴服政治權力的經濟條件方面所採的態度和方法很類似基爾特社會主義(guild socialism)❽。

3.宣傳的條件

宣傳對於政治行為可以發生很深刻的影響，乃是近代社會的特徵之一。公共輿論影響人的力量是深不可測的。它可以深入到人的內在生活，而形成政治的信仰。人因為受不同的宣傳之影響，常產生不同的價值觀念，而改變了行為的標準。如果一個社會沒有言論自由，或宣傳的機會和工具為政府或私人集團所壟斷，則政治的民主即變成不可能。因為沒有一個政府願意自己辦報來批評自己的❽。而且一個政權僅僅控制了人的外在行為不一定能控制其價值觀念，但控制了價值觀念，一定能支配其外在行為。所以一個壟斷輿論的政權，常常是最可怕的專制政府❽。

---

❽　Ibid., p. 299.

❽　Ibid., pp. 304–305; cf. *New Hopes for a Changing World*, op. cit., Chapter 14.

❽　所謂基爾特社會主義即為費邊社會主義之一支流。它主張國家可以消費者的資格佔有生產工具(to own the means of production)，但是「基爾特」可以代表工人的資格控制生產工具(...guilds, representing the workers, control the means of production)。Cf. L. C. Wanlass, op. cit., pp. 348–349; see also B. Russell, *Roads to Freedom: Socialism, Anarchism, Syndicalism* (Holt, 1917), p. 83.

❽　B. Russell, *Power*, op. cit., p. 306.

❽　B. Russell, *Education and the Social Order* (Allen & Unwin, 1932), p. 207.

　　從某種角度看，民主政治最基本的精神，也許不在選舉，而卻在公開而自由的討論，因為沒有自由的討論，人即不可能在比較選擇之中獲取正確的價值判斷。當一個人沒有正確的價值判斷時，其投票的行為難免沒有錯誤。至於根本沒有選擇價值判斷的自由，其價值觀念只是由輿論的壟斷者所配給，則其投票行為更談不到真正的自由❾⓿。

　　通過宣傳來馴服政治權力，最好是與政黨政治配合起來。現代大多數民主國家中，幾乎有半數的國民可以憑著在野黨所擁有的宣傳勢力來批評執政黨的一切措施。在這種情形下，一個國家的政治權力當然不易流為專斷性的權力了❾①。羅素對於各政黨的宣傳機會，他還提出了一種新奇的辦法。凡是政府出錢辦的報紙或廣播事業，應將其宣傳的機會平均的分配給所有的政黨，不必每個政黨自辦宣傳機構。比如同一張報紙可以把不同的篇幅分配給不同的政黨，使那些只訂一份報的人可以同時看到幾種不同的意見。對於選民來說，此種辦法除了節省金錢和時間外，而且可使那些過分喜歡接受一種宣傳的人得以接觸到不同的意見，而養成一個開放的心靈(open mind)❾②。

　　不過宣傳也應受到法律的限制。因握有輿論權力的人，如不受到法律的限制，他也容易流為專橫。許多報紙對別人所作的惡意攻

❾⓿　Cf. H. R. G. Greaves, *The Foundations of Political Theory* (Allen and Unwin, 1958), p. 173. "The essence of the democratic method lies not in the counting of heads but in the submission of everything to discussion in which each has an equal right to state his case and an equal duty, in his own as well as in the social interest, to contribute his judgment."

❾①　B. Russell, *Power*, op. cit., pp. 305–306.

❾②　Ibid., p. 307.

擊，使人在精神上受到的痛苦常不亞於一種新型的虐待。為免除此種不幸事件，羅素以為「言論自由的界限應比現在的誹謗法加以更明確的規定。凡使無辜的人難堪的行為，一律應加嚴禁；就是人們實際所作所為之事，也不許用惡意的口吻去發表而使當事人受到大眾的輕視⑱」。

4.心理的條件

政治權力在實際社會中的運作要能遵循著民主的常規，而不致走向專斷的道路或混亂的狀態，民主的心理基礎之培養也是一個很重要的條件。一個社會的構成分子，如果大多數都缺乏民主氣質，其政治權力不是流入專斷性的狀態，便是公眾的事業無法推進，使社會陷入一種癱瘓的分裂狀態。所謂民主氣質，一方面要具有自尊心和相當堅持自己的判斷，而又衷心的願意服從多數的意見，另一方面要不為狂熱的群眾心理所動搖，而又能持久的保存著關心公共問題的興趣。換句話說，一個具有民主氣質的人，他既非奴才也非叛徒⑲。

培養這樣的男人和女人是保證民主政治成功的重要條件。這種培養的過程多半有賴於長期的教育，尤其是幼年的教育。現代心理學發現：一個人在幼年時代的生活裏如充滿了焦慮、恐懼、壓迫和虐待諸印象，成年以後則易失去心理健康。他不是成為一個恭順型的偽君子，便是成為一個喜歡與社會為敵的叛徒；他可能變為嗜權如命的獨裁者，也可能變為以服從為樂的奴才⑳。

---

⑱　B. Russell, *The Conquest of Happiness* (Liveright, 1930), p. 139.

⑲　B. Russell, *Power*, op. cit., pp. 310–311.

⑳　Ibid., p. 312; see also F. Neumann, "Anxiety and Politics", *The Democratic and Authoritarian State*, ed. by H. Marcuse (The Free Press, 1957), p. 278; S. De Grazia, *The Political Community: A Study of Anomie* (The University of Chicago Press, 1948), pp. 11–16; E. Fromm, *Escape from Free-*

　　不論偽君子、叛徒、獨裁者或奴才，他們的人格特質都與民主人格是根本相反的，可稱之為「威權人格」(authoritarian personality)。具有此種人格模式的人常表現出狂熱的群眾心理，好固執自己的意見，缺乏想像力，有時也偽裝為道德的純淨主義者(moral purist) ⑯。他們都不是民主社會的好公民。

　　羅素認為一個有利於民主政治的教育，必須使兒童的生活幸福，從小就受到仁慈的感動；在青年時期的教育，盡可能採取自由教育的方式，避免狂熱主義、獨斷主義或教條主義的灌輸。沒有仁慈的培養及自由教育存在的地方，民主政治必難於成功 ⑰。另外他也認為民主的氣質，乃包含一種懷疑主義的精神：永遠自我質疑和研究的態度。這種精神即為哲學的相對論(philosophical relativism)。任何哲學的絕對論(philosophical absolutism)都必然有助於政治上的專制主義。這一事實不論證諸歷史或邏輯都非常可靠。因此，培養民主政治的教育，必須以哲學的相對論作出發點，使人養成經驗的、懷疑的和容忍的態度 ⑱。

　　在教育兒童的過程中，應盡量免除恐懼心和仇恨心的激勵，也很重要。比如教會式的教育即太偏重利用地獄之火以相威脅，雖然此種威脅可能使人想到死後受火刑的痛苦而不敢輕易作惡，但長期遭受類似威脅的人，反易變成冷酷而殘忍的性格。在中古時期，許多有教養的教徒甚至以觀賞火焚異教徒而引以為樂，即多少可以幫助說明此種教育方式的缺點。至於像現在許多共產主義的國家純粹以煽惑階級仇恨作為教育的目標，其為害當然更大。因為恐懼心和

　　　dom (Rinehart, 1941), p. 287.

⑯　S. H. Flowerman, "The Authoritarian Personality", in W. Ebenstein, ed., *Modern Political Thought* (Rinehart, 1955), pp. 116– 121.

⑰　B. Russell, *Power*, op. cit., pp. 312–314.

⑱　"Philosophy and Politics", in W. Ebenstein, ed., op. cit., pp. 6–7, 8–21.

仇恨心常易導致破壞性的衝動，成為專斷性權力的溫床。相反的，以希望心和自尊心作為教育的出發點，則易培養一種創造性的衝動。此種衝動比較有利於人生，常成為人們追求新世界的動力⑨。

羅素曾說:「善良的生活乃是源於愛的激動並接受知識指導的生活。」⑩我們如果想通過教育以建立有利於民主生活的心理基礎，亦必須順著「愛」（反仇恨的）與「知識」（反獨斷的，反教條的）的方向努力，始有成功的可能。

結　語

——羅素政治哲學中隱含的幾個基本概念——

在二十世紀的英國思想家中，羅素是寫書最多，影響最大的一位。對於政治、社會、道德和宗教各方面的基本觀念，羅素都算得上是一個革新者⑪。在他涉及極廣的研究中，其思想系統當然難免前後發生矛盾的地方⑫，比如，他在多數著作中雖然都肯定政治權力是經營共同社會生活所不可缺少的因素，但是他在《到自由之路》一書中，卻又有同情無政府主義的傾向⑬。有的批評家以為羅素從來不曾修改他已經發表的東西，甚至也永不讀他自己的書。從他的再版書中，依然可以發現初版時在校對上的小錯誤，即可幫助我們

---

⑨　B. Russell, *The Conquest of Happiness*, op. cit., p. 106.

⑩　"The good life is one inspired by love and guided by knowledge.", B. Russell, *What I Believe* (Dutton, 1925), p. 22.

⑪　R. Metz, op. cit., p. 566.

⑫　A. Wood, "Russell's Philosophy: A Study of Its Development", in B. Russell, *My Philosophical Development* (Allen & Unwin, 1959), pp. 275–276.

⑬　G. E. G. Catlin, op. cit., p. 757.

推想得到❿。

　　雖然如此，但從大脈絡上看，羅素的整個思想系統卻有其一致性。在方法上，他是一個新實在論者(neo-realist)，注重分析和基本觀念的澄清，綜合各種不同的學科使其統攝於整一的觀點之中❿。在基本精神上，他是一個人文主義者(humanist)。他肯定人的尊嚴和幸福是一切價值的最後根據。個人是一切價值判斷的主體。因為對苦與樂，美與醜，善與惡只有個人才是最後的感受體。個人以上的家庭或國家不能代替他作價值判斷，個人以下的局部器官也不可能脫離了人的身體而獨自作價值判斷。只有人，一個獨立的生命體，才是價值判斷的主體。他不相信：在我們的世界裏，任何事物如脫離了人還有價值可言❿。也即是說，不論政治，社會以及一切文明的設施都應以「人」作為最後的目的。政治權力的自身並非目的，它只有在實現個人幸福和自由的過程中產生功能時，才產生價值。

　　在羅素的整個政治哲學中，他處理政治權力的功能這一問題時，歸納起來講，有三個基本的概念架構──權力與價值的相互依存，相對主義，均衡原則──是他始終嚴格堅守的準則。

　　權力與價值的相互依存(interdependence between power and value)羅素認為人類社會中需要政治權力的存在，乃由於它有維持社會秩序與正義或增進個人幸福與自由的工具價值。一個社會中流行的價值觀念常有決定我們選擇什麼類型的或什麼程度的政治權力之作用。反之，假使一個控制適當的政治權力能為社會創設有利的條件，

---

❿　A. Wood, op. cit., p. 274.

❿　他在《懷疑論集》中自述新實在論的方法曾如此說：“New realism aims only at clarifying the fundamental ideas of sciences, and synthesizing the different sciences in a single comprehensive view.” *Sceptical Essays* (Allen and Unwin, 1928), p. 79.

❿　W. Burnett, ed., *Letter in the World's Best* (The Dial Press, 1950), p. 447.

以助我們改善生活，達成幸福或獲致更多的自由，則此一權力又無形中擴大了社會價值或改變了社會價值之原有的分配狀態。這也即是說，權力與價值之間永遠是互為因果交互影響不息的。權力與價值的相互依存，在現代政治科學的研究上，也是一個很受重視的概念。拉斯威爾認為這一概念乃是政治學的中心問題之一。這一概念指引我們：一方面須研究一個社會的價值觀念如何影響了權力之分配與使用(the distribution and use of power)，另一方面須研究一個社會的權力之所在與使用(the location and use of power)又如何決定了價值之創造與分配。如果忽略了價值觀念與政治權力在實際社會中的交互影響，不僅許多政治現象無法解釋，而且不可能了解政治社會的基本性能 ❿。

相對主義(relativism)根據當代實證法學派的領袖克爾孫(H. Kelsen)的解釋，所謂相對主義有哲學上的意義，也有政治學上的意義。政治學上的意義即是根據哲學上的意義引申而來。哲學上的相對主義重視經驗，不相信有絕對真理，認為真理只可永遠的逼近(approximation)。真理與價值常隨著時間、空間或社會的特殊條件而改變。政治學上的相對主義認為國家並非一個「絕對觀念」的顯現，它祇是以法律秩序所規定的一套人與人之間的關係。此種關係並非永恆不變，它常隨著社會背景的差異和時代的變遷而調整。個人在此種關係裏都具有同樣的尊嚴和價值，彼此應互相尊重和容忍。在共同行為中雖然必須服從多數，但亦假定任何少數意見都有變成多數意見之可能。用一句話說，它即是民主政治的理論基礎 ❽。

---

❿　H. D. Lasswell, *World Politics and Personal Insecurity* (McGraw-Hill, 1935), p. 3; see also *Politics*: *Who Gets What, When, How* (Whittlesey, 1936), Chapter I; H. D. Lasswell & A. Kaplan, op. cit., pp. XII, 240.

❽　H. Kelsen, "Absolutism and Relativism in Philosophy and Politics", *The American Political Science Review*, Vol. 42 (October, 1948), pp. 906–914.

　　羅素認為政治權力既非絕對的善，也非絕對的惡。政治權力的善惡尚視其程度與安排之是否恰當而定。一個政府的權力，如果不太集中而又為人民能直接或間接的加以控制，則可獲致善的後果。反之，如果權力為少數人所壟斷，或者把權力自身視為目的，則會造成殘酷的壓迫與奴役，而產生惡的後果。其他如自由、權力慾以及某些深藏在人性中的衝動，依然不能說絕對的善或惡，也一樣要看使用的程度、方式和條件而定。自由雖為可欲之物，但太多的自由必又會釀成社會的混亂。權力慾可能是激發戰爭的心理根源而為害於人類，也可能是促進文明的動力而有利於人類。甚至對赤裸的權力也難說絕對的好或壞，因為這一權力的形態，對於取得被統治者同意的權力來說當然是壞的形態，但是對於純粹的無政府狀態而言，赤裸權力也有它的優點。在社會生活中，對於任何事物作善或惡，好或壞的判斷時，必須通過這一事物在社會實體中運作的實際過程，充分考察它的有關條件，始可作最後的決定。羅素的這些觀點即是從相對主義的精神推廣出來的。

　　均衡原則(principle of equilibrium)與所謂「牽制與平衡」(checks and balances)並非完全一樣，後者在政治制度上的意義較多，前者乃指一種理論模式(theoretical model)。此一模式已廣泛的被所有的行為科學所採用。在政治學上，注重均衡原則的學者亦頗不乏其人。摩斯加(G. Mosca)以為一個理想的國家必須要各種社會動力(social forces)在相互競爭之中以得到一個權力的均衡(power equilibrium)，不然法治的政府不過徒具虛名而已。在事實上，所謂「司法保障」(juridical defense)實為各種社會勢力在權力均衡狀態下產生的「相對正義」(relative justice)。沒有各種勢力互相競爭的社會，法律的統治絕不可能就是正義❿。梅菱也認為合法使用暴力並非政治權力的全部意義。政治權力最重要而又最有價值的功能，乃是在個人與個人，

---

❿　G. Mosca, *The Ruling Class* (McGraw-Hill, 1939), Chapter V and XVI.

個人與團體或團體與團體之間維持一良好的均衡狀態 ❿。斯密士(T. V. Smith)更徹底的認定：只有均衡才是健康，不論對個人說或對社會說都是一樣真的。當一個人體內的能量一旦失去均衡時，那麼這個人一定生病。同樣的，當一個國家內部的各種社會勢力失去均衡，那麼這個國家一定不健全。整個世界如失去均衡，則必然會發生戰爭 ⓫。

　　羅素在其政治哲學中也非常重視均衡原則。一方面他強調政治權力為社會生活所必需，不僅有維持秩序的消極功能，而且有幫助個人發展自我的積極功能；從這一角度看，他的政治哲學與極端的個人主義或無政府主義顯然不同。另一方面他又肯定政治權力不過是完成個人良好生活之手段，並應根據個人價值作為基本出發點來規範或安排政治權力；從這一角度看，他的政治哲學又與國家主義或社會主義根本相異。他在思考政治權力的功能時，始終想從個人與組織，自由與權威之間求得「一個動態的均衡」(a moving equilibrium) ⓬。

---

❿　C. E. Merriam, op. cit., p. 21.

⓫　T. V. Smith, "Power: Ubiquity and Legitimacy", *The American Political Science Review*, Vol. 45 (Sept., 1951), pp. 701–702. 斯密士也是以權力作為研究政治學的概念架構而負盛名的美國學者。他與拉斯威爾、梅菱堪稱齊名。

⓬　The phrase is used by T. Parsons, in *The Social System* (The Free Press, 1952), pp. 362, 492, 520.

拾、愛匹克迪泰斯的政治思想

一、思想的背景

　　愛匹克迪泰斯(Epictetus)是古代羅馬斯多亞學派(Roman Stoicism)中的一位思想家。羅馬時代斯多亞學派的思想家中，以孫納嘉(Seneca Annaeus)，馬嘉斯(Marcus Aurelius Antoninus)及愛匹克迪泰斯三位最具代表性❶。在學術上或思想的貢獻上，他們三人雖然享有幾乎一樣高的地位，可是他們的出身和遭遇卻迥然不同。孫納嘉是一位名臣❷，馬嘉斯是一位皇帝❸，愛匹克迪泰斯卻是一個奴隸。

❶　斯多亞學派的創始人是芝諾(Zeno of Citium, 336–264 B.C.)。大概在西元前294年他在雅典的Stoa Poikile（英文意義即the Painted Porch）設立帳篷講學，故以此名作為這個學派的名稱。斯多亞學派可分三段重要時期。即早期斯多亞(the old Stoa)、中期斯多亞(the middle Stoa)及晚期斯多亞(the late Stoa)。羅馬帝國時代的斯多亞學派即屬晚期斯多亞。晚期斯多亞留給後世的著作比較完整，思想也比較成熟，崇仰這個學派的人也比較多。不過，其中以孫納嘉、愛匹克迪泰斯、馬嘉斯三人最為著名。See F. Thilly, *A History of Philosophy*, revised by L. Wood (Holt, 1955), pp. 130–131; E. Zeller, *Outlines of the History of Greek Philosophy* (Longmans, 1955), pp. 285–288.

❷　孫納嘉(3–65 A.D.)出生在Corduba，曾先後做過尼祿(Nero)皇帝的教師和大臣。他的著作很多。因尼祿懷疑他有謀反的企圖，命他自殺而結束他的一生。See E. Zeller, op. cit., p. 288.

❸　馬嘉斯(121–180)在十七歲時即參與羅馬帝國政事，四十歲時登基，做了十九年的皇帝。他是最崇拜愛匹克迪泰斯的人。他的著作《沉思錄》(*The Meditations*)一書，至今仍甚流傳。他以皇帝之尊，而篤信苦行哲

愛匹克迪泰斯的不幸遭遇，並沒有激怒他走向背叛社會，也沒有影響到他的平靜的「內心生活」。從他的語錄中，不僅感覺不出任何怨天尤人或自憐自惜的氣味，而且字裏行間也充分流露出了一種高尚的單純、真誠和大志。在極困苦的生活掙扎中，他依然能保持著「內在的自由」(inner liberty)及「心靈的平靜」(peace of mind)。這足夠證明他已經把斯多亞哲學的精神化到他的生命之中。也由於這一點，使他在斯多亞的諸思想家中顯得特別卓越，而令人不禁要致以更高的敬意。

關於愛匹克迪泰斯的一生事蹟，為我們所知道的很少。他的出生年月和死亡年月也不為後世確知，大概出生在西元50年左右，死在西元120年左右。在他的一生中，不少時間被消磨在羅馬，可是他的出生地卻是小亞細亞的佛尼基亞(Phrygia)。他曾經在羅馬皇室中做過奴隸。他的主人是伊柏弗洛底泰斯(Epaphroditus)，曾送他進學校。他是當時一位名哲學家莫桑留斯(Musonius Rutus)的弟子。在做奴隸的時期，他因受酷刑而造成跛足。後來由於他學習哲學，慢慢表現出來了他的智慧和優異的品質，而取到了自由人的資格，也充當過宮廷的大臣。但是，在西方思想史中，他卻一直以「奴隸哲學家」(philosopher-slave)而見稱於世。當西元89年，羅馬暴君多米賢(Domitian)，大批放逐哲學家，愛匹克迪泰斯亦在這次被逐出羅馬。此後他隱退在愛匹拉斯(Epirus)的尼柯波里斯(Nicopolis)小城中。在尼柯波里斯他曾開設了一所學校專心從事教育事業。他在這裏度過了一段很長的孤獨生活，也許就死在這裏。關於他的父母，和他的奴隸生涯開始在什麼時間，也不為我們詳知。他的父母大概是很貧窮的人。他一生沒有結過婚，但收養過一個小孩。愛匹克迪泰斯，像孔子或蘇格拉底，並沒有寫過著作。他的著作是他的學生亞里安(Arrian)根據他的演說或談話整理出來的，共有三種：(1)Discourse of

學，頗為世人所景仰。Ibid., pp. 292-293.

Epictetus，⑵The Encheiridion，⑶Fragments❹。這三種語錄由卡特夫人(Mrs. Elizabeth Garter)於十八世紀末最先翻譯成英文。

　　愛匹克迪泰斯的身世，我們雖然知道得很少，但我們依然可從三個方面來討論他的思想背景。這三個方面即是：他的思想環境，他的社會環境，他的個人環境。西元前300年至西元後200年，是一個特殊的歷史情境。這五個世紀中，思想上最佔優勢的莫過於斯多亞學派❺。在西元前第四世紀的後半期，由於亞歷山大大帝的帝國之建立，小國寡民的城邦國家隨著土崩瓦解。人活在城邦國家裏，原有一套自己的思想模式。他們自己有一種獨立感，相信自己能夠控制自己的命運，肯定人力不僅可以改造城邦，而且可以扭轉命運。但當城邦制度崩潰之後，個人被投入一個大的帝國生命之中，正像一片落葉掉在長江大河裏，深深感到個體之渺小。人可以改造社會或戰勝命運的感覺，因之歸於幻滅。人們對生命不免有空虛的感覺，於是有待新的思想出來領導。西元前三世紀時，柏拉圖或亞里斯多德的思想已漸趨頹勢。當時有三派大的哲學出來爭取填補新時代的思想真空。這三派哲學即是懷疑派(Skepticism)，伊比鳩魯派(Epicure-anism)，及斯多亞派(Stoicism)。三派各有千秋，但斯多亞派始終保

---

❹　關於愛匹克迪泰斯的身世，一般哲學史的記載，雖偶然小有出入，但大體上是一致的。本文所用材料多取自後列各書：E. Carter, "Introduc-tion", *Moral Discourse of Epictetus, with Encheiridion and Fragments*, trans. by E. Carter, (Everyman's Library, 1957), pp. XXII–XXIII; G. Long, "A Life of Epictetus", *The Discourse of Epictetus, with the Encheiridion and Fragments*. trans. by G. Long (The Home Library), pp. III–VII; W. T. Jones, *A History of Western Philosophy* (Harcourt, 1952), p. 277.

❺　W. Ebenstein, *Great Political Thinkers* (Rinehart, 1956), pp. 137–138. "The most representative and influential philosophical school of the five centuries about 300 B.C. to A.D. 200 was Stoicism."

持著優勢。在西元前155年左右，希臘哲學傳入羅馬之後，斯多亞更取得了絕對優勢，幾乎等於羅馬帝國的「國教」❻。斯多亞學派，在這段時間中，怎麼會取得思想界的領導地位呢？乃由於它創造了自然法的觀念或世界理性的觀念(notion of natural law or notion of world-reason)，用來解釋萬事萬物的來源和發展。人與這個世界理性的關係是非常密切的。個體是世界理性的一部分，世界理性亦分別存在個體之中。人從世界理性得到憑藉，而減少了渺小和空虛的感覺。人又從服從或認識世界理性，而使人好像獲得了宇宙一樣的自由自在。換句話說，斯多亞的思想是從形上的一元論(metaphysical monism)來達到倫理上的雙重目的❼。這種理論很容易滿足當時人們在心靈上的要求。愛匹克迪泰斯的時代，正是斯多亞學派在羅馬世界中最盛行的時代，也可以說，他的一生都處於斯多亞學派最得勢的思想環境裏，他的思想當然會自覺的或不自覺的順著這一有力的時代方向而發展。

愛匹克迪泰斯的社會環境，也是刺激他的思想的另一個因素。當時羅馬的社會，並不如吉朋(E. Gibbon)所描寫的那麼美好。吉朋曾指出：從多米賢(Domitian, 51–96)之死到康摩塔斯(Commodus, 161–192)之登位，即西元96年至西元180年之間，是人類歷史上最幸福和最繁榮的時期❽。事實上，吉朋所謂的黃金時代，羅馬的奴隸制度依然存在，以人與獸鬥來提供統治階級享樂的現象並沒有徹底取消。當時的社會狀況，倒是羅斯脫賽夫(M. Rostovtzeff)的看法比較

❻ W. T. Jones, op. cit., pp. 258–259; F. Thilly, op. cit., pp. 141–142.

❼ W. Windelband, *A History of Philosophy, with Special Reference to the Formation & Development of Its Problems & Conceptions*, trans. by J. H. Tufts (Macmillan, 1957), pp. 190–192.

❽ E. Gibbon, *The Decline and Fall of the Roman Empire*, 3 Vols. (Modern Libary), pp. 52–72.

可靠。羅斯脫賽夫在其《羅馬帝國的社會經濟史》中曾說：「羅馬人
的社會狀況，並不如它們的表面現象之動人。根據我們的研究，所
得到的印象是：城市裏的繁榮景氣，乃係少數人所創造，也為少數
人所獨享。就是這些少數人的利益，也沒有鞏固的社會基礎。城市
中的大多數人都處在貧乏或極端困苦中。總之，我們絕不可過分誇
張羅馬時代的城市生活之富有；它的外表，是不一定可靠的 **❾**。」至
於尼祿統治的時代，或多米賢統治的時代，政治上的迫害和暴虐，
幾乎是歷史上很少見的。一般人民的生命和自由固然毫無保障，就
是宮廷中的大臣顯宦也感到朝不保夕。尼祿甚至由於自己無根據的
疑心，就可不經過審判把數十名大臣殺掉或賜死 **❿**。名臣而且曾為
尼祿之師的孫納嘉亦於公元65年被尼祿賜死。多米賢的殘暴和專制
亦與尼祿一樣，他竟專橫到看不慣有學問的人。在西元89年及95年，
他曾兩次放逐哲學家，把所有的哲學家都從義大利半島驅逐出境。
愛匹克迪泰斯本人即是在第一次驅逐學人時而被攆出羅馬 **⓫**。愛匹
克迪泰斯生活在如此專制和不平的社會環境裏，自己亦親身受到實
際的迫害，當然在心理上有極大的反感。不過他的反感，並非從正
面表現出來，企圖推翻這個社會，或走向革命的道路。他的反抗方
式，乃是想努力的去建立一個精神的境界，來替暴政下的人們尋求
一個心理上的逃避所。他主張人應學習忘懷痛苦和快樂，從一切外
在世界的感覺中解放出來以求內在生活的絕對自由。他以為人類的
社會應該按照自然的秩序或宇宙的理性來改造。因此，研究斯多亞
哲學而很聞名的一位學者墨爾萊(G. Murray)，曾以為研究斯多亞哲

---

❾　M. Rostovtzeff, *Social and Economic History of the Roman Empire* (Ox-
　　ford U. P., 1956), p. 179.

❿　E. T. Salmon, *A History of Roman World, from 30 B.C. to A.D. 138*
　　(Methuen, 1957), pp. 183–184.

⓫　Ibid., pp. 234–235.

學的途徑，最好不採哲學家或歷史學家的方式，而應採心理學家的方式 ⓬。從心理上來剖視斯多亞哲學也許可以得到更多的解釋。

所謂個人環境，是指愛匹克迪泰斯個人一生的遭遇。關於他的一生，雖然為後世知道得很少，不過他曾經做過奴隸卻毫無問題。凡是對古代奴隸生活稍有了解的人，都可想像得出愛匹克迪泰斯是如何的捱受過非人的生活。一個人在忍受奴隸生涯的歲月中，不論他具有如何優良的德性和稟賦，也不可能沒有一點憤怒的心理。此種心理可能使人參加暴動，憎恨這個世界上的一切既存秩序；也可能使人接受命運之說，而相信命運是神的安排，人不能也不應去反抗神的命令。人應從相信命運注定的觀念來解脫現實生活中的痛苦，以求心靈上的平靜。愛匹克迪泰斯強調自然的規律為人力所不可抗拒。自然規律裏有死的現象，人就得接受死的命運。他所說的「自然」、「自然法」或「普遍理性」，有時與「神」具同一意義。事實上，愛匹克迪泰斯的思想比其他斯多亞學派思想家更富於「宗教情調」(religious tone) ⓭。歷史上的偉大宗教，常常誕生在人類最苦難的時代裏。也可說宗教觀念的本身實由於人類心靈的痛苦所激發出來的。因此，我們可以肯定：愛匹克迪泰斯的個人遭遇，在影響他的思想上，或多或少的都發生了作用，至少加強了他的「宗教情調」。

總括起來說，愛匹克迪泰斯的思想環境，社會環境和個人環境，都是促成他接受斯多亞哲學的原因。不過，這並不意味著思想完全

⓬　G. Murray, "The Stoic Philosophy", *Political Thought in Perspective*, ed. by W. Ebenstein (McGraw-Hill, 1957), p. 94. "I shall approach it (Stoicism), therefore rather as a psychologist than as a philosopher or historian, I shall merely try as best I can to make intelligible its great central principles and the almost irresistible appeal which they made to so many of the best minds of antiquity."

⓭　W. T. Jones, op. cit., pp. 277–278.

是環境的產物。也不是說人的思想不可能改變環境。實際上，愛匹克迪泰斯和其他斯多亞學派的思想家，從他們的沉思玄想中，不僅相當深切的影響了亞歷山大之後的古代文明，而且也是幫助基督教文明出現的一個有力因素。思想與環境具有交互影響的作用，有時思想引起了時代的轉變，有時時代環境決定了思想的方向。這裏我們只簡單的說明了愛匹克迪泰斯所處的環境怎樣影響了他的思想。至於他的思想是什麼？又怎樣影響了後世文明和社會生活？本文將繼續加以討論。首先我們要討論的是自然法的觀念。

二、自然法與社會生活

自然法的觀念，在近代政治哲學中，有很重要的地位。霍布士(T. Hobbes)，斯賓諾莎(B. de Spinoza)，洛克(J. Locke)及盧梭(J. J. Rousseau)，在他們的著作中，都曾用自然法，自然權利或自然狀態這類觀念來說明他們的政治哲學。但是這類觀念，並不為近代人所發明。我們可以從中古末期的思想中發現這類觀念，如像湯瑪斯阿琨那斯(St. T. Aguinas)及馬塞流(Marsiglio of Padua)的著作中亦常用自然法的觀念。就是在中國古代的老莊思想中，「自然」也是被他們用來解釋社會生活或人生哲學的重要論據。自然法的觀念被使用得最早的時代，仍是古希臘。「自然」與「習俗」(convention)兩個觀念之對立，大約在西元前五世紀時，已為詭辯學派與其反對者爭論的中心。不過，古希臘的斯多亞學派才算是使用自然法這個觀念，最普遍而又最具系統者。

「自然」、「宇宙」、「上帝」、「普遍理性」或「世界靈魂」，在斯多亞哲學中，與自然法的觀念有密切的關係，有時甚至為同一意義。自然法是斯多亞哲學中最基本的一個觀念。不了解這個觀念，幾乎無法了解這派哲學對人生、倫理、社會和政治諸方面的解釋。

依照墨爾萊(G. Murray)的解釋，Nature一字的希臘文即Phusis。它的原意更接近「演化」(evolution)，「生長」(growth)或「生長的過程」(process of growth)諸義。「自然」既指「演化」或「生長」，所謂自然法、自然秩序、宇宙理性當然是指演化或生長的法則。因此，自然法，在斯多亞哲學中，有動態的或具備生命的涵義。它的自身是完美的，諧和的，自成系統的。它也是萬事萬物之所以存在而且發展的原因和法則。遵守自然法的生活，其意義即是指依照進步和生長的精神以求世界人類的發展（達到合理的生活）❹。

自然法相當於整個宇宙的靈魂，它之滲透在宇宙的任何部分，正如像人的靈魂之寓於人的四肢五臟。它即是世界的生命(the life of the world)或自然的秩序(the natural order)。則一切事物的發生都在它的秩序之中，一切的因果關係也只有在它的秩序中始可尋找得到。所以在某種意義下，自然法相當於上帝❺。

自然本身是一個不可分的整體，它的各種表現亦是有機的互相關聯的。人或一切其他的事物都是這個整體的衍生物，並與這個整體息息相關。自然法是支配整個宇宙的原則和動力❻。它是決定一切之法(all-determining law)。它的必然性和普遍性要求統治一切，不允許有任何的例外(admitting of no exception)❼。

---

❹ G. Murray, op. cit., p. 100. "The Greeks call it Phusis, a word which we translate by 'Nature' but which seems to mean more exactly 'growth' or 'the process of growth.' " "It (living or acting according to the Phusis) means living according to the spirit which makes the world grow and progress."

❺ Ibid., pp. 100–101.

❻ *The Discourses of Epictetus, with the Encheiridion and Fragments*, trans. by G. Long (The Home Library), p. 221. 以下引用本書時只寫*"Epictetus"*; see also Windelband, op. cit., p. 180.

❼ *Epictetus*, pp. 50–52; W. Windelband, op. cit., p. 181.

　　自然法對宇宙的或者社會的整個發展過程，有如一個先知者。
整個發展過程好像就是它所預謀的。這是自然法的一個重要屬性，
即所謂：Pronoia，它具有「先知」或「遠見」的意義(providence or
foreseeing)❶。自然法的另一個重要屬性即是整一性(homonoia or
concordia)。它要求一個完全的、無所不包的統一性，尤其要求「心
靈的聯合」(union of hearts)或「精神的統一」(being of one mind togeth-
er)❶。

　　自然法不僅為一切真實和存在的原則或規律，而且即是善的標
準，人的行為唯有照它所指示的秩序來運行才可稱做善；反之，則
是惡。在這種解釋下，人對於大宇宙(macrocosm)說正像一個小宇宙
(microcosm)。小宇宙的行為與活動，應當遵照大宇宙的秩序。人的
行為如果違背了自然法，人的願望如果不能與自然法的目的取得調
和，便等於違反了善的原則❷。

　　人或者人性，都是由於世界理性所規劃出來的。人性中，如果
有某種不可改變的成分存在，那即是它自身的生長和發展之理。這
個理在事實上即是自然法的表現。正如像葡萄樹與橡樹即各有各的
生長之理，此理即來自自然法的規定，且無改變之可能。憑人力絕
不可能把橡樹變成葡萄樹❸。愛匹克迪泰斯認為人性中有三種重要
的成分，即是慾望(desire)，追求(pursuit)，領悟(assent)。慾望是一種
衝動，一種要求趨利避害的能力。追求也是人的一種本能，它幫助
人認識或發現怎樣才能達到趨利避害的途徑。領悟是屬於人的最可
貴的品質，人依賴它才可能領悟到自然法，才會遵照自然的理性去

---

❶　*Epictetus*, pp. 54–56, 265–266.

❶　Ibid., pp. 49, 84–87; see also D. S. Robinson, *Political Ethics*: *An Applica-
tion of Ethical Principle to Political Relations* (Crowell, 1935), p. 176.

❷　*Epictetus*, p. 94; F. Thilly, op. cit., p. 137.

❸　*Epictetus*, pp. 188–189.

生活。這三種能力，也顯示了人走向道德境界所必須經過的三個階段。人如果只停留在第一階段，則與其他動物並沒有多大的分別，因為低等動物也有慾望的衝動。如只停留在第二個階段，人也僅僅可能利用零碎的觀念系統來調整慾望之間的衝突以達到某種功利的目的。惟有進入領悟階段，完全接受了自然法的指導，並與宇宙秩序合一，人才可能進入道德境界，產生善良的自由生活 ❷。

「理性的領悟」(assent of reason)是依順自然，服從永恆的自然規律，它要求自我與無窮之間的互契與合一。理性是把人和非人分開的標誌 ❷。一切的人都是有理性的動物。不過有的人充分發揮它而變為「聰明人」，有的人沒有充分發揮它而成為「愚夫」，人要就是「聰明人」，要就是「愚夫」，絕沒有「半聰明人」。換句話說，自然法是客觀的、唯一的，人的行為生活符合它的規律，就是「聰明人」，反之即「愚夫」。對內在生活來說，道德生活上並沒有中立者的地位 ❷。

人的情感和慾望不一定是罪惡，因為它們也是自然秩序的產物。不過情感和慾望應該服從理性的指導。脫離了理性控制的情感或慾望，不僅會毀滅人的幸福和快樂，而且違反了善的原則。因為自然所表現的過程都是緩慢有序並遵守節制之道的 ❷。

在我們對自然法及人應依照自然法生活的道理稍有了解之後，人類的社會生活應該如何？當然是不難回答的問題。

人和人類的社會，在宇宙無所不包的原則之下，都屬於宇宙的一部分。人、社會、自然三者是合而為一的。組織社會的原理，乃在求符合自然法的規定。人做照自然秩序組織社會乃在把自然的精

---

❷ E. Carter, op. cit., pp. ix–x.

❷ *Epictetus*, p. 136.

❷ F. Thilly, op. cit., p. 138.

❷ *Epictetus*, pp. 32, 40–41.

神表現在人文世界中。自然法要求統一、和諧及進化，所以人類社會也應該是一個統一的和諧世界。在世界國家之內，所有構成分子，都應該像兄弟一般的平等的和諧相處。奴隸制度違反自然法，以自己的民族高於別的民族也違反自然法；反自然法即是罪惡❷❻。

　　自然是有必然性的自成系統的實體；人又是它的一部分，那麼人要獲取自由的途徑，有而且只有向自然法學習。人如果能逐漸去其人慾以順應天性，則可不斷接近自然，而與宇宙合一。此種「與宇宙合一」的精神狀態即是真正的自由。每一個人都可能通過自己的理性去領悟自然的秩序，而達到此種忘我忘物的自由境界。自由，在如此的意義下，它等於一種心靈的修養。假如社會中的每個分子都能達到這種修養，社會生活當然可以走向美滿完善的境地❷❼。

　　在一個萬能的宇宙中，人當然會感到渺小。有些事為人的意志可以支配；有些事為人力所不能改變。因此，必須從宇宙生命的節奏中，學習自我的控制(self-control)。宇宙無所不包，甚至連罪惡也被包括在內❷❽。人亦應向自然學習包容精神以容忍別人，甚至容忍別人的錯誤。一個社會中，如果人人都懂得自我控制，都能學習容忍而與別人相安共處，這個社會自然會產生互諒互敬的精神，並慢慢達到統一中有和諧，和諧中有統一的地步❷❾。

---

❷❻　R. F. Davidson, *Philosophies Men Live By* (Dryden, 1952), p. 131; *Epictetus*, pp. 156–157.

❷❼　F. Thilly, op. cit., p. 139.

❷❽　宇宙既然無所不包，又絕對完美諧和，那麼宇宙中有罪惡存在將如何解釋呢？關於此點，在斯多亞哲學中，有兩種解決的方式。第一種是消極的解決，即是根本否認宇宙中有罪惡。普通人所謂罪惡在自然秩序中是一種不真實的影子，它是不存在的。第二種是積極的解決，承認有罪惡存在。在自然過程中，惡是一種手段，它為了實現善，準備善來征服它而存在。Ibid., p. 136. 愛匹克迪泰斯則採後一種途徑。

❷❾　A. K. Rogers, *Ethics and Moral Tolerance* (Macmillan, 1934), pp. 234–

從上面的敘述看來，我們可以得到一個結論：人類唯有皈依自然，順應自然，才可能實現一個具有自由、平等和容忍的世界國家。愛匹克迪泰斯是古代斯多亞學派中的晚期人物。他的思想，雖然也有他自己的獨創之處，但在自然法的觀念上卻與希臘時期的同派人物差不多。所以這也就是愛匹克迪泰斯在他的政治思想中最強調的根本原則。至於他對自由、容忍和世界國家，又有一些什麼樣的基本解釋？我們將分別的比較深入的加以討論。

三、自由觀念及其實現

自由的觀念，在西方思想史中，起源很早，不過早期希臘人，祇認為自由與平等是少數人的特權。就雅典而論。在希臘諸城邦中，自由的風氣算是最盛的了，但也不是所有的人都享有自由。當皮尼克里斯(Pericles)的時代，雅典約有四十萬人口，其中多為奴隸和外僑，真正享有自由權的公民不過四萬多人。就是具有絕頂智慧的柏拉圖和亞里斯多德，在他們的倫理或政治觀念裏，也沒有把自由和平等的權利擴展到奴隸身上去；他們對外國人也具有很深的敵意❸。

直到西元前三世紀初，斯多亞學派倡導「人類皆兄弟」(the human brotherhood)的觀念，主張凡是有理性的動物都應享有一樣的平等，一樣的自由。自由，在觀念上才算是被推進到了一個新階段。比之柏拉圖或亞里斯多德把自由局限在小天地小範圍的觀念，當然進步得多。可是，這只是觀念上的進步，實際的社會生活依然沒有普遍的自由。就是羅馬時代，其文明仍舊建築在奴隸的制度上。愛匹克迪泰斯本人亦就是這個制度之下的犧牲者。

一個人以自己親身捱受奴隸生活的痛苦，來對自由的問題，從

237; R. F. Davidson, op. cit., pp. 128–129.

❸　D. S. Robinson, op. cit., p. 175.

事哲學的思考，在歷史上的確不多見 ❸。愛匹克迪泰斯可能是唯一的「奴隸哲學家」。因此，我們必須審慎的來了解他關於自由的理論。他討論自由的態度很溫和平淡，並沒有什麼激烈的思想。不過，其溫和平淡中仍不失為深刻，使你感到他痛恨暴政和渴望自由比別人分外懇切而真摯。愛匹克迪泰斯認為自由與奴役是對照的觀念，如果能了解奴役的形成過程，即可幫助我們認識到自由是什麼意義。世界上奴役人的事物太多，有的是有形的，有的是無形的。暴君是奴役人的人，我們很容易了解得到這個意義。金錢、美人、頭銜和地位，也可能化成一種支配人的力量，變成我們的主人 ❸，則常常不容易為人發覺。暴君奴役人類與金錢、美人、頭銜、地位的奴役人類，在方式上雖然不一樣，前者是有形的，後者是無形的，但在本質上或構成奴役的基本原因上卻並沒有差別。暴君之可能奴役人，乃在人有害怕暴君的心理。人之害怕暴君，並非害怕暴君本人，而是害怕監禁、放逐和死亡，或害怕失去利祿和官爵。倘使一個人既沒有貪戀利祿和官爵之類的心理，又具有不怕監禁和放逐甚至面對死亡的勇氣，那麼這個人便不會害怕暴君。他既然對暴君沒有恐懼的心理，暴君即會失去奴役他的力量。同樣的，金錢、美人、頭銜和地位其所以可能變成奴役人的驅使者(driver-slave)，也不在這些事物的本身，而是在人對於這些事物的慾望。如果你沒有貪利好色的慾望，金錢和美人便不能奴役你。如果你沒有好虛榮好權力的慾望，頭銜和地位便沒有奴役你的可能 ❸。

　　仔細分析起來，一切奴役狀態之形成，其根本而又根本的原因，

---

❸　柏拉圖曾經在敘拉古(Syracuse)返雅典之途中，被人欺騙賣為奴隸，後　為商人贖回，帶到雅典。柏拉圖原為貴族做短期奴隸，在心情上不能　與愛匹克迪泰斯相比。

❸　*Epictetus*, pp. 330–331.

❸　Ibid., pp. 341, 94–95.

不在外在世界(external world)的壓力，而是在人類內心的慾望和情感。如果一個人真的能徹底擺脫內心對外在世界的一切慾望和情感，那麼便沒有任何東西能奴役他。每一個人，每一個有理性的動物，都有權不做奴隸，而做他自己的主人。人之能不能做他自己的主人，其關鍵完全在他是不是能夠以理性從內心去征服自己的情感和慾望❸❹。這很像老子所謂「自勝者強」的道理。

當我們理解了奴役和形成奴役的基本原因，我們便很容易了解到：所謂自由實在就是「自我控制」(self-control)或「自我衝動的克服」(overcoming of one's own impulses)❸❺。換句話說，自由即是一個人以自己的理性來克服或指導自己的慾望和情感。自由即是「內在自由」(inner liberty)。至少可以說，「內在自由」是一切自由的基礎。因為當其人沒有「內在自由」，即是向內的自我克服沒有成功。這一步未成功，人可能被任何外在事物奴役的基本原因便依舊存在。既然構成奴役的可能性存在，當然談不上真正的自由。在愛匹克迪泰斯或一般斯多亞學派的思想中，自由不僅不是放縱或佔有自己所欲之物，而且反是指克服自己的慾望，徹底擺脫自己的慾望❸❻。在這種意義下，自由的標準，不是財富的增加，也不是權力的擴展，更不是享有驅使別人的權力，而是擺脫自身的情感和慾望，以達到無罣無礙的境界。羅馬皇帝，雖然富甲天下，並握有無上的塵世權力，只要他一天沒有達到去慾的境地，他在精神上便可能仍舊是一個可憐的奴隸。相反的，一個普通的奴隸，雖然他貧窮、終日受到饑餓或鞭打的迫害，如果他的內在生活的確從自我慾望的束縛中解放出來了，他倒可產生一種不懼不惑的自由意志，並享受心靈上的至高

---

❸❹　Ibid., p. 337.

❸❺　W. Windelband, op. cit., p. 168.

❸❻　*Epictetus*, p. 359. "...for freedom is acquired not the full possession of the things which are desired, but by removing the desire."

平靜 **❸**。

在自由乃指「無欲」或「以理化情」的意義之下，自由實在是最難達到的一種精神修養。有的人認為可能，有的人認為不可能。孔子便屬於前一類，他訴說他自己的生活經驗曾如此說：「七十而從心所欲不逾矩。」其意義即在指「以理化情」雖然很困難，如果能不斷努力的修養，終有達到之一日。十九世紀德國悲觀哲學家叔本華(A. Schopenhauer)則屬於後一類。他認為除了在審美的沉思(esthetic contemplation)中可能獲得慾望的瞬間擺脫外，人永遠只有在慾望的驅使下掙扎著，直到生存意志自身結束為止 **❸**。不過，愛匹克迪泰斯對於這個問題，完全持樂觀態度，以為人可能達到不懼不惑的自由境界。他認為一個人的「自我克服」並不太難，他只要肯通過理性去了解有關事物的一切知識，自可達到「以理化情」的地步，而獲得「內在自由」。

他曾舉過很多例子，來闡明這個道理。他說，小孩為什麼害怕一個帶著「鬼面具」的人呢？這就是因為小孩子的知識太有限，不知「鬼面具」的真相而已。同樣的，兒童為什麼對看馬戲的慾望比成年人強得多呢？這是因為成人見多識廣，當然可對馬戲淡然置之。蘇格拉底為什麼能夠那麼從容而寧靜的飲毒而死呢？這也是因為蘇格拉底把生與死的問題放在人生大義的前提下作過極深刻的認識。如果蘇格拉底沒有具備比普通人高得多的知識，他絕不可能面對著死亡，依然那麼不惑不懼 **❸**。但是，這並不意味著，知識愈高的人其對任何事物的恐懼心或願望心則愈小；更不是指知識達到至高境地，則生存之慾全無，甚至願用自殺來結束自己的求生之苦。實際

---

❸　Ibid., pp. 279–281, 283–284.

❸　A. Schopenhauer, *The World as Will and Idea* (Modern Library), Bk. III, Sect. 34.

❸　*Epictetus*, pp. 109–113, 326–328.

上，在某些時候，小孩不恐懼的心理還比成人大，比如，從未見過
猛獅的乳子，他反會走過猛獅的身旁毫無所懼，即是一個例子。成
人看馬戲的慾望雖可能比小孩小得多，可是，知識很高的人有某種
慾望便比普通人高得多，如像哲人之願與自然「合一」，或老子的「欲
不欲」的心理，便是例證。至於一個人以自殺求解脫，雖可證明他
無貪生之慾，卻又充分說明了他沒有面對苦難的勇氣，其死乃在以
情慾之心結束了情慾之心，永無可能達到「化境」之一日。愛匹克
迪泰斯以為自殺是弱者的行為，也是違反自然法的，與蘇格拉底之
不畏死，在境界的層次上真不可以道里計❹。愛氏本人在不論如何
困苦中，依然勉力的活到高齡為人類服務，並沒有自殺，更足以說
明，他的「不懼」、「不畏」、「不欲」、「不惑」諸觀念，在層次上有
著很高的境界，高層次的與低層次的「不畏」、「不欲」、「不惑」，其
間區別很大。有的「不畏」是「初生之犢不畏虎」，有的「不畏」是
「雖千萬人吾往矣」。有的「不欲生」是匹夫愚婦之自殺，有的「不
欲生」是蘇格拉底的從容就義。有魯莽武斷的「不惑」，有「究天人
之際，通古今之變」的「不惑」。

因此，我們很容易推想得到：愛匹克迪泰斯所謂「不懼不惑」
的「內在自由」不是無知階段以前的產物，也不是無知的「返回自
然」，而是指著以理性追求高深的知識來淨化或合理的安排人的「七
情六慾」，使人的情慾完全接受至高而又至善的自由意志之指導。這
種狀態很像中國古代聖賢所謂「天人合一」的境界。「天」是自然，
「人」是自我，自我的行為處處皆符合自然法的狀態，即「天人合
一」的意義。追求此種「內在自由」的過程，乃在不斷的求知，不
斷的教育自我，磨鍊自我，並且懷疑自我。從探索宇宙一切事物的
真相，以知識和理性作為馴服情慾之準繩和途徑，始有達到自由境
界的可能性。凡是對客觀世界的真相或萬事萬物的本質未曾具備充

❹ Ibid., pp. 34–36.

分知識者，便不可能實現所謂完全的自由❹。

不過，人的生命有限，世界的義理無窮。以有限的生命追求無窮的義理，絕無獲得充分知識之可能。充分知識既難於獲得，完全的自由豈不是永遠只屬於可望而不可及的目標了嗎？愛匹克迪泰斯的回答也是樂觀的。他認為充分知識即指萬事萬物之理。以短暫的生命要對世界上的事物一一加以研究和認識，固然不可能，但是自然是萬事萬物的總來源，世界上的每一個現象，每一個活動，大而至於宇宙，小而至於原子，都為自然法所規定。如果一個人通過自身的理性，能對自然法加以徹底的認識和把握，他雖然未對個別的事物一一加以研究，也一樣可以對萬事萬物的真相得到徹底認識和了解。因此，在有限的生命之內，人之認識自然法是獲得自由的唯一途徑。人去順應自然之必然，或服從自然之必然即是自由的最高境界。自然法決定了整個宇宙，人在了解自然法之後，又與自然法契合為一，他即可獲得與宇宙一樣的自由自在❹。

由上看來，愛匹克迪泰斯認為實現自由之過程有三個步驟：第一步是以教育或認識局部的現象來啟發自我的理性；第二步是以自我的理性來了解或掌握客觀的自然法；第三步是自我完全服從宇宙理性的必然，並與之合一。換一個方式說，人的自由即是「內在自由」，其獲取之途徑，乃在從「自我衝動的克服」作為起點，再通過

---

❹　Ibid., pp. 44–49, 46n.

❹　F. Thilly, op. cit., pp. 136–137. "The Stoic conception of freedom is one of rational self-determination; free acts are those which are in conformity with a man's rational nature and, ultimately, with the rational nature of the universe." "...the doctrines of man's rational nature as a reflection of the cosmic reason, of man's freedom as conformity to nature, and of human immortality are of crucial significance to Stoicism.", See also *Epictetus*, pp. 324–343.

自然法的認識，以契合客觀宇宙之必然，並達到自我的內在生命完全與宇宙生命的一致。此種自由，是任何有理性的動物，從不斷修養中可以獲致的。

根據前面的討論，愛匹克迪泰斯的自由觀念，似乎是倫理上的意義多，政治哲學上的意義少。不過，深一層推演，我們可以發現他的自由論在政治哲學上的確具有極重要的地位。以理性的必然或自然的規律來解釋自由，在政治生活的意義上向來有兩種可能的結果。第一種結果是產生了為被統治階級爭取自由或保持自由的作用，比如洛克、盧梭即曾用自然法的觀念當作為近代人類爭取民主自由的武器；中國古代哲人以「天道」、「天意」、「違天者不祥」諸觀念解釋社會生活，從某種角度看，的確發生過約束君主權力的作用。第二種結果是變成為統治階級辯護的工具，比如霍布士便曾用自然法的觀念來說明為什麼必須服從暴君；黑格爾也從歷史發展的必然性來證明普魯士王的權力為什麼應該是被絕對服從的對象。愛匹克迪泰斯以服從自然法來闡明自由的理論，在我們看來，其動機和結果都是屬於前一種。他的確配稱奴隸的代言人，不過，他的處境和時代限制了他，使他不能不從玄理的自由來反映他對政治生活的主張。他的自由論，從政治哲學觀點看有以下幾方面是不可忽略的。

(1)自由是一種人為的努力。「自我克服」的過程即是此種努力的目標，「自我克服」一旦成功，一種「不懼不惑」的獨立精神即會隨之出現。「不懼」的最高表現是「不畏死」，「不惑」的最後境界即是只知堅持真理，而不為功名利祿及一切外物所誘，如果被統治者都達到了這個地步，世界上的暴政當然沒有存在的可能。歷史事實的證明，近代政治自由之實現，即是被統治者不斷向統治者爭取權利的結果。這種爭取運動之發生，無論怎樣都需要某些「不懼不惑」的個體作為原始動力。

(2)自由的實現乃在擺脫一切可能奴役的基本原因。此種擺脫一

且完成，不僅暴君無法奴役人民，而且一切的權威、偶像以及禮教觀念都無法對人的精神發生拘束力，人在宇宙秩序中成為一個極原始的個體，一切的社會力量和責任，最後都得訴諸這個原始個體的理性。這與近代人文主義的個體論，民主主義的來源，可以說是完全一樣的。

(3)一切的人，一切有理性的動物，不論是皇帝或奴隸，只要肯努力都可以實現意志自由。他們在享有自由的機會上完全一樣，他們在自然法之前一律平等，沒有任何的例外。這種人格尊嚴上的平等論、自由權利的平等論，在古代希臘羅馬世界中，不僅超過了柏拉圖及亞里斯多德，而且也顯得更為進步，更具有永恆的價值。

愛本斯坦(W. Ebenstein)在《大政治思想家》(*Great Political Thinkers*)一書中曾說:「斯多亞學派曾集中了它的教義以強調個體的責任和完整，而又不像其他宗教以採取懲罰的恫嚇或償酬的允諾作為推行教義的手段；從這一點看，斯多亞哲學是空前的，也許可能是絕後的。」❹這簡單數語中，亦可幫助說明斯多亞哲學之有強調個人主義的一面，亦不應為我們所忽視。

四、容　忍

以容忍(toleration)作為一種社會生活的態度看，它在近代西方的宗教改革或民主運動中，的確發生過重大的影響。我們可以說，如果沒有容忍異教或別派思想之風氣存在，那麼近代的信仰自由和民主運動幾乎是屬於不可能的事。近代民主之父洛克，亦非常看重容忍的重要性。他的《容忍論》(*Letters on Toleration*)，即是把容忍當做一種社會態度作有系統討論的專著。《容忍論》一書的第一部分雖出版在1689年，可是洛克在1667年時就已經寫成，這書經過二十多

---

❹　W. Ebenstein, *Great Political Thinkers*, op. cit., p. 141.

年的考慮才加以印行。洛克對此問題之慎重，可以想見❹。其中肯
定容忍是一個開放的社會中所不可缺少的生活態度，即可說明容忍
與民主的生活方式之間的關係多麼重要。

　　容忍，這一觀念雖為洛克所重視，雖然也曾為古代許多宗教家
或哲人所宣揚，不過，以哲學的觀點對容忍從事系統討論而最早者
恐怕要算斯多亞學派了。斯多亞學派中討論容忍的觀念比較深入並
且能身體力行者，又要算愛匹克迪泰斯。至少一個捱受奴隸生活的
人，從事容忍的觀念之思考，對我們來說，更值得注視。

　　關於容忍的生活態度，愛匹克迪泰斯在他的思想中所明示的或
隱含的理論，可分哲學、倫理和知識三個不同的方面來說明。

　　從哲學方面看，愛匹克迪泰斯根據個人與宇宙的關係，把事物
分成兩大類。一類是個人的意志可以支配的，屬於自己的，另一類
是個人的意志不可能支配的，屬於他方的❺。所謂屬於自己的，乃
指「內在生活」。比如一個人願意照自己的良心生活，即是任何外力
所不能屈服的一方面。「士可殺而不可辱」即與此義相同。所謂屬於
他方的，不一定指別的個人，也指著整個「外在世界」而言，比如
愛情乃基於人我雙方的意志，如果茱麗葉沒有愛意，羅密歐就是有
殉情的勇氣，也不可能產生動人的愛情。再如死亡或衰老⋯⋯也不
是一個人想長生不老的意志力可能完全改變的。秦始皇曾為長生不
老努力過，不僅於事無補，反留下了千古後世的譏笑。一個人如果
懂得這個道理，僅僅守著自我意志可支配的範圍，不斷努力向善，

---

❹　H. R. F. Bourne, *Life of John Locke*, Vol. I, p. 174.

❺　*The Golden Sayings of Epictetus*, trans. by H. Crossley (Macmillan, 1925),
　　pp. 129–130. "Man... sees that things which surround him are of two kind-
　　s. Some are free from hindrance and in the power of will. Others are sub-
　　ject to hindrance, and depend on the will of other men." see also *Epictetus*,
　　p. 48.

自可產生寧靜的生活而有快樂幸福。一個社會中的每個人都如此做，這個社會自有和平與自由。相反的，一個人一定要勉力去做不操之在己的事，甚至幻想自己是某個社會或宇宙的中心，則其自身立即陷入精神上的焦慮狀態，而為外物所役了 ❹ 。一個社會中許多個個人都逞一己之強，人慾橫流，則這個社會必將大難臨頭。整個世界中，某些民族相信自己優秀或強大應統治別人，別的弱小民族都應聽它的命令學它的制度，則世界的戰禍將永無停止之一日了。一個人或一個社會，從哲學上認識了「內在生活」與「外在世界」之分際，容忍「外在世界」，不把自身視為世界之中心。世界的和平，個人的寧靜始有實現的可能。

關於此點，最易引起爭論。斯多亞哲學假定宇宙有一個絕對的自然法統治一切，在形上學上原屬於一元論者。在理論上和社會發展上，一切宗教的一神論者(monotheist)或哲學的一元論者常是狂熱的並缺乏容忍的氣質 ❹ 。斯多亞哲學雖為一元論者而仍力主容忍的原因，乃由於它的哲學在形上學剛轉入倫理的解釋時，即顯現出「內在生活」和「外在世界」之分野，而呈現相對的狀態。既然相對，那麼個人，無論是什麼樣的個人，其意志支配的範圍必是有限的。因此，容忍或棄捨自己所不能支配者，乃是為了追求生活上的幸福所必須要具備的態度 ❹ 。

❹ *Epictetus*, pp. 151–154.

❹ E. Westermarck, *The Origin and Development of the Moral Ideas*, II Vols. (Macmillan, 1908), Vol. I, p. 647. "Whilst intolerance is a characteristic of all monotheistic religions which attribute human passions and emotions to their godhead, polytheism is by nature tolerant."

❹ *Epictetus*, p. 358. "Will you not as Plato says, study not to die only, but also to endure torture, and exile, and scourging and in a word to give up all which is not your own? If you will not, you will be a slave among slaves, even if you be ten thousand times a consul; and if you make your way up

從倫理的觀點看，每一個人都有認識自然法的能力，他的理性使他承認他自己與別人完全一樣的具有尊嚴，每一個能夠自我控制的人，即享有人的尊嚴❹。在自然法之前，一切的人都享有一樣的平等。人除了應盡量發揮他自己的理性，不斷修鍊自己，而且應尊重別人的人格尊嚴。別人的意志亦有其自身之自由，應加以容忍。

斯多亞哲學對於復仇的行為也採反對立場。他們認為人的憤怒和仇恨既是非自然的亦是非理性的心理狀態。因為他們覺得人既然是宇宙的一部分，就應學習宇宙的包容和大量，甚至去原諒別人的錯誤。而且一個人如果根本不把敵人看得重要，甚至不理睬他，則為復仇方式中最易制勝敵人的途徑之一❺。斯多亞學派的理論，假定世界一切的勝敗榮辱根本沒有值得重視之必要。以理勝情，以理化慾是他修養自己之規範，對復仇的衝動，當然亦覺得應該以理化除，而採容忍的態度了。

從知識方面看，容忍是知識上的一種保留態度。斯多亞學派，雖在知識方面的貢獻很小，但他們卻有非常重視知識的態度。他們重視知識的態度，與任何其他古希臘的學派比較起來，並無遜色❺。不論討論自由、去情慾、認識客觀的自然法諸問題時，斯多亞學派都以獲取知識作為出發點。他們雖然肯定獲取充分知識之可能性，但亦深悉獲取知識之難能性。比如一般人以為健康是善，疾病是惡，乃屬毫無問題之真理。但仔細思想起來，健康與疾病的善或惡，必須把健康或疾病放在實際的運作過程中，始可加以判斷。如像一個人持自己之健康而去冒無意義的危險，結果喪生，其健康反而給他帶來不幸；反之，一個跛足的人，可能因為這一生命中的弱點，激

---

to the Palace (Caesar's residence), you will no less be a slave, ..."

❹　W. E. H. Lecky, *History of European Morals* (Braziller, 1955), p. 195.

❺　E. Westermarck, *Ethical Relativity* (Quinn & Boden, 1932), p. 75.

❺　E. Zeller, op. cit., p. 234.

起他追求真理的熱忱，而發生了好的後果。因此，健康不一定是善，
「要用健康得當才是善，用健康不當則是惡。」疾病不一定惡，有時
一個人應付某種疾病的挑戰如果適當，反可帶來於他有利的後果 **❺❷**。
善惡之分既如此難辨，禍福相依又如此無常，那麼我們對善與惡，
福與禍之判斷，必須審慎，不走極端，處處留一個考慮問題的餘地。
此種容忍乃源於知識上的難能性，而採取的保留態度。

　　淡漠(indifference or apathy)與棄捨(renunciation)在斯多亞哲學
中亦具有很重要的意義。他們對「外在世界」主張採取淡漠和棄捨
的態度。這種態度，實際上即為他們容忍「外在世界」的兩種方式。
所謂淡漠，乃是對「外在世界」遠離的心理狀態，假定凡是自己的
意志無法控制的事物都屬於沒有價值的不重要的一類，富貴既如浮
雲，當然沒有執著之必要，更不值得去爭奪。所謂棄捨，乃指放棄
自身對「外在世界」的一切慾念，比之淡漠更徹底的斷絕了外物的
誘惑。一切慾望斷絕之後，一方面感覺到自我與外物根本沒有關係，
另一方面又感覺自我歸真返樸而與宇宙合一。此即所謂「……放棄
一切，即可控制一切」(to give up everything, reign everything)。**❺❸**淡
漠與棄捨，在消極方面可達到與世無爭，在積極方面亦可創造與宇
宙一般的境界，而呈現無所不容的胸襟。

　　淡漠與棄捨，在斯多亞哲學中的意義，並非指悲觀或絕望，而
只是以為一切身外之物，人我關係，不是陷人於痛苦的狀態，便是
誘人於膚淺的歡樂，常會引起情感上或慾望上的波動，而擾亂了理
性上的清明。淡漠與棄捨，實僅限於對「外在世界」之事物及自身
的慾望所採之態度。至於人之屬於一個大社會，須勉力去做一個「世
界公民」，就像人之屬於宇宙一樣，不僅是不可逃避的責任，而且應

---

❺❷　*Epictetus*, pp. 269–270.

❺❸　W. Ebenstein, *Great Political Thinkers*, op. cit., p. 140; see also F. Thilly,
　　　op. cit., p. 138.

站在自己的崗位上，負起應當負起的責任。後期的斯多亞學派尤其強調人對大社會的義務❺❹。我們必須深切的認識這一點，然後才不致誤解斯多亞的政治哲學。他們之主張淡漠與棄捨，不僅無損於他們肯定人應積極參加政治生活，而且因淡漠與棄捨所產生的容忍態度，更有助於良好社會生活之實現。關於這一點很類似莊子的話：「遊心於淡，合氣於漠，順物自然，而無容私焉，而天下治。」淡漠不僅不是悲觀或絕望，而且正是追求天下之治道。

就某種角度看，淡漠、棄捨、容忍實為一種社會哲學。無慾，「清靜無為」，對個體而論，可產生心靈上的平靜；對社會而論，可使人各守本分，順應自然的秩序，導致社會生活的安定。此種無為主義(quietism)只主張政府權力應受自然法的限制，與根本消滅政府權力的無政府主義比較起來，在基本觀念上很有區別。無政府主義者乃假定政府權力是惡，此種無為主義並不作如此的假定。政府權力是不是應該存在的問題，得看這個權力的存在及行使方式是不是依照自然法的規定運行。依照自然法存在的政府權力，不僅不是惡，而且是善之實現。人不僅不應反對它，且應積極的服從它並幫助它的實現。此種政府權力，在愛匹克迪泰斯看來，即是指的一個全人類可享有平等自由的世界國家。

❺❹　E. Thilly, op. cit., pp. 139–140. "Unlikely the Epicureans, who held them-selves aloof from public affairs, the Stoics recommended participations in political affairs: it is the duty of every man to take part in social and politi-cal life in the same spirit in which he behaves as a citizen of the world, to labor for the welfare of his own people and his own State. But they could never become narrow chauvinists for their nationalism was broadened by a humanitarianism that embraced the entire world."

五、世界國家的理想

在西方古代政府思想史中，柏拉圖和亞里斯多德佔有很重要的地位，許多政治思想方面的重要觀念，不是由他們最先提出來，便是接受過他們的影響。可是，他們的種族偏見或狹隘的國家觀念卻根深蒂固。他們的目光始終超不出小規模的城邦政治。柏拉圖在《共和國》中，亞里斯多德在「政治篇」中，都曾公開的主張野蠻人天然的即是希臘人的敵人，奴役甚至消滅野蠻人是希臘人的權利，與道德毫無牴觸❺。因此，從柏拉圖或亞里斯多德的思想中，很難找出他們在政治上懷有任何「天下」觀念或世界國家的理想。

另外，亞里斯多德，雖具有非常優秀的科學頭腦，但卻很顯明的缺乏一個寬大仁慈的心。他的學生，曾經建立空前大帝國的亞歷山大大帝❻，關於世界國家或統一人類的想像力比之亞里斯多德本人還高得多。根據巴爾克(E. Barker)的研究，當亞歷山大正在開拓他的帝國時，亞里斯多德曾勸過他的學生，必須把希臘人與非希臘人分別統治。待希臘人應視為自由人或朋友，待非希臘人則應看為野蠻人或奴隸。但是，亞歷山大並沒有接受他的勸告，而且反視所有被征服的民族為一家，以一種法律來平等的統治整個帝國的人民❼。這即充分說明了，關於世界國家方面的想像力，一代大哲亞里斯多德還遠不如他的學生。根據著名的希臘史學家塔恩(W. W. Tarn)的記

---

❺　D. S. Robinson, op. cit., p. 174.

❻　西元前343年，亞里斯多德曾應馬其頓(Macedonia)王菲力(Philip)之邀為他的幼子亞歷山大擔任過一段時間的教師。亞歷山大即位後，亞里斯多德亦曾擔任過他的顧問。

❼　See E. Barker, "Introduction", *The Politics of Aristotle*, trans. by E. Barker (Oxford, 1946).

載和辯護:「人類的統一」(the unity of mankind)這一革命性的觀念之
提出,亞歷山大實屬第一人。亞歷山大在著名的奧匹斯(Opis)酒宴上
曾公開為——人類心靈的聯合,馬其頓人與波斯人的共同建立新國
——作過誠摯的祈禱❺。

　　這也說明了人在觀念上的改變或進步,實不如想像的那麼容易。
雖以柏拉圖或亞里斯多德的優秀頭腦,依然擺脫不了種族的歧視,
而使自己的心智囿限於一種時代的偏見之中。一代大哲的眼光,有
時反不如二十多歲青年人那麼銳敏。緊隨著亞歷山大所提出的新觀
念,斯多亞學派則有系統的發揮了「人類皆兄弟」(the brotherhood of
men)的理想,進而提出世界國家(cosmopolis)的政治哲學。斯多亞學
派的思想家,為什麼會特別具有開放的心靈(the open mindedness),
而主張世界國家呢? 除了因為時代的轉變和政治社會的變遷所產生
的刺激外,他們的思想中有一種特性也是原因之一。他們的思想裏,
具有一種非常原始的衝動力,激動人去擺脫一切人文環境中的觀念
約束和歷史傳統所形成的等差,而要求直接訴諸原始的自然精神。
此種先從擺脫舊有的傳統觀念,沉醉在一種自然的原始的精神狀態
中,再回到人文世界的過程,也許是創造新觀念或易於接受新觀念
的途徑。

　　在西方歷史中,世界國家的觀念雖然萌芽於亞歷山大的帝國時
代,可是這一個觀念的系統化,被視為一種人類追求的理想和政治
哲學,無疑的要算是斯多亞學派所帶給人類的貢獻❺。在英語的世

---

❺　W. W. Tarn, *Hellenistic Civilization* (Longmans, 1927), p. 69. "These
　　(some ideas of human brotherhood) originated on the dayone of the critical
　　moments of history when, at a banquet at Opis, Alexander prayed for a un-
　　ion of hearts (homonoia) and a joint commonwealth of Macedonians and
　　Persians."

❺　W. T. Jones, op. cit., p. 269. "The idea of a cosmopolis, or universal city,

界中，有許多名詞（如a great city, a single universal city, world empire, world state, world government, world federation, international government），追溯起來都源於斯多亞學派的「世界國家」(cosmopolis)或「世界主義」(cosmopolitanism)。不過，現代的世界國家與斯多亞的世界國家，在基本理論的出發點上，是很不相同的。現僅就愛匹克迪泰斯的著作及其他有關斯多亞學派的著作，來對斯多亞的世界國家在觀念上作一簡單的說明。為了討論的方便，可以從世界國家的性質、構成分子、憲法及實現方式諸方面來分別加以說明。

1. 世界國家的性質

宇宙有一個絕對的普遍的理性存在，這個理性是萬事萬物演化的根據和準則。人和人類的社會是大宇宙的一部分，他們的行為和他們的發展應該而且必須遵守宇宙理性的指導。宇宙的理性要求和諧與統一。人類的社會也必須越過個別國家的界線建立統一的世界國家，並且讓這個世界國家中所有的人都享有一樣的平等和自由。換言之，人類在宇宙理性規定下是一種不同的生命形式，他們應該生活在一個單一的社會組織中，一種生命形式只應接受一種秩序的社會生活 [60]。

在此種假定下，世界國家只是宇宙理性的延伸或另一種表現。國家是一種政治權力組織體的意義並不重要，重要的是要把國家看成一種精神的理性的統一體。國家的目的，不是國家本身，亦非人民的幸福，更非君主的權力。國家的目的乃在實現客觀存在的宇宙性。因此，在愛匹克迪泰斯看來，國家之上還有一種高於國家的「天道」存在。至少此種世界國家的根本性質，為增進人類幸福是次要的，為使社會生活符合宇宙秩序或自然規律才是首要的 [61]。這種理

was a Stoic discovery."

[60]　*Epictetus*, pp. 24, 66, 132–133; see also G. H. Sabine, *A History of Political Theory* (Holt, 1955), p. 144.

論與黑格爾的國家理論很相類似。黑格爾即認為國家實為神聖意志之具體表現❷。不過，斯多亞的世界國家完全不像黑格爾的國家那麼絕對的具有權威。乃因為黑格爾假定神聖意志是絕對的權威之存在，要求人的絕對服從，而斯多亞卻假定宇宙秩序之自身即肯定人人平等，人與人之間應如兄弟一般的互相尊重。黑格爾的神聖意志遂助長了君權的絕對性，而斯多亞的宇宙秩序卻規範了君權的擴張性。關於此點，在認識斯多亞的世界國家時，我們必須密切的把握住。不然，我們極可能誤認斯多亞的政治哲學本質上為一絕對主義(absolutism)。

2. 世界國家的構成分子

在愛匹克迪泰斯的想像中，世界國家的構成分子有兩大類：一為人，另一為神。人類即指一切有理性的動物，所有的人類都是上帝的兒子。人不應分成奴隸、主人、自由人、野蠻人、甲國人或乙國人。他們天生的即是「世界公民」(citizen of world)，屬於一個唯一的世界國家❸。所謂神即象徵著一種完美的自然精神。此種精神不僅是構成世界國家的一部分，而且滲透在整個世界國家之中。它使世界國家任何一種措施都合於自然的意志，而達到人人平等和幸福的境地❹。

如果我們對愛匹克迪泰斯在此處所謂神的涵義不了解，即可能誤解他所說的人與神共處的世界國家實為一種「天國」。實際上，所謂世界國家，並沒有任何神秘之處，它只是一切的人類根據自然的

---

❶ W. Windelband, op. cit., pp. 175–176.

❷ C. F. W. Hegel, *Philosophy of Rights*, trans. by T. M. Knox (Oxford U. P., 1942), Sect. 270. "The state is the divine will as a present spirit, which unfolds itself in the actual shape of an organized world."

❸ *Epictetus*, pp. 13, 300–304.

❹ Ibid., pp. 31–32.

精神所建造的社會組織。一切的人，不分階級，不分貧富，不分智
愚，不分膚色，不分語言……在這個組織中像兄弟一般的享有一樣
的平等，一樣的權利，並盡一樣的義務❻。

　　這種徹底的平等論，不僅在當時有奴隸制度的希臘羅馬社會中
是革命性的偉大觀念，而且直到今天人類社會依然距離這個理想很
遙遠，就是第二次世界大戰後的普遍人權宣言(The Universal Decla-
ration of Human Rights)也不過才在觀念上達到了相同的水準。

　　3. 世界國家的憲法

　　斯多亞學派理想中的世界國家裏，既然一切人都處於絕對平等
的地位，其統治方式當然會強調法治。不過，他們的法，在觀念上
的最高來源，並非人民的意志，而是上帝的意志❻。所謂神又有兩
種，一為絕對的神(God)，一為諸神(gods)❻。所謂上帝的意志即是
絕對的神或自然之意志。因此，在愛匹克迪泰斯的心目中，法不僅
統治人，而且統治諸神。法是絕對崇高的存在，既然諸神都得服從，
人間的君主、皇帝之類，更沒有例外。這種意義下，君權或帝權都
在法的約束之中，於是人的平等和自由可得到保障。

　　法有兩大類，一為個別城市國家的法律(the law of the individual
city)，一為世界國家的法律(the law of the world-city)。前者是根據習
慣的法，後者是根據理性的法。習慣是變動的，理性是一貫的。習
慣法應該由理性法統一起來。世界國家根據理性法而得到實現和發
展。理性法來自自然或上帝，有其普遍性及必然性，它適用於一切
的正義標準。因此理性法或自然法即為世界國家的憲法或根本大
法❻。

❻　G. H. Sabine, op. cit., p. 149.

❻　*Epictetus*, p. 363.

❻　Ibid., p. 13. "God is the father both of men and of gods."

❻　G. H. Sabine, op. cit., pp. 150–151.

4.世界國家的實現方式

這個世界國家既是人與神的共處，又符合絕對的善，其實現必非常困難。有的人根本認為此種理想國家，永遠也不會實現。不過，根據愛匹克迪泰斯對於人和人的理性之信心，他肯定這個世界國家之實現很有可能。他認為實現這個世界國家，不是靠武力，也不是靠少數政治家，而是靠教育，認識自然法和善之觀念的教育 ❻ 。憑武力或政治家的技巧所帶來的世界國家，其範圍可能包括所有的人類，但其性質可能是帝國式的，不能免除壓迫或種族的歧視。憑教育所創造的世界國家，乃建立在全人類的自覺上，當不會產生奴役的現象。而且世界國家在本質上乃是世界理性之實現，此種實現惟有通過人的理性，去認識和體驗自然的規律和宇宙秩序，才可能把世界理性具體化，而成為一國家的形式。人都是有理性的，只要教育能使人的理性清明，與客觀理性合一，世界國家當然會出現的。

換一句話說，世界國家之實現，唯有通過教育不斷的發展人的理性，使人人都能認識客觀的自然法和宇宙的真善美，人自會遵照自然法所指示的「統一」與「和諧」建立一個世界國家。建立世界國家的最後責任，不是英雄，不是不負責任的群眾，也不是那個自認為優秀的民族，而是人類的理性。

六、思想的影響及評價

在西方古代的思想界裏，斯多亞是具有很大聲勢的學派。希臘史家塔恩認為：「希臘文化世界（包括希臘文化影響下的羅馬等）的哲學首數斯多亞；所有其他的哲學都是次要的。」(The philosophy of Hellenistic world was Stoa; all else was secondary.)他的論斷也許近乎誇大，但卻有他的根據。從希臘哲學的影響而論，亞里斯多德的哲

---

❻　*Epictetus*, pp. 57, 73.

學經過三個世紀就完全失去重要性了；柏拉圖的哲學盛行一百五十年則變了樣；伊比鳩魯派雖歷久而不墜，在人心的吸引上卻甚小；懷疑派在理論的爭辯上固可與斯多亞取得分庭抗禮的地位，可是在實際的影響上仍然屈居下風；斯多亞學派在西方古代文明中卻盛行了五個世紀而不衰，尤其到了羅馬帝國的早期，斯多亞更有獨步思想界的趨勢，與希臘文化裏其他任何哲學比較起來，斯多亞都算是勢力較大歷時最長的一派❼。至於在羅馬時代之後，從基督教的教義，中古末期及近代初期的自然法觀念，斯賓諾莎(B. Spinoza)的科學理性主義(scientific rationalism)，康德(I. Kant)的倫理學，以及現代李卜曼(W. Lippmann)所提倡的理性的人文主義(rational humanism)，我們一樣可以發現它們的某些觀念和推敲問題的角度或多或少的都接受過斯多亞的影響❼。

從另外一個方面看，在整個西方文明的發展過程中，有三個大的階段最為重要。這三個階段即是希羅文明、基督教文明及科學文明。斯多亞學派，在希羅文明過渡到基督教文明的銜接上，無疑的發生了橋樑的作用。基督教的教義中、如「博愛」、「容忍」、「人類皆兄弟」諸觀念莫不來自斯多亞哲學。

斯多亞對於實際政治的影響也是非常大的。一個主張清心寡慾的學派，竟與實際政治發生了極密切的關聯，除了黃老哲學在中國西漢初期的政治上所發生的影響外，人類歷史上恐怕再找不出近似的例子了。希臘的重要人物中即有不少信奉斯多亞哲學的。到了羅馬帝國的盛世，有更多的名臣和帝王自認為是斯多亞學派的信徒❼。其中以孫納嘉及馬嘉斯二人尤為後世聞名。至於羅馬的法學或實際

❼ W. W. Tarn, op. cit., p. 266; see also R. Warner, *The Greek Philosophers* (New American Library, 1958), p. 165.

❼ R. F. Davidson, op. cit., pp. 133–137.

❼ W. Ebenstein, *Great Political Thinkers*, op. cit., p. 139.

法律，更莫不以斯多亞思想為圭臬。不論是羅馬的國內法(Jus
Civile)、萬民法(Jus Gentium)或神律(Jus Divinum)無一不受斯多亞的
自然法觀念之影響❼。而且在斯多亞影響下所制定的法律，都是朝
著改善奴隸生活，增進人類平等這一方向而發展的。

　　在斯多亞影響基督教及羅馬的實際政治上，愛匹克迪泰斯有其
特別顯著的貢獻。一方面因為愛匹克迪泰斯的思想在著名的斯多亞
人物中最富於「宗教情調」，使他在希羅文明轉化成基督教文明（愛
匹克迪泰斯的時代基督徒還處於受迫害的地位）的過程中佔有重要
地位。另一方面因為篤信斯多亞哲學的羅馬皇帝馬嘉斯最崇拜愛匹
克迪泰斯❼；馬嘉斯在他的《沉思錄》中，多處引述愛匹克迪泰斯
的觀點來支持他自己的思想，並認為愛匹克迪泰斯是與蘇格拉底一
樣偉大的人物❼，更充分說明了這位皇帝是如何的尊敬愛匹克迪泰
斯了。一個在政治上握有實際權力的人物，衷心的崇拜一位有思想
的人已不多見；衷心的崇拜一位奴隸思想家更屬絕無而僅有了。

　　對實際歷史發生重大影響的思想，不一定就證明這種思想即有
益於人類，也不一定證明這種思想即具有真理的基礎。比如馬克思
的思想對於十九世紀末期以來的歷史，的確發生了巨大的影響，但
他的思想既沒有真理的基礎，對人類歷史也發生了壞的作用。盧梭
思想的影響雖曾在近代的民主革命中發生過巨大而良好的後果，但
其理論也不一定經得起科學的檢證。雖然斯多亞學派的思想在古代
的社會中發生過很大的影響，甚至在增進公眾幸福上和提高人類尊
嚴上都很有貢獻，可是斯多亞的思想其理論的基本假設並無鞏固的
基礎。就現代眼光看，宇宙本身，未必是一個有意志有目的的有機

---

❼　W. T. Jones, op. cit., p. 270.

❼　E. Zeller, op. cit., p. 292.

❼　Marcus Aurelius, "The Meditations", *The Stoic and Epicurean Philoso-*
　phers, ed. by W. J. Oates (Modern Library, 1957), p. 537.

體，人文世界的變化也不一定遵循著整個宇宙的秩序。這一基本假
設既有問題，宇宙理性、自然法以及根據宇宙理性及自然法推演出
來的倫理秩序和政治秩序，必隨之發生動搖。因此，羅素曾在〈論
自由人的崇拜〉一文中以為一個現代人對科學所描寫的宇宙有所了
解之後，知道宇宙自身並無意志和目的，則斯多亞的宇宙觀，頂多
不過為不幸的人生提供了精神上的逃避所 ❼。假使斯多亞所提出來
的宇宙觀，其意義根本包括一切，而且非科學所能認識，所謂宇宙
即是上帝。那麼他們一面假定宇宙理性或自然法之必然性和普遍性，
另一面又肯定個人的絕對自由之可能，其自身在邏輯上亦發生了矛
盾。因為一個人不可能既必須服從客觀自然之必然，又享有絕對的
意志之自由。關於這一點，有的批評家稱之為斯多亞的物理學與倫
理學之間的矛盾 ❼。這正是整個斯多亞學派理論上的缺點，愛匹克
迪泰斯的思想當然也陷於一樣的錯誤中。

　　不過，我們絕不可因之而完全否定了斯多亞的思想。直到今天，
人類歷史上各式各樣的社會思想，我們還不能找出一種思想系統是
絕對完整的。尤其是古代的一切社會思想，幾乎沒有一個學派的思

---

❼　B. Russell, "A Free Man's Worship", *Selected Papers of B. Russell* (The Modern Library, 1955).

❼　R. M. Wenley, *Stoicism and Its Influence* (Boston, 1924), pp. 107–110; see also R. F. Davidson, op. cit., p. 136. "Upon closer examination, moreover, Stoicism shows a lack of internal self-consistency. There is an inherent contradiction between its ethics and its physics which even the great Stoics do not clearly face. If the universe is rigidly determined by natural law, then all that happens, including human conduct, is the result of forces over which the individual has no control. He cannot be blamed for what he does or expected to do otherwise. The Stoic ethics is based, in fact, upon on assumption of human freedom which its account of the universe does not justify."

想經得起現代的批評。我們如果把斯多亞哲學放在人類思想史上比較研究，我們依然會發現出這一學派的思想仍具有偉大而深遠的意義。從愛匹克迪泰斯的政治思想中，我們亦不難發現斯多亞學派所提出的某些政治思想上的問題，的確具有永恆性的價值。以下我們根據兩方面 —— 慾望的安排與善良的社會生活，全體主義與個體主義的調和 —— 來簡單的說明愛匹克迪泰斯在政治思想上的貢獻之所在。

1. 慾望的安排與善良的社會生活

從現代的眼光看「禁慾主義」(asceticism)固無甚價值可言。因為慾望即是生命的動力，禁慾與違反人性是同一意義的兩種說法。假使禁慾可能，人人都可做到無慾，則世界的一切創造和進步亦必隨之失去了原始的推動力。不過，不論對個人、社會甚至整個世界而言，一切煩惱一切仇恨以至於一切戰爭，推究其基本原因莫不根源於人的慾望。當一個人的慾望在他的生活中發生失調(maladjustment)現象時，輕則心神不安，重則精神分裂。一個社會如果對其構成分子之間的慾望衝突，沒有妥善的調適和安排，這個社會必然紊亂甚至趨於解體。整個世界中如果某些國家的生存慾與某些國家的霸權慾發生衝突，又無調和之可能，其結果必然發生戰爭，使人類遭受浩劫。

因此，一個社會的價值標準和政治制度，必須在個人與個人、個人與團體、團體與團體之間的慾望上妥為安排，並做到和諧的地步。不然，社會的善良生活根本不可能實現❼⑧。

愛匹克迪泰斯主張通過教育的作用，使個人做到「去慾」或「以理化情」的境地，進而實現人人平等的「世界國家」。雖然在解決的方式上並沒有成功，但他看到了政治哲學上永恆的問題之所在。

2. 全體主義與個體主義的調和

❼⑧　B. Russell, *An Outline of Philosophy* (Norton, 1927), Chapter 22.

　　在政治哲學中，全體主義與個體主義之爭，不僅歷時最久，而且至今依然得不到合理的解決。所謂全體主義即是強調「社會凝聚」(social cohesion)，所謂個體主義即是重視「個人創造」(individual initiative)❼。前者重義務和權威，將個人視為社會的工具，後者重權利和自由，將社會視為個人的手段。在哲學的意義上，全體主義是一元論者，堅持宇宙有一先驗(a priori)的秩序，而且一切事物都在這個秩序的預定安排下。個體主義是多元論者，假定事物之變化是許多偶然因素所造成的，宇宙並沒有一個先驗的目的，人的自由可以創造或改變他自己的命運。這兩種說法，各有各的真理，很難得到徹底的合理解決。不過，人類社會生活的經驗已證明兩方面各有是處。因為太偏重個人自由，社會即會變得混亂或無秩序；反之，太偏重社會組織，不僅個人失去幸福，而且社會自身亦會日益僵化而無進步❽。因此。從政治哲學看，個人自由與社會組織兩方面均不可偏廢，應受到同等的重視，兩方面應盡可能加以調和和折衷。

　　愛匹克迪泰斯的思想，一方面肯定宇宙秩序或自然法之必然性，另一方面又堅持個人的自由意志之絕對性；並假定個人從認識或服從客觀宇宙秩序始可獲得絕對的自由。其說法固然是矛盾的，缺乏理論之一貫性❽。但這足以表示他始終想從個人與宇宙、自由與必然的調和或合一中，去解決思想上的一切問題。愛匹克迪泰斯的政治思想裏隱藏了一個可貴的原則，這個原則就是非常重視全體主義與個體主義之間的調和。

　　他的努力，在理論上雖然失敗了，可是他根據這個原則所設計的人類社會 ——「人類的統一」與「個人的自由」兼受重視 —— 直到今天依然是全人類正在恐怖惶惑中仍不得不努力以求的唯一道路。這即是他在政治思想中所提出的另一個富於永恆性意義的問題。

---

❼　B. Russell, *Authority and the Individual* (Simon & Schuster, 1949), p. 75.

❽　Ibid., p. 25.

❽　W. Ebenstein, *Great Political Thinkers*, op. cit., pp. 141–142.

附　錄　壹

政治學：簡史、界說、範圍、展望

載於《雲五社會科學大辭典》第三冊

一、簡　史

關於人類政治生活的思考或研究，有其很早的起源。在西元前五世紀時，史學之父赫洛多塔斯(Herodotus)，對於國家的分析，就曾提出君主、貴族及民主三類型之說(Sabine 1937)。從西元前五世紀直到二十世紀中葉，這二千餘年中，整個政治研究的發展史，可以分成兩個大的階段。十九世紀末葉以前是一個大的階段，可稱之為前期的政治學。十九世紀末葉以後是另一個大的階段，可稱之為後期的政治學。以十九世紀末葉，視為政治學發展史的一個關鍵年代，其主要的理由是根據政治學的獨立性而作為選擇標準的。前期的政治學，乃依附於史學、哲學、神學及其他社會研究之中而發展。政治研究並未形成一獨立的研究範圍，也沒有專業的政治學者。後期的政治學，在學術的領域裏，儼然自成一獨立的學科，不僅有其獨特的研究範圍及專門從事政治研究的學者，而且大學裏也設立了有關的課程及學系。

前期的政治學，又可分成古代與近代兩個時期。古代時期，指希臘羅馬時期及中古時期，最具有代表性的政治學說有：柏拉圖(Plato)的正義論，亞里斯多德(Aristotle)的國家目的論，斯多亞學派(Stoics)的自然法觀念，奧古斯丁(St. Augustine)的天國論，以及聖湯瑪斯(St. Thomas Aquinas)的基督教國家觀。近代時期，包括文藝復興時代直到十九世紀中葉的時代，最具有代表性的政治學說有：馬基維利(N. Machiavelli)及霍布斯(T. Hobbes)的政治權力論，布丹(J. Bodin)的主權論，洛克(J. Locke)及盧梭(J. J. Rousseau)的社會契約論，孟德斯鳩(C. L. Montesquieu)的分權論，邊沁(J. Bentham)的功利論，黑格爾(G. W. F. Hegel)的唯心論國家觀，馬克思(K. Marx)的唯物論國家觀，及穆勒(J. S. Mill)的自由論。

　　後期的政治學，即自十九世紀末葉開始成為一獨立學科之後的政治學，若以政治研究的定向作為標準，其發展又可分為三個時期。第一個時期，乃指十九世紀末葉至第一次世界大戰之間而言。此一時期中，政治學以國家概念作為主要的研究定向。所探討的對象是：國家的起源、性質及分類，政府的結構及類型，憲法的條文及類別。所研究的方式，偏重制度研究法及法律研究法。第二個時期，乃指兩次世界大戰之間而言。此一時期中，政治學以權力概念作為主要的研究定向。其分析的對象是：權力的形成、分配與執行，以及權力的心理基礎與社會基礎。所採用的研究方式，則著重於心理學研究法及社會學研究法。第三個時期，乃指第二次世界大戰以後而言。政治學的研究定向，又從權力概念逐漸轉變而為政策概念。所分析的對象是：政府制定及執行政策的過程，以及政府政策的性質及目的。其採用的研究途徑，則強調行為研究法及決策研究法(Easton, 1953)。

　　縱觀政治學的整個發展史，前期的政治學，比較重視政治生活的目的及價值，哲學及倫理學的色彩極為濃厚。後期的政治學，比較著重於政治生活的現象及事實之描述，科學分析的傾向日益顯著。

二、界　說

　　政治學是探討及研究政治現象的一門學科。因此，對政治現象一詞的了解不同，政治學的界說也必隨之改觀。關於政治現象一詞的涵義，其說法甚多，在此不可能一一列舉。現僅選擇三種比較具有影響力的說法分別加以簡單說明，並根據每一種說法而引述有關的政治學界說。

　　第一種說法，認為政治現象即是國家的活動。國家是一種特殊的人類組織，係由人民、領土、主權及政府四個要素而構成。國家的活動，對內而言，即是它的政府依法行使主權，對其人民與領土從事統治的活動；對外而言，則指一個國家在國際社會中與其他的國家發生關係而形成的各種活動。在對政府現象作如此了解時，當然認為政治學即是研究國家的科學。伽納(J. W. Garner)曾明白的說：「國家的現象，在其千變萬化之中，對於家庭、部落、民族及其他一切私人集團而言，雖不是毫無關係，究竟有所不同。此種特異的國家現象，即構成政治學研究的主題。簡言之，政治學從頭至尾即是研究國家的科學。」(Garner, 1928)

　　第二種說法，認為政治現象即是人際關係中的權力現象。所謂權力乃「指

一個人或一個團體，可以依照其自身的願望，去支配其他的人或團體」(Tawney, 1931)。也即是說，個人與個人之間，團體與團體之間，或個人與團體之間，凡有支配現象之所在，即是政治現象之所在。政治現象並不只限於國家的活動，而是泛存於各種人際關係之中。對政治現象作如此了解時，政治學當被界定為研究一切權力現象的學科。拉斯威爾(H. D. Lasswell)曾說:「政治研究即是對於勢力及擁有勢力者的研究。」(Lasswell, 1936)則等於對政治學作了這一類型的界說。無論如何，有些政治學家認為一切人際關係中的權力現象所涉及的範圍實在太寬，政治學不宜研究如此廣泛的現象，而主張把政治現象的範圍縮小，只承認與國家有關的權力現象才是政治現象。因此，政治學的界說也隨之而變，肯定「政治學是一種特殊的社會科學，它一方面視國家為一種權力組織體，而研究其性質及目的，另一方面也研究足以影響國家的非官方權力現象之性質及目的」(Flechtheim, 1952)。

　　第三種說法，認為「政治即是政府制定政策的過程」(Ranney, 1966)。「凡圍繞政府決策中心所發生的事件即是政治現象」(Grazia, 1952)。在二十世紀中葉，持此種說法的政治學者，是很普遍的。他們的基本論點，是肯定人類的社群系統(social system)中有一次級系統──政治系統(political system)。此一次級系統的主要功能，在根據社群系統的需要，透過政策的制定及執行而對各種價值從事權威性之分配。這種權威性政策(authoritative policy)之制定及執行的過程及各種影響因素，即是政治現象之所在(Easton, 1965; Almond, 1930)。對政治現象持如此了解時，當然認為政治學是研究權威性政策制定及執行的學科。伊斯登(D. Easton)即採此種看法，他說:「政治研究，首要的乃是企圖對一個社會中從事價值分配的權威性政策作一系統了解。」又說:「政治學即是在研究一個社會中對價值的權威性分配。」(Easton, 1953)

三、範　圍

　　任何學科，為了研究及教學的系統化，常劃分成許多不同的範圍(fields)，以便於分別從事探討。政治學也是一樣，在其內在有各種不同的分科。不過，關於政治學內在的分科問題，到目前為止，並沒有一個固定不變的定論。1948年聯合國的教科文組織(UNESCO)在巴黎召集世界性的政治學會議，而創立了「國際政治學會」(International Political Science Association)。在這次會議中，各國政治學者同意政治學有四個主要的範圍: 第一個是政治理論，第二個是

政治制度，第三個是政黨、輿論及政治團體，第四個是國際關係。每一個範圍又劃分成許多不同的次級範圍(subfields)。這些次級範圍，即屬於政治學在教學及研究上的分科(UNESCO, 1950)。

另外一些政治學者，認為政治學可以劃成較多的範圍。除了政治理論、政治制度、政黨及國際關係之外，還可增加公共行政、公法、政治歷史學、政治心理學、政治社會學及公共政策學等等範圍(Grazia, 1952)。根據這些範圍再劃分次級範圍，當使政治學包括了更為繁多的分科。

到了第二次世界大戰之後，由於強調政治行為的研究，及政治研究的科學化。政治學的分科，不僅在日益擴充之中，而且使其問題更為複雜。比如政治行為究竟是一個政治學的範圍或是一個研究政治現象的途徑，便沒有定論，政治學方法論究竟是屬於政治學的一個範圍或一個次級範圍，也沒有固定的說法。無論如何，最近若干年來，世界各國的大學裏，尤其美國的大學裏，關於政治學的新課程的確是正在不斷增設之中。如像政治行為、政治學方法論、政治發展、比較政治、政治文化、政治人格、政治社會化、政治統計學……等等課程的相繼出現，便是證明。這些新課程的出現，一方面使政治研究步入了新的境界，另一方面也為政治學的範圍問題帶來了更多的困擾。

四、展　望

由於當代政治學的迅速進步，伊斯登認為已引發了「政治學的雙重革命」(the dual revolution in political science)。所謂雙重革命，是指政治學在研究技術及理論建構兩個方面同時發生了劇烈的變化(Easton, 1965)。

自政治學成為獨立學科以來，一直企圖採用科學方法分析政治現象。到了二十世紀的二十年代，政治研究的科學化，更是加以強調。可是，政治現象不論被認為國家現象、權力現象或政策的制定及執行，其最後的基礎乃是人的行為所構成，而人的行為比自然現象顯然不同，很難根據科學方法從事經驗的調查而取到相關的資料。因此，政治研究科學化的提倡，雖歷時已久，卻沒有顯著的成就。直到第二次世界大戰之後，政治學廣泛採用其他行為科學的新興研究技術，如問卷法、訪問法、局內觀察法、實地調查法、數學及邏輯的分析技術……，才使政治行為的經驗調查之可能性大為提高，才使政治研究的科學化大為推進一步。這便是政治學在研究技術方面的革命。

政治研究的整個歷史中，過去已出現了不少的政治理論。可是，這些理

論，大部分都是規範性的理論(normative theories)，既沒有事實的印證性，也缺乏邏輯的推演性。根據科學理論的建構原則加以衡量，這些理論稱之為意識型態(ideologies)或政治思想，是更為適當的。第二次世界大戰以後，政治學家逐漸明確的認識了理論建構在政治研究上的重要性，而竭力發展關於政治現象的描述性理論(descriptive theories)或經驗理論(empirical theories)。經驗的政治理論，一方面要求政治概念、政治陳述及整個理論，都必須具有經驗事實的指涉及印證，另一方面也企圖使政治概念、政治陳述及整個理論之間，必須具有邏輯的推演性。現代政治學，除了在理論的性質上強調科學化之外，更深深的了解理論與研究過程之間有其不可分的關係。若無政治的理論，那麼想對政治現象從事科學的描述、解釋及預測，便沒有可能性。此種理論上的空前自覺，便是政治學的另一個革命。

現代政治學中，雙重革命之發生，不僅象徵了政治學的進步，而且也為政治學帶來了極有前途的展望。

參考文獻

Almond, G. A., and Coleman, J. S. (ed.), *The Politics of Developing Areas*, Princeton University Press, 1960.

Bentley, A. F., *The Process of Government*: *A Study of Social Pressures*, Principia Press, 1908, 1949.

Catlin, G. E. G., *The Science and Method of Politics*, Knopf, 1927.

Charlesworth, J. C. (ed.), *Contemporary Political Analysis*, Free Press, 1967.

Dahl, R. A., *Modern Political Analysis*, Prentice-Hall, 1963.

Davies, J. C., *Human Nature in Politics*: *The Dynamics of Political Behavior*, John Wiley, 1963.

Easton, D., *The Political System*: *An Inquiry into the State of Political Science*, Knopf, 1953.

Easton, D., *A Framework for Political Analysis*, Prentice-Hall, 1965.

Easton, D., *A System Analysis of Political Life*, John Wiley, 1965.

Eulau, H. (ed.), *Behavioralism in Political Science*, Atherton Press, 1969.

Flechtheim, O. K., *The Fundamentals of Political Science*, Ronald Press, 1952.

Frohock, F. G., *The Nature of Political Inquiry*, Dorsey Press, 1967.

Garner, J. W., *Political Science and Government*, American Book Co., 1928.

Grazia, De A., *The Elements of Political Science*, Knopf, 1952.

Lane, R., *Political Life*: *Why People Get Involved in Politics*, Free Press, 1961.

Lasswell, H. D., *Politics*: *Who Gets What, When, How*, Whittlesey, 1936.

Lasswell, and Kaplan, A., *Power and Society*: *A Framework for PoliticalInquiry*, Yale University Press, 1950.

Masannat, G. S., and Madron, T. Wm. (ed.), *The Political Arena*: *Introductory Readings in Political Science*, Scribner's, 1969.

Merriam, C. E., *Systematic Politics*, University of Chicago Press, 1945.

Mitchell, J. M. & W. C., *Political Analysis and Public Policy*, Rand McNally, 1969.

Ranney, A., *The Governing of Men*, Holt, 1966.

Rodee, C. C. et al., *Introduction to Political Science*, McGraw-Hill, 1957.

Sabine, G. H., *A History of Political Theory*, Holt, 1937.

Tawney, R. H., *Equality*, Harcourt, 1931.

UNESCO (ed.), *Contemporary Political Science*, UNESCO Publication No. 426, 1950.

Young, R., *Approaches to the Study of Politics*, Northwestern University Press, 1958.

附 錄 貳

「二次大戰以後政治學發展的趨向」討論會

思與言雜誌社主辦

時　　間：民國61年5月10日

地　　點：國立臺灣大學經濟研究所會議室

發言者：袁頌西　（主席）臺大政治系副教授

　　　　易君博　政大政治系教授

　　　　黃　默　臺大政治系客座副教授

　　　　華力進　政大公共行政系教授

　　　　雷飛龍　政大公共行政系教授

　　　　文崇一　中央研究院民族學研究所研究員

　　　　芮和蒸　政大政治系教授

　　　　杜奎英　東吳大學政治系教授

出席者：政治學及社會科學界人士約卅人

　　袁頌西先生：諸位女士，諸位先生，諸位同仁，今天是思與言雜誌社為了慶祝十週年舉行的第二次討論會。這一次討論會的主題是有關於政治學在第二次世界大戰以後發展的情況。我們之所以選定這個題目，是由於我們覺得中國政治學的發展與其他國家，特別是美國政治學的發展是分不開的，只要了解了整個政治學發展的趨向，就會很清楚的了解目前我國政治學發展的情形。今天我們很榮幸的請到政治大學的易君博教授來講這個題目，易先生在政治學方面的素養乃是人所共知的，毋需我再作詳細介紹了。易先生大概在一小時左右把這個問題談完，然後再由在座的其他二位先生作若干補充，最後再由諸位提問題來討論。

　　易君博先生：各位女士，各位先生，今天我應邀來貴社討論會作一專題報告，深感榮幸。在未談本題之先，本人要以《思與言》的讀者身分來向貴社致賀。《思與言》是真正從事學術研究，並有心發展人文社會科學的朋友們所創辦的一個期刊。這個期刊，自創辦之日到今天，在極艱困的環境中，維持了整整十年。這真是一個了不起的奇蹟。十年當中，在貴刊所發表的某些文章，不僅為國內學術界提倡了新的研究風氣，而且對未來的學術發展也可能留下深刻的影響。不論怎樣，一個純私人創辦的學術性期刊，可維持十年之久，在中國出版界中實在是難能可貴的盛事。就憑這一點而論，已經很值得我們來誠摯的道賀。

　　今天，我所要講的題目是「第二次世界大戰後政治學的發展趨勢」。這個題目是由貴社主辦人所指定的。由於題目涉及的範圍太寬，恐無法作全面性的說明，因此，我只想把第二次世界大戰後政治學發展過程中的某一方面提出來作一粗淺的分析，以就教在座的諸位朋友。

　　第二次世界大戰之後，整個世界的政治學發展，以美國的政治學發展最具代表性。說明了美國的狀況，也許就等於說明了整個世界的政治學發展狀況。目前美國的政治學在各個學校的發展情形也並不完全相同。比如，史丹佛大學或芝加哥大學所代表的政治學，與哈佛大學所代表的政治學，就並不完全一樣。如果要在美國找一所學校來說明美國政治學的發展狀況，是不十分妥當的。由於這個緣故，我想以美國政治學會近幾年來的年會選舉來作為說明美國政治學發展趨勢的標準。

　　關於美國政治學會最近幾年來的年會選舉，可以說完全象徵了傳統學派與行為學派之間的競賽。傳統學派的會員希望選出屬於傳統學派的會長，反之，行為學派的會員也希望選出代表行為學派的會長，因此我們從每一屆會長的所屬學派即可推斷到那一個學派得勢。此種推斷幾乎比專門的調查還要可靠。最近四年來，美國政治學會的會長是下列四位；1972年的會長是H. Eulau，他即是《政治學的行為論》(*Behavioral Persuasion in Politics*, 1963)的著者；1971年的會長是R. E. Lane，他即是《政治生活》(*Political Life*, 1959)的著者；1970年的會長是K. Deutsch，他即是《政府新論》(*The Nerves of Government*, 1963)的著者；1969年的會長是D. Easton，他即是《政治系統》(*The Political System*, 1953)的著者。這四位會長，都是在美國倡導行為學派的健將，他們對

政治行為的研究也都是很有貢獻。因此，我們可以肯定的說近年美國政治學是趨向於行為學派的，政治行為是政治研究中比較受重視的一個範圍。

不過，到目前為止，政治行為究竟是一個研究法(approach)呢？抑或是一個學科(discipline)呢？在政治學界中並沒有定論。政治行為的研究也不是第二次世界大戰以後才出現的。遠在1908年，有位英國政治學家G. Wallas就曾發表了《政治與人性》(*Human Nature in Politics*)一書。他提倡用心理研究法來分析政治現象，並且根據新的研究法來批評「民主是建立在開明的自私之上」的這一假設。Wallas認為在民主的選舉中選民投下他自己的一票，常常是根據他個人的情緒或者偏見，甚至很模糊的聯想(dim association)而作的決定，並不完全是根據他個人的理性或個人的利害分析而作成的決定。Wallas的投票行為分析，很顯然在強調政治行為的研究。我們可以很合理的稱他是一個政治行為研究的先驅者，同樣的，也在1908年有位美國政治學者A. F. Bentley，亦發表一本著名的書——《政府過程》(*The Process of Government*)。他在這本書中很明白的指出，過分強調制度結構或法律條文的政治研究是沒有意義的，政治研究必須注重政治過程，此種政治過程包括人在政治生活中的內在行為及外在行為。他並且肯定政治分析的基本單元必須是利益(interest)，團體(group)及壓力(pressure)。Bentley的倡導政治行為研究，曾發生深遠的影響，我們稱他為現代政治行為研究的另一位先驅者，也是很適當的。稍後，1925年也是政治行為研究進展中另一重要的關鍵年代。在這一年芝加哥學派之父C. E. Merriam曾出版了一本《政治學的新方面》(*New Aspects of Politics*)。這本書原是他就任美國政治學會的會長時宣讀的論文。他在這本書中採用了政治行為(political behavior)這一名詞。他從方法、觀念、及分析對象各方面，提出了政治研究的新方向。他的指引對政治行為的研究發展，產生了決定性的影響。稍晚一點，Merriam的弟子H. D. Lasswell，應用心理分析學的知識從事政治現象的研究，並於1930年發表了頗具創發性的巨著:《心理病理學與政治》(*Psychopathology and Politics*)。這本書在今天看來，也許很有值得批評之處。但是，無論如何，它代表了研究政治行為的一個重要的里程碑。根據以上簡單的說明，關於政治行為的研究，早在第二次世界大戰之前已經在成長中，並非在第二次世界大戰之後才開始。不過，到了二次大戰之後，因為受到一般行為科學發展的影響，使政治行為更廣泛而又迅速的得到發展而已。

　　第二次世界大戰之後，政治行為的研究其方向是多角度的。選擇任何一個角度，都可作為說明政治行為之研究發展的標準。比如，從立法行為、投票行為、決策行為、團體行為……，都可或多或少的對政治行為的研究發展提供某種程度的說明。今天我想以政治行為一詞的解釋作為起點，來探索政治行為研究的發展趨勢。政治行為一詞的界說，並沒有一種固定的說法。在此我想借用心理學家K. Lewin對行為一詞的解釋作為基礎，以申論政治行為的意涵。Lewin在1936年曾提出$B=f(PE)$這一公式來表示行為所指的內容。這個公式裏的符號所代表的意義如後：B=behavior, f=function, P=person, E=environment。根據這個公式，所謂行為即指人與環境之間互動關係的一個函數。行為是兩方面的因素所決定的，一方面是人，另一方面是環境。到了1963年一個美國政治學者J. G. Davies又把Lewin的公式稍微修改了一下，改為$B=f(SO)$, B=behavior, f=function, S=situation, O=organism。Davies作如此修改的理由是有機體(organism)比person的範圍寬，因person常指一個成年的人。情勢(situation)比環境(environment)的意義，也要寬廣些。對這兩個概念加以修正，所指涉的範圍稍寬，則可使行為一詞指涉的範圍也隨之擴大，而使其有更寬廣的說明力。

　　根據說明行為一詞的公式，人的行為即是從人與其所面臨的情勢之間的關係而產生的。那麼，人對於他所面臨的情勢而作的任何反應，即是他的行為。準此推論，所謂政治行為，當然即是人對於他所面臨的政治環境或政治情勢，而作的各種適應及反應而已。因此，政治行為也決定於人與環境兩方面的因素，具有不同政治人格的人，對同一政治環境反應必然相異，反之，同一政治人格在不同的政治環境下，也必然會作不同的反應。人與環境兩方面的因素分析，又涉及到極為複雜的次級因素。在現代政治行為的研究中，關於人這一方面的因素分析，常稱之為政治人格的分析；而關於環境這一方面的因素分析，則稱之為政治文化的分析。此外，關於政治文化如何影響政治人格之形成，或既存的政治文化又如何內化到人格之中而決定了政治人格的形成，此又屬於政治社會化的範圍。因此，我們可以說第二次世界大戰後政治行為的研究，主要的乃是在企圖對政治人格、政治文化及政治社會化三個方面從事研究。這三個方面的研究與發展，將會形成政治行為的核心領域。他如投票行為、立法行為、決策行為、社區調查等等研究，其分析的內容，

也多半離不開人格、文化及社會化的有關因素。

所謂政治人格，依照R. E. Lane的界定，乃指一個人對政治刺激習慣上所作的持久的、有組織的、動態的反應組合。政治人格的研究，即是透過心理研究法對政治行為從事有系統的了解。政治學中引用心理研究法歷時雖久，可是一直都沒有很顯著的成就。近幾年來關於政治人格有效研究的各種討論中，B. M. Smith的"A Map for the Analysis of Personality and Politics"一文（發表於*Journal of Social Issues*, 1968），及F. I. Greenstein的*Personality and Politics* (1969)一書，是比較上最值得重視的著作。

政治文化，根據L. W. Pye的觀點，乃指一套態度、信仰及情操的組合體，此種組合體既能賦予政治過程某種意義及程序，又能提供政治系統控制政治行為的某些規律及潛在的條件。換言之，政治文化乃指一個政治社會中一般人所接受的信仰系統、價值系統及表達的符號系統而言。在這方面的研究，比較突出的著作有G. A. Almond及S. Verba的*The Civic Culture* (1963)與L. W. Pye及S. Verba編的*Political Culture and Political Development* (1965)。

政治社會化即是指個人在社會生活中獲取政治的行為定向及行為模式之發展過程（見D. Easton & J. Dennis, *Children in the Political System*: *Origins of Political Legitimacy*, 1969）。根據此一說法，政治社會化即是在探討個人透過學習過程以形成其政治行為的定向及模式之問題。政治人格的形成，政治文化的持續，以及政治文化與政治人格的關係，都或多或少的必須要依賴政治社會化的研究才可能達到深入的了解。也可以說，政治社會化既是使政治人格與政治文化發生因果關聯的橋樑，也是解釋既存政治文化如何影響個人政治行為的一種理論。1960年以後，有關政治社會化的研究逐漸得到普遍重視。其中比較重要的作品有：D. Easton & J. Dennis的*Children in the Political System* (1969)；R. E. Dawson & K. Prewitt的*Political Socialization* (1969)；及K. P. Langton的*Political Socialization* (1969)諸書。

以上所述政治人格、政治文化及政治社會化三個方面的研究，在現代政治行為的領域中，無可置疑的佔有很重要的地位，並將在政治學的未來發展中也具有無限的遠景。我們之所以作如此的肯定，有兩方面的理由：一是理論方面的，另一是實用方面的。

就理論方面說，一個學科的獨立發展，其重要的基礎乃是需要一個完整

的理論系統。只有它具備了一個完整的理論系統之後，才可能有效的累積過去的相關知識，並迅速的創造新的相關知識。同時，也只有它具備了一個完整的理論系統，才可能對它所研究的現象達到成功的解釋與預測。二十世紀中葉的政治學者已普遍的注意到這一事實，像D. Easton就曾竭力提倡政治學的統一理論，以期每一個研究者及每一代的研究者都可依賴此一理論系統而進行研究，使政治學能得到日積月累的效果。目前雖然明白了建立政治學的完整理論系統之重要性，可是究竟如何才能建立此一理論系統，仍是一般政治學家在討論的問題。各種可能建立政治學理論系統的途徑中，根據政治行為作為出發點尚不失為一個比較健全的途徑。第一是因為政治行為比較上容易作經驗性的觀察；第二是因為形成政治行為的三個主要方面，如政治人格、政治文化及政治社會化，彼此之間具有因果的關聯性；第三是因為根據政治人格、政治文化及政治社會化的研究結果，對政治行為的解釋力及預測力比較深厚。政治行為的研究既然對建立政治學的完整理論系統有所幫助，當然會在未來政治學的研究中得到普遍的重視。

就實用方面說，任何時代及任何地區的政府，都有共同迫切希望達到的兩個目標：第一個是保持政府的穩定及持續，第二是制定有效的政策。要能成功的達到這兩個目標中的任何一個，必然需要具有效準的政治知識。這些具有效準的政治知識之開拓，無論如何脫離不了根據科學方法對政治人格、政治文化及政治社會化三方面從事研究而得來的知識。至少可以說，根據科學的政治知識從事治理一個國家比根據常識治理一個國家，是更為有效的途徑。當其實際社會中的政府，逐漸明白政治行為有關知識的實用價值之後，必然會鼓勵這方面的研究。這便是說，政治行為有關知識的實用性，是使其自身能夠得到發展的原因。

以上是我根據政治行為這一角度，對第二次世界大戰後政治學發展的狀況及可能的趨勢，所作的一點粗淺分析。由於過分簡略，可能有許多不清楚的地方，還希望各位朋友指教。

至於國內有關政治行為的教學及研究的情形，我想根據課程的設立，教本的採用，及出版品的發表三個方面作一簡單說明。

課程的設立：大約在第二次大戰的末期，主張全盤西化的陳序經先生一度訪美回國後，曾在昆明西南聯合大學開了一個「現代政治學」的新課，其

內容就在介紹當時芝加哥學派正在提倡的政治行為研究。這可說是中國設立有關政治行為課程的創始。政府遷臺後，民國54年國立政治大學最先開設「政治行為」一課，隨後國立臺灣大學、東吳大學及東海大學也先後相繼設立此一課程。

教本的採用：民國43年政治大學在臺復校後，浦薛鳳先生在政大政治研究所主講「西洋政制研究」一課，便曾採用A. de Grazia的*The Elements of Political Science* (1952)（此書隨後又為原作者改編為兩冊，上冊叫做*Political Behavior*，下冊叫做*Political Organization*）作為必讀參考書，稍晚民國46年左右，浦先生又指定H. Eulau et al., ed., *Political Behavior: A Reader in Theory and Research* (1956)一書為必讀參考書。兩書均是在美國剛出版後即被採用。至於現在臺灣各大學中，「政治學概論」的教學也不乏採用美國新近教本的，其中多少包括了政治行為的內容。如A. Ranney的*The Governing of Men* (1958, 1966)，以及他改編之後的*Governing: A Brief Introduction to Political Science* (1971)，都是在美國出版之當年即被臺灣某些大學所採用，便是證明。

出版品的發表：在民國46年左右，香港的《現代學術季刊》發行之後，曾陸續介紹了不少有關政治行為研究的論文。近十年來，在臺各大學的學術刊物及《思與言》等期刊，也常見到有關政治行為研究及介紹的論文。至於各大學中碩士班及博士班的畢業論文中，也有不少是根據政治行為的觀點而寫成的。

關於國內政治學研究的情形，袁頌西先生將會有深入的說明，我在此不多談了。謝謝！

袁頌西先生：易先生剛才在一小時裏簡單扼要地，把政治學在二次大戰後發展的趨向，給我們做了很深刻的說明。當然，對於這方面的問題是相當多的，但我們想先請特約發言人黃默教授來給我們補充一下。黃先生是去年回國的，在臺大政治系擔任客座教授，他所開的課是「近代歐西政治思潮」及「政治發展」等課程。而他本人也在美國紐約州立大學教書，對美國在這方面發展的了解比我們要多，故我們先請他來給我們談談，然後再請華力進教授，進一步地加以補充。如果有必要再由本人對國內的情形略做一點補充。

黃默先生：我想我所能補充的很少，易先生也提到1972年美國政治學會的選舉，那個時候我還在美國，所以記憶及印象很深刻，在此我稍微說一下；

剛才易先生說：這幾年來多是行為學派的學者當選美國政治學會的主席，拿這個來說明政治學派的力量，我想是不錯的。1972年這一次選舉，在這麼多年來，也是少見的一次美國政治學行為學派受到非常嚴重的挑戰。以我記憶所及，五十年代以來，歷年多是行為學派名學者當選政治學會的主席。而另外一些研究政治學的會員，提名了兩個人來與Eulau競選，他們提名的是，Hans Morgenthau做美國政治學會主席的候選人，提名了Falk做副主席的候選人，由此可知這是幾個力量的聯合，而Morgenthau在芝加哥大學多年，是political realism學派的一個很著名的學者，而他的思想是最受R. Niebuhr的影響，他對於研究國際政治，對於權力均衡(balance of power)很是同情。而Falk是美國對於國際公法的一個少見的天才人物，今年只有三十幾歲，他的著作至今已很難去計算了，而且多是了不起的水準，Walter Falk關心的是和平的研究(peace studies)，是一個和平的世界組織。他最近主持一個私人的機構，就是鼓吹、宣揚這種見解，並出版很多書籍。而且在每一個學校經常有演講，鼓吹和平的研究。所以他的出發點及看法並不是與Morgenthau同一個背景發展出來的，但是他們都是批評越戰，雖然他們的出發點並不相同。所以這次選舉對行為學派的挑戰是幾個力量聯合起來的，Morgenthau出來競選可以吸引很多對傳統政治哲學影響的一些會員，而Walter Falk出來競選，當然爭取了很多主張改變對越南政策，主張世界和平的一些比較激進派的政治學會會員的支持。所以競爭十分的激烈，而且每一個會員都收到好多的推薦信件。而Eulau及一些行為學派的也寫了很多信，在信裏寫了一些批評及爭辯。這些批評在那裏呢？我剛才所說的，越南戰爭是一個導火線，而基本的批評是政治學與政治學家對社會應該採取怎樣的態度，怎樣去負一些責任，即是政治學家是否只限於研究分析社會，而不改變社會。所以1972年美國政治學會的競選，是行為學派受到空前未有的挑戰，雖然Eulau當選了，但這次的票數比較接近，相差無幾。所以我想，最基本的論點是，政治學家應不應該對改造社會負某些責任，還是只限於客觀的不參與的研究態度？

另外一點我想補充的，易君博先生談到這幾十年來的政治學科學化的發展，政治行為的研究，政治發展的研究及現代化的研究。我想稍微對政治發展及政治現代化的研究補充一下。我們可以從戰後的美國Social Science Research Council的發展來探討問題，這個機構當然對科學的貢獻良多。記得他

們對於政治學的發展，最早設立了一個Committee on Political Behavior，研究政治行為，我想當初是Bentley擔任這個委員會的主席，Lasswell, David Truman也都先後擔任過這個委員會的主席。這個機構對美國政治行為的研究，推動非常的出力。過了好幾年，大約是1955年間，他們又設了一個Committee on Comparative Politics。最早大概是Gable當主席，後來Lucian Pye也擔任過這個主席。這個Committee對美國政治現代化的推動貢獻很大。

近幾年來，政治發展與政治現代化的研究非常的活躍，開始當然是偏重於亞非國家的研究，而在論文集裏也常常可以看到，有好些著作從研究政治現代化這個方向，來探討歐洲的政治發展。例如英國政黨的發展，希望從這樣的角度來談問題。到現在也還沒談到大家所同意的定義。什麼是政治發展？什麼是政治現代化？Lucian Pye在他的論文裏列舉了十項定義，並認為產業現代化乃是政治現代化、政治發展的必須條件。這也是國家的政治過程，即是指民主政治的形成。所以到現在也有很多爭辯。但已出版的一些著作裏，大家均同意現代化有幾個特徵，那就是participation比較平等的參與，法治的觀念，系統的能力，還有一個政治功能的專業化，功能的劃分。大概大家都希望能從這幾個特徵來探討。假如談政治發展與政治現代化，基本上比較難於處理的問題，我想有兩個，一個是怎樣來區分現代化大概有那些特徵，就是社會及文化中有那些特徵。比較具體的說，亞非國家與歐美的文化接觸以後，都往現代化的方向來發展，而怎樣來區分政治現代化共有的特徵。用另外一個方式來說：就是Lucian Pye談到的world culture。我們是否能看出近百年來科學與工藝在歐西的發展，已經有一個世界文化的模型？還有我們是否把現代化與政治發展，看做是民主政治的發展，民主政治的形成？這是一個難以處理的問題。也是當今研究政治發展與政治現代化時，歐西學者還是受到他們的價值觀念、文化背景的影響，他們是否偏向於英美的文化。第二個問題就是怎樣來量化，提出那些來做指標。那一個社會，還是那一個政治系統是已經比較現代化的，那些是初步現代化等等量化問題。不過最近大家都一步一步的往這方向來發展。剛才易教授說的，我想是很正確的，而這種情形將加速度的發展下去，而使量化問題能得到一個合理的解決。

剛才談到民主與政治現代化、政治發展。我想這是比較困擾的，但也不至於放棄對於政治現代化的研究，對於政治現代化的追求。我想我們在理論

上的探討不應該把政治現代化、政治發展、民主政治的形成、民主政治的發展,看做一件事情。而對於理論上的探討,雖然不能決定它的價值,但是否可對於我們在價值上的選擇有所幫助。這是我們大家所爭辯的問題,我只做一點補充,謝謝。

袁頌西先生: 以上兩位先生的報告,他們的焦點可說是著眼於兩個重點之上: 一是放在政治學是科學(political science as a science)的上面,另一個焦點則是以政治學是一學科(political science as a discipline)來討論的。政治學要想成為一個真正的科學,還有許多路要走。就政治學當做一個學科來說,其範圍自然是在不斷的擴張之中。剛才黃先生提到的政治發展、政治現代化,在臺灣幾年前沒有這個課程,美國在十幾年前也沒有這個課程出現,可是現在呢? 這類課程是越來越多。黃先生對這方面已經給我們一個簡單的提示,我們現在再聽一聽華先生的補充。華先生在政大開「行政行為」、「比較政治」等課程,在這方面可說很有深刻的研究,我們現在請華先生就這個題目提出他個人的見解。

華力進先生: 我稍微補充一點在這方面的發展,剛才易先生所講的,美國政治的趨勢是往行為學派,這是沒有問題的, Albert Somit and Joseph, 在1965年出版*American Political Science: A Protile of a Discipline*一書中,曾依調查結果指出: 在1945年以後的一些重要政治學中,屬於非行為學派者只有剛才黃先生所提的Hans J. Morgenthau一個,其他如V. O. Key (Jr.), David B. Truman, Robert A. Dahl, Harold B. Lasswell, Herbert A. Simon, Gabriel A. Almond, David Easton等均為行為學派的人。行為學派誠如易先生所說有其實用的貢獻。不過我現在要介紹一點,就是post-behavioralism,連戰先生好像把它翻成後行為主義,這名詞在中文上不好翻。這個名詞首先由行為學派的健將David Easton在他的1969年當選美國政治學會會長時的演說詞中提出,他這個演說詞也發表於*American Political Science Review* (December 1969),篇名是"The New Revolution in Political Science",就是政治學的再次革命,這篇文章已由呂春沂先生翻成中文刊於《黨政思潮》。Easton的說法是對傳統政治學的革命,這新的革命是behavioralism對行為主義的革命。從事這項革命的人包括各種人,有青年研究生,也有老人。他們是對現有政治研究及教學深切不滿,尤其不滿那種致力於依自然科學方法與精神而硬把政治研究變為嚴格的科學學

科的做法，但他們也不是要返回傳統研究。他們主要主張在下列幾點：

⑴實質重於技術，如果二者必需犧牲其一，則以前者為重要。

⑵行為科學隱含保守主義思想。實證研究限於說明與分析事實，結果造成支持當前事實。

⑶行為研究的另一方面又在脫離現實。post-behavioralism打破行為主義對現實政治的沉默。

⑷研究價值與建設性的發展價值是政治研究所不可抹煞的部分。雖然有人主張價值中立，但科學不能中立也從未中立。

⑸一個學術性學科的成員負有知識分子的責任。知識分子的歷史角色是保障人道價值。這是知識所能有的任務。不負起這個任務，他們就成為修補社會的工匠與技術人員。

⑹知識負有行動的責任，行動就是改造社會，作為科學家的知識分子負有使其知識運用的特殊義務。

⑺如果知識分子有實施其知識的義務，則這一專業的政治化是無可避免而且也是應該的。

綜合來看，post-behavioralism的原來精神就在對於價值問題的態度。這些人並不反對行為學派已有的研究成果，但他們反對價值中立的研究態度，認為政治學者不僅要有價值態度，而且更要為維護和發展人道價值而行動。其實，Easton所說的再革命是欠妥當的，因為過去許多反行為主義的人原也不在反對他們的研究成果，而是在反對他們的價值中立態度，因為價值中立的政治研究實際就是脫離政治。

Easton所指出的post-behavioralism精神我們可以自他們著述中得到證實，茲舉二例如下：

⑴前面易先生提到的行為派健將，1970年美國政治學會主席Karl W. Deutsch，他是專門研究實證政治理論的人，所謂實證理論就是如自然科學理論相同的理論，在一般行為學派的認識上應該是價值中立的，但Deutsch在1971年3月號*American Political Science Review*中發表"On Political Theory and Political Action"一文中指出，實證知識並不是不受價值影響的，當我們選擇研究題目、研究方式、解釋與評估研究結果時就持有某種價值主張。同時他又指出「智慧」(wisdom)是理論的一種，智慧是關於知識的知識，關於技術的技

術，與對價值的評價。智慧告訴我們去尋求什麼知識，用什麼技術去求知，去追求價值。這說法也就是放棄價值中立態度，尋求價值的理論是政治理論的一種。

⑵1968年一群青年公共行政學者舉行一次討論會，會後出版*Toward a New Public Administration* (edited by F. Marini, 1972)一書，會中各人意見並不一致，但有人提出"post-positivism"一詞，言即等於post-behavioralism，其主要精神也就是反對行為學派或實證派的價值中立態度，且主張行政人員應注重社會公正(social equity)。

總之，行為主義是二次大戰後政治學的重要發展，吾人應予注意，目前新發展post-behavioralism不同意行為主義某些主張，自亦不容忽視。

袁頌西先生：剛才華先生提了一些價值的問題，這是政治學一直在爭論不休的題目，等一下希望大家對這方面發表一下高見，而易先生對這方面也很有研究，等一下他可能給大家一個滿意的答覆。以上三位先生都已談到美國政治學發展的過去情況及未來發展的方向。我曾經提到過，我們臺灣的政治學理論及概念多來自西方，所以我們要了解臺灣政治學的發展才能對我們政治學的情況有所幫助。我也簡單的報告一下臺灣近二十年來政治學發展的情形。我的報告主要是根據臺灣主要的兩個大學——臺灣大學及政治大學所出版的季刊(Journal)中出現有關於政治學方面的文章。我在此做一個簡單的統計，就可以了解過去研究的重點在什麼地方，以及未來努力的方向在那裏。而所統計的Journal，一個是政大的《政治學報》，從民國49年5月一直到60年的5月，一共出了二十一期，另外一個是我們臺大法學院的《社會科學論叢》，從39年4月到59年7月共出了二十期，而在這些文章中，我把它們分成六個類目：

第一個，就是思想史，中國的與外國的都包括在內。

第二個，就是制度，中國的與外國的均包括在內。

第三個，就是政治行為與政治學的研究方法。

第四個，公法，包括國際公法、行政法、憲法類。

第五個，是國際關係與組織。

第六個，是政治發展。這是新出來的無法歸類，只好放在這類。

現在就由政大學報來看，思想史這方面，據我統計，二十一期裏，只有

五篇，佔總數九十八篇的5.1%，制度這方面有四十六篇佔47%，政治行為及方法共有十一篇，佔11.2%，國際公法、行政法有二十六篇佔26.5%，國際關係與國際組織出現了九篇，佔9.2%，政治發展只有一篇，佔1%。從政大《政治學報》裏九十八篇的文章，制度這方面的文章出現最多，佔47%，第二是國際公法等佔26.5%，第三是政治行為及方法佔11.2%，第四是國際關係與國際組織佔9.2%，第五是思想史，第六是政治發展。由此可看出學校研究重點的情況，而政大的十一篇政治行為及方法方面，沒有一篇是屬於經驗的研究，都是著重在政治行為的介紹與研究的重點方面，而臺大的《社會科學論叢》，包括了法律系、政治系、經濟系及社會系等四個科系，但是除了政治系以外，其他的三個科系我們都不計。統計的結果，在政治方面的文章共出現五十一篇，其中關於思想史只有三篇佔5.9%，而與政大比較起來只相差一點點；制度這方面出現了六篇，佔11.7%，政治行為及方法方面有三篇佔5.9%，而其性質也是屬於介紹性的；公法方面有二十五篇之多，佔49%；國際組織與國際關係十四篇，佔27.5%，在政治發展方面一篇也沒有。因此可看出臺大的研究重點，很顯然的，在公法方面佔第一位；第二位是國際關係與國際組織；第三位是制度；第四位是政治行為及方法；第五位是思想史。我們把兩個學校作一個比較，就可以看出他們的重點之所在，顯然的臺大是偏向於公法方面的研究，而政大的重點是在制度方面。在人材方面，臺大在國際關係方面的人材比較多，所以在這方面的文章也就多了一點；而在政大方面來說，就變成第四位了。由此可看出二十年來，似乎臺大與政大關於政治學的研究多偏重在法律制度上面。但從49年之後，受到行為主義潮流的影響，慢慢的這方面出現的文章也就多了起來。以後如何當然不知道，這是兩個學校過去研究的重點。至於有關政治行為的實地研究，這方面臺灣近二十年來，前十年幾乎等於零，而在前五年開始，就慢慢的趨向於經驗的研究。而值得一提的是民國56年至58年之間，臺大政治系接受哈佛燕京社所委託的「監察院之研究」，乃是真正的第一個team work；第一次把behavioral approach, historical approach, institutional approach結合在一起的研究著作。至於成敗如何，就請諸位自己去批評了。第二個就是現在還在進行的，政大政治研究所在前年所接受的中美科學合作會補助的，關於臺灣投票行為的研究。這個計畫也相當大。這個研究據我所知，他們是希望把政治文化與投票的意願有關的假設結合起

來，將來能不能成功及成功到怎樣的程度，因還未研究完成，所以很難預料。
至於其他的個人研究很多，也無法一一提出來。不過從臺灣政治學研究這方
面來說，沒有一個固定的計畫，也沒有固定的方向，大家都是抓到什麼題目
就做什麼研究，可以說是沒有一個長遠的計畫，長遠的打算，也沒有目標。
就以上的分析來看，我們臺灣過去政治學的發展無疑的是屬於傳統的範圍，
而近年來似乎是向行為研究途徑轉變，這期間當然與美國還有一段距離。我
簡單的報告到這裏為止，希望諸位對我們今天所談的問題，提出高見來，使
我們這個政治學的討論會能夠成功。現在就請諸位提出寶貴的意見，然後再
請在座的三位先生答覆。

　　雷飛龍先生：就現在的政治學是否能盡量的往量化的這方向去進行，而
量化的主要困難在那裏，將來的那方面能補助量化的不足，這幾點請在座的
先生給我指教。

　　易君博先生：關於政治學要求從事量化的研究，事實上很早就有這種想
法。早在1937年的時候，H. Tingsten便曾寫過一本書，叫做*Political Behavior:
Studies in Election Statistics*，希望對選舉從事數量化的研究。芝加哥學派自早
期就很強調數量化。可是，政治學中數量化的研究，至今並沒有多大效果。
因為政治現象不像自然現象，形成政治現象的相關變數太複雜太變動，使數
量化的研究遇到困難。同時，政治研究的對象，主要的是人及人的行為，因
此政治研究的進行過程中，可能引起被研究對象的改變，即是說研究的行為
可能構成被研究對象的變數。這也是增加數量化困難的原因。無論如何，現
代政治研究中，企圖採用新的研究技術及方法來克服這些困難，如「抽樣調
查法」、「量度法」及「建構類型法」都是或多或少可幫助數量化的有效方法。
如以建構類型法為例，當我研究民主或獨裁時，要知道一個政府的民主程度
或獨裁程度究竟有多大，便可以建構類型來幫助我們數量化。那就是說，我
們先根據建構類型法，抽離民主政府的某些特點，通過想像加以強調，而建
構一個真實世界並不存在的絕對的民主政府型模。然後以這一型模為100度，
凡是最接近這一型模者標為90度，比較遠離這一型模者標為80度，更遠離這
一型模者標為70度，以此類推，而有60度，50度……，最後把一個真實政府
的特點放在這些標度中比較，看它適合那一個標度，就稱這個政府有多大的
民主程度。這就是用數量來說明政府的民主程度。依例亦可建構獨裁的型模

來衡量獨裁政府的程度。用此種數量化來表達政府的民主程度或獨裁程度，當然比只用民主及獨裁兩個概念來表達政府的性質要精確些。像我們平常語言中說「冷」與「熱」，當然比較含糊，很可能甲感覺熱時，乙反而感覺冷。而以一個人造的溫度表作為工具，便可對冷或熱的程度作客觀而精確的衡量。也即是說通過溫度表，可對冷或熱作數量化的說明。

袁頌西先生：對於數量化的問題，在此我來做一個補充。這個問題就牽涉到政治學概念的問題，一般研究方法學的人，將政治學的概念分為三大類：⑴分類概念(classification concept)，⑵比較概念(comparative concept)，⑶量化概念(quantification concept)。這三種概念的發展也是按照這個順序而來的。就我們政治學的概念來說，似乎是停留在前兩個階段，尚未能完全到達後一個階段。第一類的概念在政治學裏當然很多，如關於立法、司法、行政的劃分等均屬之。屬於比較性質的概念也不少。屬於第三類的概念則不多。由前兩個概念組成的定律、理論，如果拿自然科學的標準來衡量，其解釋能力是相當薄弱的，更不用說是預測能力了。以投票行為為例，一般說來居住在鄉村的人，比較投保守黨的票，而天主教信仰的人也比較會投保守黨的票。將這兩個因素加起來，我們只可說更有可能而已，但不能說某一個人一定會如此，這就是我們政治學的發展，還沒有到那種程度，所以政治學要想達到量化的階段，似尚有一段距離，猶待我們大家的努力。

文崇一先生：假如從平等這個問題來談量化，說起來好像沒有什麼東西可以用來解釋。不過，如果到一個村子裏去做調查，要看看這個村子裏的人是否平等時，如投票這個問題，我們可以把平等分成好幾個indicators，比如有普遍的投票權，那我們可以說是平等；如這種投票權受到經濟的限制，或政治地位的限制，那我們可以說不平等。像易兄所說的ideal type方面，我們事先可以規定幾個東西，如五個indicator來表示平等，如果他合乎這個條件，那就是平等；不合乎這個條件，就是不平等。量化大概就是這樣子來設計的。這是我所補充的一點意見。另外我有三點意見，分別請教三位主講先生。

　⑴我想請教易君博先生所提到的政治行為三個主要principles牽涉到personality, culture and social organization，這在人類學上來講是一個很大的問題。人類學一直在研究culture and personality，或personality in culture的問題。這些都牽涉到心理學、人類學等很多學科。你們政治學家來研究政治行為，牽涉

到那麼大的，所謂行為科學上的三個核心科學，你們在研究這個問題的時候，是用team work來解決這個問題呢？還是個人把personality，culture及social organization的問題一併解決？這是一個很大的問題，以一個政治行為學家是否能研究那麼多的問題？

(2)另外我想請教黃默先生的關於modernization的問題。因為我們都知道，現代化牽涉到政治、經濟、社會還有心理的因素，如要談現代化，就必須每一個問題都得設法解決，而我們現在臺灣多認為經濟成長就是現代化了。即使現在的經濟成長就代表已經現代化了，照現代化的理論來講，這種現代化到某一個程度，而政治制度、社會結構、心理因素不能跟經濟成長同時前進時，還是要停止的，而且還有可能後退。這些問題，我不知道在政治行為上，對於modernization方面，是怎樣來處理的。

(3)我想請教華力進先生。最先用科學方法來討論value問題的是人類學家，不過人類學家提出來討論一陣子之後，現在已不大討論這個問題了。現在討論這方面較多的是社會學家，或一些政治學家。依照這兩個學科的看法，價值是一種評價標準，價值體系對於人的行為有指導作用。就是一個人的行為是好或壞，完全從價值標準來處理。談政治行為要談value free，我不知道你的value free是不是不用value judgement討論問題的意思？但是從人類學及社會學的價值觀點來看，這種事情是辦不到的。

易君博先生：剛才文先生所提出來的問題，如果改一個方式問，即政治學是不是需要採用多學科研究法(multi-disciplinary approach)的問題。我想這是沒有問題的。現代政治學的主要特徵之一，就是要採取多學科研究法。不僅心理學、人類學及社會學這三個核心的行為科學，要為政治學所借重，就是其他相關學科，如歷史學或統計學等等，也是政治學所要求援的對象。不過，任何的政治研究者，其能力必然有限，他可能熟悉幾種相關學科，卻無法同時專精幾種以上的學科。因此，遇到特殊困難的問題，必須向其他學科的專家請教，甚至請他們來參加政治的研究。事實上，以研究政治而聞名的學者中，如R. M. MacIver（*The Web of Government*的著者）便是一位社會學家，H. H. Hyman（*Political Socialization*一書的著者，1959）便是一位社會心理學家。

黃默先生：我想很簡單的來回答一下，談到modernization牽涉到好幾個層

次，好幾個部分互相影響，這個我想大家都了解的。例如經濟的發展能不能個別的，而不受到政治社會等等發展的影響。這個我想我們同意你的說法。而你說我們怎麼做研究，我想是你問易先生的同一個問題，當然我們對政治發展，也希望做到大家能夠在一起研究，也就是你所說的team work，再說假如一個人寫一篇論文，有一些觀念是從人類學、社會學或心理學去借用來的，當然也希望能跟這些學科的學者討教。如有些政治學家在做研究或寫論文討論政治發展或是政治現代化的時候，開始的時候是戰戰兢兢如履薄冰，而寫起文章的時候又如此的大膽，卻不能不把人類學家、社會學家、心理學家不放在眼裏。我想大概只有這樣的一個了解。

華力進先生： 行為派政治學者所謂value neutral或value free的意思是指在研究問題的時候不應表示價值主張。如自然科學家研究病菌，只在研究病菌實際情形，不必說病菌不好，研究有利於人的細菌時亦不予讚揚。政治學者在研究民主政治與極權政府時亦只應在說明兩種體系的實際現象，即使自己是支持民主政治的，亦不應在研究上表示那一種體系好。本人認為政治學研究不應採value neutral態度，同時value free是根本做不到的事。要做到value neutral首先要分別什麼是價值問題，什麼是事實問題，二者在政治學研究上實無法嚴格分辨。Herbert A. Simon對這分辨曾提出一個較深入的理論，但在進一步的分析過程中卻仍無法嚴格分辨二者（本人在《東方雜誌》三卷二期與三卷七期兩篇討論Simon氏理論文字上曾說明與批評此理論）。二者既不能嚴格分辨，value neutral當然就不可能做到。另一方面應注意，實際政治問題中最重要的是政綱政策問題，政綱政策問題都是價值問題。所以政治學者如取value neutral態度也就是脫離了政治。其結果是政綱政策只好由不懂政治理論的政客去決定了。目前post-behavioralism一派就是反對這一點，他們認為政治學者應有價值主張，應為維護某種價值而努力。K. Deutsch所指智慧也是指價值主張是政治理論之一。同時他也指出value free是做不到的事。

易君博先生： 剛才文先生的話，說得很對。科學研究是否可以免除價值(value free)，在當代仍是一個被爭論的問題。比如有一個著名的心理學家A. H. Maslow，他在1966年出版了一本書，叫做*The Psychology of Science*。這本書根據科學研究的心理過程，來否定了科學研究可以免除價值之說。他認為最基本的原因就是科學研究的行為也是一種選擇行為。凡是選擇的行為必有價

值判斷的牽連。比如病理學家要選擇癌細胞作為研究對象，物理學家要選擇原子能作為研究對象，都有他們的價值取向在其中發生作用。同時，社會事實與人的信仰是不可分的。一個很出名的社會學家，W. I. Thomas，他曾經說過一句話：「人認定某種情勢是真的，則這種情勢的後果就是真的。」人的信念本身可以左右社會事實。比如1928年的時候，美國有家雜誌社預測某一銀行要倒閉，結果大家都相信這個預測。因此，一些要去存款的人都不去存款了，原有存款的人又紛紛去提款，後來這個銀行真的倒了。這就是預測產生信仰，信仰產生銀行倒閉的事實。可見社會事實與社會信仰是不可分的。要研究社會事實，有時不能不研究社會信仰，而社會信仰又是屬於價值範疇的，即是說，作社會的研究，不能不以價值作為研究對象。總之，研究人的行為就非研究價值問題不可，也許是無法抗拒的定論。

現代討論價值的研究問題中，有各式各樣的著作，其中以C. Kluckhohn "Values and Value-Orientation in the Theory of Action"一文，最值得重視。在這篇論文中，他對價值問題的澄清及研究也指出了一個方向。他認為價值本身並不是一個可觀察的對象。要對它從事科學的研究，必須要把它變成間接的可觀察項，才有可能。一個人的價值，雖可通過他的所言所行而得到了解、觀察，但不可能作直接觀察，例如我們研究文天祥的價值觀念，文天祥同時面對著榮華富貴與死亡恐怖作選擇，最後他終於接受了死亡而拒絕了榮華富貴，我們通過他的這種行為而得知他的價值觀念乃是忠君愛國。再如，我們研究蘇聯的時候，要知道蘇聯政府的價值取向，就可將他們的報紙集中起來，從事內容分析，看某些價值名詞在報紙上出現的次數多少，來判斷蘇聯政府的價值取向。總之價值研究恐怕是社會研究或行為研究不能擺脫的，而且從事價值的科學研究，乃是現代社會科學已經在努力達成的重要目標。

芮和蒸先生：就是我們政治學把別的學科，人類學、社會學及心理學等科學的東西拿來應用，而我們政治學到底能承擔什麼心得可供給別的學科應用，而它的特點在那裏，與別的學科區別在那裏？

黃默先生：我想假如比較受希臘政治哲學影響的人，有這樣的一個說法：希臘的政治哲學是由本身所引申出來的對政治生命的探討，堅持一個觀念，就是政治是最高層次的人的活動。如談政治生命、政治生活、政治行為，我們常常受人類學、社會學、心理學的影響，而我們可能有這樣的一個印象，

政治生命是社會活動的一部分，我想歐西政治哲學，他們並不作這樣的看法，我覺得談社會活動，是談家族裏的活動，它是因滿足需要而談的。而政治活動只有在城邦才能追求自由及發展人的最高天性，所以我想古典的希臘哲學強調政治的活動，政治的生活高於現在所談的社會生活。我想還是堅持這樣的信念；在十九世紀以後，我們這些政治學家在一個程度都放棄了這樣的一個信念，我不知道這方向的探討對我們是否有所幫助。

袁頌西先生：芮先生所提的問題，也是政治學裏一個嚴重的問題，政治學與別的學科的區別，其獨特的特點在那裏，這個基本問題在那裏呢？就是什麼是「政治」？這個問題不弄清楚就無法與別的學科來區別了，而所謂政治的定義莫衷一是。如果「政治」本身的定義無法弄清楚，當然與別的學科區別在那裏，是很難弄得清楚，關於這一問題，請易先生發表一點意見如何？

易君博先生：芮先生剛才所說的，的確是真實的。其他社會學對政治學的貢獻多，而政治學對其他社會科學的貢獻少。不過，政治學家的著作中，也有很受其他學科重視者。如H. D. Lasswell的趨向分析、發展分析、邏聚分析，就相當的受到社會學及人類學的重視。甚至傳統政治學中有關國家的起源問題之研究，也被某些人類學家所重視。

杜奎英先生：我有一個建議，雖然對這些問題我是外行，但聽到大家熱烈的討論，對我這個旁聽者益處很大。因此，我覺得過去很少有這種場合大家能在一起討論，今天很難得，而我個人也得到一些啟發，因此我建議今後像這種齊集一些專家們、教授們的學術討論會能夠繼續的舉辦下去。

袁頌西先生：杜先生這個建議的確很好，我想以後就以茶會的方式來討論，而各個不同學科的人在一起討論是有必要的，今天時間也差不多了，我們謝謝主講人，謝謝各位。

西洋政治思想史　逯扶東／著

　　本書之主旨在撰述西洋政治思想發展之源流及各種派別之政治理論特色，藉以了解西方政治思想淵源所自及其實質內涵。主要內容首自古代希臘城邦政治環境起，後經羅馬、中古時期演化，乃至近代政治思想蓬勃興起，而經馬克思社會主義各個學派之產生，終至法西斯主義極權政治之沒落。同時對各時代背景已有所敘及，俾增進了解每一思想產生及消長之因果。是對西方政治、社會、哲學思想有興趣者最佳的閱讀範本。

西洋政治思想簡史　逯扶東／著

　　本書雖以精要為主，然全書自古代希臘、羅馬，經中古而至近代、現代，所有具代表性重要政治思想家之論著均一一述評。如自柏拉圖、亞里斯多德，經中古至文藝復興時期之馬基維里，而至近代之霍布斯、洛克、孟德斯鳩、盧梭、康得、黑格爾、邊沁、穆勒，以及之後的馬克思與社會主義各主要派別、法西斯主義之極權政治，皆列為重要篇章，是以首尾俱全、脈絡清晰，而少繁蕪沉長之弊。

百年來兩岸民族主義的發展與反省　洪泉湖、謝政諭／主編

　　處在當前激情的「民族意識」糾葛中，兩岸未來將是持續震盪與衝突？抑或解消對立進而共存共榮？尚待兩岸人民一起抉擇。本論文集結合海內、外學界菁英從多元角度作深入的分析與探索，並試圖提出種種消解對立與雙贏之道，不僅反省百年來兩岸的民族情操與境遇，更關心未來兩岸何去何從，是不可錯過的學術巨著。

歐洲聯盟簡史　Philip Thody／著　鄭棨元／譯

　　1992年〈馬斯垂克條約〉的簽訂，宣告歐洲聯盟的誕生，這也是全球區域整合最具代表性的組織。歐洲統合從經濟面著手，在平等互惠的原則下，更擴及政治、國防、外交等層面。歐洲統合的議題不僅是國際矚目的焦點，統合的模式也被視為是日後海峽兩岸的參考指標。本書回顧這半世紀來歐洲統合的歷史進程，介紹歐洲聯盟的組織架構與運作方式；尤其從非歐洲大陸中心主義的英國的立場，深入剖析邁向歐洲聯盟之路的困境與折衝，提供另一種詮釋歐洲統合史的視野。